文芸社セレクション

# 十戒のモーセ
# 別名ヘラクレス＝トトメスⅠ世

染谷 くじゃく
SOMETANI Kujaku

JN106906

文芸社

# 扉書き

かぐや姫が月に行ったのは、彼女が月の女神アルテミスだったからだ！
親鸞が拝んでいたのは毒蛇だった！
大ピラミッドはアッシリアの恫喝が造らせた！
ツタンカーメンやネフェルティティの生涯は旧約聖書に記されていた！
ハリー・ポッターは『罪と罰』のラスコーリニコフだった！
『スター・ウォーズ』のハン・ソロ（ハリソン・フォード）も浦島太郎だった！
ゼロベース神学思想史３０００年に１冊の奇書ここに見参！
世界の代表的な神々や英雄の正体がここに集結、神話のルーツはあります！

祭司長たちや長老たちから訴えられている間、イエスは何も答えなかった。
（『新約聖書』「マタイによる福音書」27―12）

長兄アムノンに対して、アブサロムはいいとも悪いとも一切語らなかった。
（『旧約聖書』「サムエル記下」13―22）

過去の神話学、宗教学、旧約聖書学、エジプト古代史をぶっこわす。
世界中のトンデモ神々を徹底比較。
古代エジプト史マニア、旧約聖書マニア、神話マニア、宗教マニアが泣いて喜ぶ。
文学ファン、オペラ・ファンは青天の霹靂。
『イーリアス』（トロイ戦争）も『旧約聖書』も
『ギルガメシュ叙事詩』も『アラジンの不思議なランプ』もすべて同じ話だった。
『マハーバーラタ』も『西遊記』も『猿蟹合戦』も『竹取物語』も
『ハムレット』も『罪と罰』も『カラマーゾフの兄弟』も
《ドン・ジョヴァンニ》も《魔笛》も《カルメン》も
《ニーベルングの指環》も《パルジファル》も《ばらの騎士》も
『スター・ウォーズ』も『ロード・オブ・ザ・リング』も、
そして『ハリー・ポッター』もすべて同じ話だった。
モーツァルトやワーグナーもびっくり！
シェイクスピアやドストエフスキーは真っ青！
C・G・ユングはオーマイゴッド！

# 『十戒のモーセ　別名ヘラクレス＝トトメスⅠ世』への序　祝出版＝改訂増補分

世の中には、比較神話というジャンルがあります。しかし、立派な名前とは裏腹にその実態はお寒い限りと思われます。

現状、以下の関連などについて、解答はほとんど期待できません。

ギリシア神話、北欧＝ゲルマン神話やインド神話、さらに日本の神話らのお互いの関係について。さらに、旧約聖書や古代エジプト史などはどうなのか？

しかし、それらの各研究者たちも、内心は薄々思っているのかもしれません。このままでは何もわからんぞ、と。

そもそも、はっきりしないしな。各神話が互いに関係があるのかどうか、すら。

6年前の2016年、『3000年に1冊の書』（染谷朋蘭、文芸社）という本を、私は出しました。

その中で私は、以下の関連をガッツンガッツン特定しまくりました。世界の各神話の神々や英雄たち、旧約聖書の王たち、古代エジプトのファラオたちの関係を。

その後、6年を経て、中核となるトトメス1世のことを了承できたので、本書を出すことにしたのです。旧著の改訂増補版として。旧著の部分もできるだけ変更を加えてあります。

モーセは、映画『十戒』で有名な、旧約聖書のスーパースターです。出エジプト（Ｅｘｏｄｕｓ）によって、太古のイスラエル人を彼は、導いたとされます。

しかし、彼の実像は謎に包まれていました。

他方、ヘラクレスは、ギリシア神話最強の豪勇です。彼の空想的ともいえる実体のあやふやさは、モーセ以上です。

両者はこれまで、比較すらされてきませんでした。分野が違うので。

でも、ギリシア人はかつて呼んでいたのです。モーセのことをヘラクレスと。

信じられるでしょうか？

これに対して特に、各分野の各専門家の方々は、アレルギーを示すことでしょう。

無理もありません。私も、44年前だったらきっと、ぼんやりしていたことでしょう。

彼らには無いのです。44年間のクッション（緩衝材）が。

しかし状況は、それだけではありません。

トトメス1世。エジプト新王国第18王朝、3番目のファラオ。彼の娘はかのハトシェプスト女王です。

華々しい女王に比べてトトメスは、これまでノーマークでした。

しかし、彼こそが、人類史上最強の大王だったのです。しかも、ミイラもあります。

モーセ、ヘラクレスの正体はトトメス1世です。彼の別名はそれらだけではありません。

セト、ダヴィデ、ゼウス、ジュピター（ヤペテ）、ジークフリート、シヴァ、沙悟浄、栗＝猿蟹合戦、乙姫（浦島太郎の話）、スサノオノミコトなどなど…。

そのうち、インドのシヴァは両性の神です。

トトメス1世の9代後が、かのツタンカーメンです。これまで、世界はこの少年王のことでいささか騒ぎ過ぎました。

最早、ツタンカーメンもラムセス2世も、それほど目立ちません。

44年、私はかかりました。トトメス1世を最後に引っ張り出すまでに。

古代エジプトの専門家の方々は、本書を拒否するか、そもそも笑って相手にしないでしょう。でも、考えてもみてください。

失礼ながら、世界の思考レベルは、私の44年前のまま停滞しているということを。

彼らと自分では、決定的な違いがあります。彼らのいうエジプト古王国、中王国、新王国。それらは、おのおの数百年の隔たりがある、とされます。

先の専門家たちは、常識の罠（わな）にはまっているのです。学べば学ぶほど。

これでは、ギリシア神話や旧訳聖書との比較どころではありません。

たとえ、罠にはまっていなくても、状況は混沌としたままなのですから、なおさらです。

しかし、私はこれら3つの王国を横に並べるのです。

それぞれの王国から1人ずつファラオを選んでみましょう。

古王国第4王朝からクフ。中王国第12王朝からはアメネムハト4世。新王国第18王朝からアメンホテプ4世（アクナトン）。

さらに「列王記」（旧約聖書）から北イスラエル王国のヨラム（イェホラム）という王を選びます。彼は、アメンホテプ4世から数百年後の人物とされます。

当然4人は、常識的には別人（時代も異なる）のはずです。

でも彼ら4人は、すべて同一人物なのです。本書では。

これは、世界古代史の本命ダヴィデ王についての本です。旧著は、ソロモン王でしたが。

文芸社が出版を引き受けてくれました。本書が世に出るのは、文芸社のおかげです。

本書は、大いなる祝福と救済をもたらすかもしれません。文芸社と日本人およびそれ以外の人々に。

無視されずにちゃんと読まれれば。

なお、以下の場合、改訂増補部分のほうを、優先させてください。旧版部分と改訂増補部分で、内容に食い違いがある場合は。

それは主に、ヤコブ（イサクの子）とトトメス1世に関わることです。

これまでのトート＝ヘルメスは、間違いでした。正解はトート＝ヘラクレスです。

多くの資料を遺してくれた先人たちに、敬意を表しつつ。

# 10柱神（BC1000年代末~BC900年代）

第一世代（BC8世紀頃のギリシアの詩人ヘシオドスによれば黄金の種族）2人、第二世代（同じく銀の種族）4人、第三世代（同じく青銅の種族）4人、計10柱の神々です。

同じくヘシオドスによれば、次は英雄（半神）の種族、その次は鉄の種族となっていますが、本書には原則として含まれません。

あなたが好むと好まざるとにかかわらず、これらは世界の神話を説明する際のひな型であって、これ以外は今のところほとんど考えられません。ですから、彼らの名前と役割を頭に入れてしまうのが、本当はベストです。

とは言え、見切り発車的に先に進んで混乱してしまった場合には、再びこの部分を読み返せばOKだと思います。

①クロノス（Ｃｒｏｎｏｓ、黄金の種族）巨神族（タイタン）の王、別名サタン（土星）

＝釈迦如来＝猿（猿蟹合戦）＝伊弉諾尊（イザナギノミコト）
＝サウル王（太陽）古代イスラエルの開祖、後のユダヤ唯一神ヤハウェ

古代イスラエル王国の初代王。宿敵だったペリシテ人の王アキシュによって自刃に追い込まれます。

その正体は、エジプト初期王朝時代第1王朝のナルメル（通説BC3100年頃）、およびエジプト中王国第11王朝のメンチュホテプ2世（通説BC2050年頃）、およびエジプト第17王朝のセケネンラー・タア2世（通説BC1560年頃）です。

以上は、一般常識に反して、すべて同一人物だと考えています。大きな混乱によって、あたかも別人であったかのように記録されてしまったということです。

②ヘクトール（Hector、黄金の種族）トロイの軍師、エジプトの犬神アヌビス。
日本の稲荷（いなり）＝ドラゴン（竜）のルーツ
＝因幡（地名、いなば）
＝アブネル＝イスラエルの軍師、サウルの従兄弟にして側近

サウル〜イシュ・ボシェトという2代に仕えたイスラエルの最強の軍師、ダヴィデの甥に謀殺されます。

その正体は、エジプト新王国第18王朝の豪族イバナ（通説BC1560年頃）です。

③ポセイドン（Ｐｏｓｅｉｄｏｎ、銀の種族）クロノスの子、ゼウスの兄、海神、別名ネプチューン（海王星）、エジプトのオシリス、後のゾロアスター教の光明神アフラ・マズダ

＝蟹（猿蟹合戦）＝天照大神（アマテラスオオミカミ）＝海幸彦

＝イシュ・ボシェトサウルの嫡男、ダヴィデのライヴァル

サウルの後継者。ダヴィデに滅ぼされます。サウルを抹殺したアキシュの正体はこの人だったと考えられます。

イシュ・ボシェトという音声は、10柱神の中でも特に覚えにくいと思います。だから、イシュ・ボシェトと言えばサウルの嫡男、ダヴィデのライヴァル、ギリシアのポセイドンというのを真っ先に頭に叩き込んでしまえば後はそれほど困難ではなくなると思います。

その正体は、エジプト初期王朝時代第2王朝のセケムイブ（通説ＢＣ２７００年頃）、およびエジプト新王国第18王朝初代アハメス（通説ＢＣ１５５０年頃）です。

④ゼウス（Ｚｅｕｓ、銀の種族）クロノスの子、最強の雷神、両性具有の神、別名ジュピター（木星）、別名ディオニュソスまたはヘラクレス、エジプトの邪神セト、後のインドの帝釈天。

＝沙悟浄＝阿弥陀如来＝臼・蜂・栗（猿蟹合戦）＝素戔嗚尊（スサノオノミコト）＝山幸彦＝手力雄神（ダヂカラオノミコト）

＝ダヴィデ王、後のキリスト教の天帝デウス

サウルの竪琴弾き兼斬り込み隊長。サウルの根深い嫉妬によって指名手配となり、敵方のペリシテ人の王アキシュのもとに投降します。後に北イスラエル王国から分離して、エルサレムを中心に南ユダ王国を築きます。さらに彼は南北統一王国の王として即位します。

その正体は、エジプト初期王朝時代第２王朝のペルイブセン、カセケム、カセケムイの３人（通説ＢＣ２７００年頃）、およびエジプト第17王朝ラストのカーメス（通説ＢＣ１５５０年頃）、およびエジプト中王国第12王朝のアメネムハト1世（通説ＢＣ１９８０年頃）です。

ここに、旧版では⑩ヘルメスだったトトメス1世（通説ＢＣ１５００年頃）が加わります。

⑤アテナ（Ａｔｈｅｎａ、青銅の種族）ゼウスの娘、戦闘の女神、別名パラス・アテナ、その正体はエジプト新王国第18王朝のハトシェプスト女王です。

＝バテ・シバ（ソロモンの母）

彼女の夫は強引に最前線に送られて戦死し、彼女はダヴィデの王妃となります。それについて彼女がダヴィデを恨んでいたかどうか。息子ソロモンの即位の時は暗躍した様子が伝わってきます。

⑥アフロディテ（Ａｐｈｒｏｄｉｔｅ、青銅の種族）ゼウスの娘、美と官能の女神、別名ヴィーナス（金星）

＝須勢理毘売（スセリヒメ）＝玉手箱
＝アビシャグ＝ダヴィデの最後の美人妻
イスラエル一の美人だったとありますが、素性はわかりません。

⑦アポロ（Ａｐｏｌｌｏ、青銅の種族）ゼウスの子、アルテミスの双子の兄、エジプトのホルス、イエス・キリストのモデル、別名ツァラトゥストラ
＝三蔵法師＝文殊菩薩
＝アブサロム王子＝ダヴィデの王子
南ユダ王国の希望の星でしたが、同腹の妹タマル（アルテミス）の件で父のダヴィデに造反、北イスラエル王国で即位します。その後、南ユダのダヴィデと闘いますが、惨敗して憤死します。
その正体は、エジプト古王国第3王朝のサナクト＝ネブカァ（通説ＢＣ２６８０年頃）、およびエジプト新王国第18王朝アメンホテプ1世（通説ＢＣ１５２０年頃）です。

⑧アルテミス（Ａｒｔｅｍｉｓ、青銅の種族）ゼウスの娘、アポロンの双子の妹、別名ダイアナ
＝因幡の白うさぎ＝八上比売（ヤガミヒメ）＝かぐや姫
＝タマル姫＝ダヴィデの娘＝アブサロムの同腹の妹

旧約聖書によれば、彼女を長兄アムノンがレイプしたことが、その後のアブサロムの造反を招いたことになっています。しかし他国の神話によれば、彼女をレイプしたのは父ダヴィデだったことになっています。

⑨アレス（Ａｒｅｓ、青銅の種族）ゼウスの子、アポロンの弟、戦闘神、別名マルス（火星）
＝猪八戒（チョハッカイ、西遊記）
＝アドニヤ王子＝ダヴィデの王子
兄アブサロムと父ダヴィデの没後、弟ソロモン（ヘルメス）との凄惨な権力闘争に敗れます。その時ダヴィデの最終美人妻アビシャグ（アフロディテ）を欲して、ソロモンの逆鱗に触れ処刑されます。

⑩ヘルメス（Ｈｅｒｍｅｓ、青銅の種族）ゼウスの子、アレスの弟、別名マーキュリー（水星）
＝孫悟空＝大国主命（オオクニヌシノミコト）＝浦島太郎
＝ソロモン王＝ダヴィデの王子
兄アドニヤをパージ（粛清）して、南北統一王国の栄華を築きます。もう一人の兄アブサロムとは仲良しでした。旧約聖書にはありませんが、父ダヴィデ王をこの人がパージしたという他国の神話もあります。

彼の死とともに、統一イスラエルは再び南北に分裂してしまいます。

その正体は、エジプト古王国第3王朝のネチェルケト＝ジョセル（通説BC2660年頃）、およびエジプト中王国第12王朝のセンウセレト1世（通説BC1960年頃）です。

旧版のエジプト第18王朝のトトメス1世（通説BC1500年頃）は、④ゼウスに移動です。

# 目次

## †さしすせそ

†たちつてと……130



†はひふへほ……158

## †改訂増補部分……255

# 悪魔チックな神々とモンスター

†あいうえお

## アザラシ（イシュ・ボシェト、Poseidon、海洋哺乳類）

これは、神話の登場人物ではありません。単なる海洋のかわいらしい哺乳類です。

では、なぜここで取り上げたのかと言えば、アザラシという音声が元は神の名前だった公算があるからです。

アザラシの天敵のひとつはシャチです。氷の上に避難しているアザラシを複数のシャチが波を起こして海に落とし、これを仕留める様をネットで見ることができます。

それにしても、アザラシ対シャチ。この呼びかたはどこからやって来たのでしょうか？

アザラシ対シャチ。子音はそのままで、送り母音を変えます。

オジリス対スェト。オシリス対セト!?　太古の有名なエジプト神話です。

オシリスはセトに引き裂かれます。アザラシもシャチの鋭い歯に切り裂かれます。

現代日本語のアザラシとシャチは古代エジプト語だったのではないか、ということです。

より正確には、古代エジプト語のギリシア語表記です。

オシリスとセトという音声が、そのままギリシア神話になった例があります。

ミュケナイの王位を巡る兄弟同士の争いの話です。兄のアトレウスがオシリス、弟のテュエステスがセトです。音声が似ています。

兄は弟の子供たちを料理して弟に喰わせています。

オシリス対セトは、ギリシア風に言えば海神ポセイドン対雷神ゼウス、旧約聖書ではイシュ・ボシェト対ダヴィデ、日本では天照大神対素戔嗚尊になります。

アザラシは英語でスィール（ｓｅａｌ）です。よく似たオットセイも同じです。同じくアシカおよびトドはスィーライオン（ｓｅａｌｉｏｎ）です。

スィールもスィーライオンも何となく音声がオシリスに似ていませんか？

しかし、アシカやトドをスィーライオン（海のライオン）と呼ぶのには、何となく違和感がありませんか？

彼らの主食は魚やイカやタコで、海の百獣の王らしくないような気がするからです。

海の百獣の王としては、前記シャチとかマッコウクジラなどのほうがよりふさわしくないでしょうか？

いずれにせよ、オシリスは海の百獣の王に例えられました。

では、陸の百獣の王ライオンもオシリスの例えだったのでしょうか？　この件については、セクメトの項で明かされます。

## 葦原醜男（アドニヤ、Ａｒｅｓ、あしはらしこお、日本の神）

大国主命は出雲を建国する前に、根の堅洲国というところにやって来ます。そこには素戔嗚尊が、娘のスセリビメと一緒に暮らしています。

なぜか素戔嗚尊は大国主命のことを、「アシハラシコオ」と呼んだり、嫌がらせをして殺そうとします。

しかし大国主命はそれらにめげず、素戔嗚尊の髪を柱に縛り付け、スセリビメを背負ってさっさと逃げ出すという変な話です。

このアシハラシコオというのは大国主命の別名というよりは、彼の兄の名前だったと考えられます。

大国主命の正体が旧約聖書のソロモン王だという説は聞いたことがあります。しかし、ソロモンの正体が、ギリシアのヘルメス神だというのは聞いたことがありません（そういう説は出ているのかもしれませんが）。

ソロモンにはアドニヤ王子（アレス）という兄がいました。

2人は、父ダヴィデ王（ゼウス）の死後、ダヴィデの最終美人妻アビシャグ（アフロディテ）をめぐって争いました。

この日本の神話は、その時の状況を表しているように見えます。

ここでは、アドニヤとソロモンがごっちゃになっていますが、アシハラシコオの意味は兄アドニヤ、スセリビメはアビシャグということになります。

他に、天の岩屋戸に隠れた天照大神を引っ張り出したタヂカラヲノミコト（手力雄神）という神も、アシハラシコオと同一神仏です。＊現在は、手力雄神はヘラクレスです。

## アシュラ（イシュ・ボシェト、Poseidon、阿修羅、インド、経典『ヴェーダ』の邪神）

奈良の興福寺には有名な阿修羅像があります。天平期の傑作で三面六臂の姿をしています。

阿修羅は、インドでは最強の帝釈天（インドラ）と闘った邪神アスラと呼ばれ疎まれましたが、反対にペルシアではゾロアスター教の光明神アフラ・マズダとなり崇拝されたのです。

この神の大元が古いエジプトの神オシリスだったことは知られていません。

しかしそのオシリスがギリシアで何と呼ばれていたかは、長いこと謎でした。

これは1世紀のプルタークの時代にも謎でしたが、それ以前のBC5世紀のヘロドトスの時にも既にわからなくなっていたのです。

というか、エジプトの神とギリシアの神と旧約聖書が繋がっているのに、その詳細を明らかにしようという風潮自体がそもそも乏しかったのではないでしょうか。

自分はここに至ってようやく、謎を解きました。オシリスのギリシア名はポセイドン（旧約聖書のイシュ・ボシェト）だったのです。

そしてオシリスを引き裂いたセトがゼウス（ダヴィデ）でした。

だから、インドの帝釈天の正体はゼウスです。

ゼウスが後のキリスト教の天帝デウスになった反面、エジプトの主神だったオシリスは欧米やインドでは疎外され、ポセイドンの意味もわからなくなっていたのです。

しかし、ポセイドンは、後のアッシリアの守護神アッシュールとなり、同国は極めて残虐で好戦的な大国となって、パレスチナやエジプトを恐怖のどん底に突き落としました。

この時の北イスラエルは超リッチな王国でしたが、不可解なことが続いていました。

前８００年代の北イスラエル王国は、旧約聖書がさんざん罵倒しているように、バアル（ゼウス＝アモン）の王国になっていました。しかし、歴代の諸王たちはアッシリアに媚びへつらい、アッシリアとの直接対決を回避した事情はよく知られていません。王たちは、アッシュール（オシリス）のための巨大建造物群を建てて、軍資金を浪費したのです。

諸王たちは、アッシリアに戦争で勝つ自信がありませんでした。この状況は、太平洋戦争後、戦争を放棄して、湾岸戦争の際、同盟国との関係を、主に金銭で解決してきた日本の立場と、似てなくもありません。

この時の北イスラエルの正体が実は、エジプト新王国第18王朝です。

その中で特に、旧約聖書ではヨラムと呼ばれた王の正体が実は、アメンホテプ4世（後のアクナトン）で、ギザの大ピラミッドを遺したことは知られていません。

歴史常識では、このピラミッドは、クフ王の大ピラミッドとして知られています。

アクナトンは、アモンに反逆した王として現在では有名ですが、反逆の理由が謎でした。

真相はアッシリアの脅威だったのです。

もっとも、エジプトは多神教なので、オシリスのための建造物でも特に違反というわけではなかったはずですが、絶頂のアモンをないがしろにしたことが、反感を呼んだのです。

古王国第4王朝のクフ王は、アメンホテプ4世でした（染谷俊二郎（染谷朋蘭の本名）『クフ王の正体』新人物往来社、1990）。

ポセイドンは、アッシリアの後、アケメネス朝ペルシアで支持された後、極東の日本に安住の地を見出し、皇祖神＝天照大神となったのです。このことは拙著『ヤマト』（染谷くじゃく、eブックランド、電子書籍、2010）に詳述しました。

アッシリアもペルシアも日本も、後にゼウス崇拝の強国にこてんぱんにやられています。

## 畦の糞（イシュ・ボシェト、Poseidon、あぜのくそ、日本神話）

これは神の名前ではなく、神の名前に繋がるコード（暗号）と呼ぶべきものです。

天照大神が天の岩屋戸に避難します。

その前に、素戔嗚尊が暴れ狂って、神田の畦をこわし、神田に糞をまき散らしたあげく、機屋の屋根から逆剥（さかは）ぎにした馬を投げ込んだからです。

素戔嗚尊の正体はゼウス（ダヴィデ）です。だいたいどこの国でもゼウスはすぐ分かります。

1人だけ大暴れしている神がいるからです。

では、天照大神は誰だったのでしょうか？

素戔嗚尊が神田の畦をこわし、神田に糞をまき散らして、馬を殺して投げ込んだ。

そもそも、神である素戔嗚尊ともあろう人が、神田をめちゃくちゃにしたり、殺した馬を投げ込んだりするものでしょうか？　よしんば、そのようなことが仮にあったとしても、わざわざ記録したりするものでしょうか？

でも、それは記録されました。何もなかったら記録されません。

ということは、何かあったけど、額面通りのできごとではなかった、ということです。

これら一連の事件が何かの例えだったとするならば、ある重大な事件例えば殺人が隠されている、と考えるべきではないでしょうか。

素戔嗚尊が別の神を惨殺したのです。

なぜなら馬はギリシア神話のある神の神獣だからです。その神とは誰でしょうか？

それはポセイドンです。ポセイドンは旧約聖書ではイシュ・ボシェトという地味な名前で呼ばれています。

ここで、「あぜくそ」という奇妙な語の音声に注目してみましょう。この音声はどこからやって来たのでしょうか？

畦糞（あぜくそ）という音声に当てはまる語は、状況的にこのイシュ・ボシェトぐらいしかないように思われます。これとは別に猿蟹合戦にも、牛糞（うしくそ）というのが出てきて活躍しますが、これもイシュ・ボシェトのことだったと思われます。

これとは別に、サウル（クロノス）に追われたダヴィデ（ゼウス）が逃げ込んだペリシテ人の王アキシュの正体もイシュ・ボシェトだった、と本書はみなしました。

「あきしゅ」「いしゅぼしぇと」「あぜくそ」「うしくそ」、何となく音声が似ていませんか？

素戔嗚尊が神田の畦をこわし、神田に糞をまき散らして、馬を殺して投げ込んだ。

世界の神話はほとんどまたはすべて同一の起源からできている、と本書の序文で示しました。ですから、これと同じような表現が他国の神話にあってもおかしくありません。そして、それらしき部分がギリシア神話にあります。それは剛勇ヘラクレスの話です。

レルネという沼沢地で、ヘラクレスはヒュドラという水蛇を退治します。この時、大きな蟹が足を噛んできたのでこれも殺しています。その後、殺した水蛇の頭を切り離し、レルネからエライウスに通ずる道の傍らに埋め、重い石でふたをしました（アポロドロス『ギリシア神話』２の５の２）。

このシーンのルーツは、ダヴィデがペリシテ人の巨漢ゴリアテを殺した旧約聖書の場面で、日本では、素戔嗚尊の八岐大蛇退治の話になったと考えられます（「八岐大蛇」の項参照）。八岐大蛇の正体は天照大神です。

世界の神話はほとんどまたはすべて同じです。

ですから、北欧神話にもよく似た話があります。終末の日（ラグナロク）、雷神トールが海蛇ヨルムンガンドの頭をかち割ります。トールは素戔嗚尊、環状の海蛇ヨルムンガンドは大輪すなわち大和すなわち八岐大蛇です（「天照大神」の項参照）。

つまり、水蛇ヒュドラは日本の天照大神になったというわけです。やはり、天照大神は素戔嗚尊（ヘラクレス）に殺されたのです。その後の「水蛇の頭を埋めて重い石でふさいだ」が

「天照大神が天の岩屋戸にお隠れになった」になったということでしょう。

さらに、「大きな蟹を殺した」が、今回の「畦をこわし糞をまきちらした」です。この時、蟹の固い殻が割れ蟹味噌が飛び散ったのです。これが、味噌も糞も一緒にする、のルーツでしょうか？　蟹の正体も天照大神です（「蟹」の項参照）。

ギリシア神話からは、ゼウスが兄ポセイドン（イシュ・ボシェト）を斬殺したことはすぐにはわかりません。旧約聖書でも同様です。

日本の神話のこの場面はそのことを暴いているように思われます。

素戔嗚尊がイシュ・ボシェトをばらした。そして、イシュ・ボシェト（ポセイドン）は天照大神の正体です。

天照大神が岩屋戸に隠れたので世界は暗黒に閉ざされました。

その意味するところは、天照大神が素戔嗚尊に八つ裂きにされたということだったのです。

**アテナ（バテ・シバ、Athena、＝パラス・アテナ、戦闘の女神、ローマのミネルヴァ）**

戦闘の女神アテナはゼウスの頭をかち割って誕生します。よく似ているのがゼウスの大腿から出てきたディオニュソス（バッコス）ですが、状況的にアテナとディオニュソスはゼウス（ダヴィデ）の分身すなわちダミーだったと思われます。ゼウスは両性具有でした。

その根拠としては、アテナのローマ名ミネルヴァがあげられます。

ミネルヴァとアテナではあまりにも違いすぎませんか？　この音声はどこから来たのでしょ

うか？

ミネルヴァという音声は、ゼウスの別名エジプトのアモン＝ラーのことだったとは考えられないでしょうか？　というか、アテナを女ゼウスだと考えなければ、ミネルヴァという音声は説明のしようがないということです。

だからアテナの正体については、女ゼウスとしてもよいのですが、その活躍状況からあえて別の女神として区別しました。

彼女は旧約聖書のバテ・シバに該当しています。彼女はダヴィデ王の有力な後妻でかつ有名なソロモン王の母です。

ソロモンのギリシア名であるヘルメス神は、アテナによくサポートされます。

しかし、アテナはヘルメスの母ではありませんし、バテ・シバが女のダヴィデだったかどうかは、旧約聖書からはよくわかりません。

実は、このバテ・シバは表向きはダヴィデの後妻ですが、それだけでは済まない空前絶後の謎が潜んでいたのです。

## アトラス（サウル、Ｃｒｏｎｏｓ、ギリシア神話の巨人）

天空を両肩で支えている巨人がアトラスです。このような未来永劫（えいごう）的な苦難の境遇にある神としては他に、プロメテウスやタンタロスがいます。

プロメテウスは人間に神々の火を与えてしまった罰としてカウカソス（コーカサス）山に鎖

で縛り付けられて、大鷲に肝臓を食われ続けます。

もう1人のタンタロスの罪については諸説あるようですが、その1つとしては神々の秘密を人間に伝えたからだとされます。その罰として彼は、タルタロスという暗所に閉じ込められ、首まで水につけられた状態なのに常にのどがからからで、水も飲めず、上から垂れ下がっている果物を手にすることもできません。

暗所タルタロスというのはティタン（巨神族）の王クロノス（サウル）が投げ込まれた場所でもあります。だからアトラス、プロメテウス、タンタロスの正体はすべて旧約聖書のサウル王だったのです。そして、タルタロスの実際の場所は、太古エジプトのロセタウ（ラアタア）すなわち現在のギザだと考えられます。

そこには有名な大スフィンクスが鎮座しています。大スフィンクスが多神教時代のサウル王の偶像だっことは知られていません。

サウルを崇拝する人々はその後、これを唯一神として崇拝するようになります。

彼らはユダヤ人と呼ばれました。後に彼らは唯一神の姿や痕跡をほとんど消し去りました。わずかに残された手がかりはヤハウェという名前ぐらいでした。

だから現在のユダヤ人は今現在何を拝んでいるのかほとんどわからないのです。

サウルは、後継者のイシュ・ボシェト（ポセイドン）と元斬り込み隊長のダヴィデ（ゼウス）の連合軍によって自刃に追い込まれたと考えられます。

そして、歴史的に眺めた場合、ユダヤ人の運命もまた、サウルおよびギリシアの3つの神々

＝アトラス、プロメテウス、タンタロスらと似たような境遇をたどってしまったということではないでしょうか。

## 阿弥陀如来（ダヴィデ、Ｚｅｕｓ、あみだにょらい、日本で一番多い仏像）

やばい状況になった時、英米人の多くは、「アーメン」でなく、「ジーザス・クライスト」と言うようです。他方、我々日本人の皇祖神は天照大神です。

しかし、同様な状況に瀕した場合、日本人の多くは、その天照大神を差し置いて、「南無阿弥陀仏」と唱えるのではないでしょうか。そこで、すべての人は、この阿弥陀如来により、西方の極楽浄土に迎え入れられ生まれ変わるとされます。

このインド経由の阿弥陀如来というのは、日本では最も多い仏像だということです。

鎌倉初期、この阿弥陀如来を讃仰（さんぎょう）して浄土真宗の開祖となったのが御存知親鸞（１１７３～１２６３）で、この方は僧侶なのに妻帯したことで物議をかもしました。しかし、阿弥陀の正体がわかっていないので、ことの是非をどう評価したらよいのやら今に至るまでさっぱりわからないというのが実情です。

親鸞は、師匠の法然の念仏「南無阿弥陀仏」を継承しました。阿弥陀に入れ込んだ法然は乞食坊主同然になっていたといいます。

もっとも、阿弥陀信仰は法然が最初ではありません。それまでにも浄土教と呼ばれる阿弥陀崇拝が既にありました。ではその浄土教と法然の浄土宗はどう違うのでしょうか？

悟りに達するために、法然は一心に修行に励んだ人です。しかし、いくら修行しても煩悩（ぼんのう）から逃れられることができず、やがて修行の効果を疑うようになります。

そして、念仏によって悟りを得たことにより、極楽往生するためには、ひたすら南無阿弥陀仏と唱えるべしという結論に達します。これが浄土宗です。

しかし、それまでの厳しい修行を否定したことによって、開祖の法然上人は迫害を受け、晩年には讃岐（さぬき）に追放されています。

しかし、ここで疑念が生じます。法然が念仏で悟りに達したのが仮に真実だったとしても、彼はその前に中国の聖典＝一切経（大蔵経）を何度も読破したような人物です。

それに対して、そんな厳しい修行とは無縁な一般人が、安易な念仏だけで極楽往生できるほど、世の中、甘くはないのではないでしょうか？

いずれにせよ、そんな師に親鸞はなぜかいたく傾倒していたので、念仏を唱えるに当たって、「たとえ法然に騙（だま）されて地獄に落ちたとしても、どこまでもついて行く」と語ったことは有名です。

でも、ちょっと待ってください。これをほったらかしにしてよいものでしょうか（今までみたいに）？

「わけがわからないものをどうして本気で拝めようか？」、「化け物だったらどないするねん？」です。もっとも、これは阿弥陀如来に限ったことではありませんが。

煽（あお）るわけではありませんが、つまりここには、「阿弥陀の正体がわかることなんてありえへんさかい、地獄に落ちることなんかおまへんで」という抜け道が用意されているのです。すなわち、命懸けのようなことを言ってはいますが、端（はな）から地獄に行く気などないのです。つまり、親鸞はハッタリをかましているわけです。

言わば言った者勝ちの言いたい放題状態が何百年も続いてきたわけですが、我々の忍耐にも限度があるというものです。

だったら、やられたらやり返せで、こちら側としても、阿弥陀様とやらの化けの皮を剝がして、親鸞さんたちに一泡吹かせてやろう、という気になりませんか？

それに対して死線をかいくぐって来た後世の織田信長が、そんな坊さんたちの胡散臭さにイライラし続けたのが積もり積もって、１５７１年、遂に比叡山延暦寺（法然と親鸞がかつて修行した）を焼き討ちして、僧侶だけでなく女子供に至るまで皆殺しする一因になったのではないか、と自分は勝手に考えています。

それでは改めて、親鸞は法然に騙されたのでしょうか、騙されなかったのでしょうか？

それが、ここだけの話ですが、結果的にどうも騙されちゃったみたいなんですよ。もっとも、師の法然もよく知らなかったでしょうから、師弟で共倒れというところでしょうか。

どういう訳か、この阿弥陀如来には他力本願的に願望をかなえてくれるという強力な念力が備わっている、とされます。しかし結果的に、強力なパワーの部分は正解でした。

なぜなら、「なむあみだぶつ」というのは、「天の父の御名によりてアーメン」と同じだったからです。「アミダ（阿弥陀）」、すなわちインドのアミターバ（無量光）とは「アーメン」、すなわちキリスト教の天帝デウス＝アモンのことでした。大局的に見るなら、阿弥陀信仰はキリスト教と同等だったことは知られていません。

キリスト教については、３２５年に小アジアの宗教会議でニケア信条（ニカイア・コンスタンティノポリス信条）というのが議決されたことを世界史で教わっているはずです。

それまでのキリスト教では、デウス以外は神でなかったのが、精霊および御子のイエス・キリストも同等の神として昇格されるに至ったのです。「父と子と精霊」、このひとつのいわゆる三位一体がキリスト教神学における標準的な教義として現代まで続いています。

しかし、なぜ唯一神デウスだけではいけなかったのか、この歴史的な事件の深い意味はよくわかっていません。なぜなら日本の阿弥陀同様、西欧のデウス＝アモンの正体もわからなかったからです。これは今日でもそのままです。

極東の日本では阿弥陀三昧、他方、西方のキリスト教徒たちはアーメンを連呼。これらを引き起こしたデウスには魔物でも潜んでいるのでしょうか?

何度も言いますが、デウスはギリシアの最強神ゼウス、すなわち旧約聖書のダヴィデ王です。戦時のダヴィデは皆殺しで略奪の人でした。ダヴィデは、エジプトの鬼神セトとして忌み嫌われ、中東の邪神バアル（ベルゼバブ）として恐れられ、ギリシアでは皆殺しのヘラクレス（ホロコースト）と呼ばれ、日本ではお騒がせな素戔嗚尊と呼ばれました。

ローマが戦時中ならば、これでもよかったと思われます。平時ならただの人殺しです。

しかも、平時のダヴィデはアル中の性的倒錯者だったと考えられます。彼には実の娘を妻としていた徴候が残されているのです。

ギリシアの痛飲乱舞にして暗殺の神ディオニュソス（ジェノサイド）や、同じく百の目があるという巨人アルゴス、そしてインドの経典『ヴェーダ』の千の女陰で知られる最強神インドラ（帝釈天）などの正体もダヴィデです。

だから、デウス崇拝を新たなキリスト教としてローマの国教化する際に、これらが険しい障壁となって立ちはだかったのです。特に、このディオニュソスなどを前にして帝国の子女たちに酔っ払ってエロ踊りかなんかされたりしたら、たまったものではありませんから。

ジーザス・クライスト！

そこで、天の父デウスには内緒で、少し嘘っぽいけど大衆の同情を惹きやすい、十字架上で死に死にのイエス・キリストすなわちジーザス・クライストを彫像化して家庭に持ち込み、暴力とセックスから同情と救済の宗教にイメチェンしたというわけです。

同情により神は死んだ！（フリードリヒ・ニーチェ）。

その甲斐あってか、ニケア会議から67年後の392年、テオドシウス1世により、キリスト教はローマの国教になりました。しかしその3年後、帝国は東西に分裂します。

その後のキリスト教は、磔（はりつけ）のイエス像や、いつのまにか紛れ込んだ聖母マリア像などによる贖罪と伝道の歴史でしたが、こらえきれずに昔の地が出て、しばしば世界のそこここで虐殺や略奪をしでかしてきたことは御存じのとおりです。

いずれにせよ、極楽浄土の盟主＝阿弥陀如来の正体は、皆殺しの盗賊で、大酒飲みで、色情過多の三冠王でした。

ニケア会議から900年後、つまり今から800年前、妻帯した親鸞聖人は、そんな阿弥陀のみそなわす西の空を見上げて、（十字を切らずに）両手を合わせます。なむあみダヴィデ。

ギリシア神話では、竪琴の名手オルフェウスの最愛の妻エウリュディケを、毒蛇が咬殺します。毒蛇の正体はダヴィデです。そのルーツはエジプトにあります。

下エジプトのコブラの女神ワジェトというのはダヴィデのことで、これがドイツの伝説のヴェルズング（狼）族の名前のルーツになったと考えられます。さらに、イギリスのウェールズという地方の名前のルーツも同様だと思われます。ゆえに、親鸞が知らないで拝んでいたのは、鎌首をもたげた毒蛇だったとも言えるのです。

以来800年、そんなコブラを拝み続ければ、極楽往生できるというわけです。

日本の公的な阿弥陀如来像では、宇治の平等院の鳳凰堂（10円玉の裏）の阿弥陀、岩手県平泉町の中尊寺・金色堂の阿弥陀（奥州、藤原氏、2011年世界遺産に登録）などが有名です。しかし、阿弥陀の親玉としては、何と言っても鎌倉の観光スポットのひとつ露坐の大仏でしょう。ここには、毒蛇の気配や、殺戮や略奪に伴う血生臭さや、酒乱とかエロ踊りの騒がしさなどはありません。極楽浄土思想がそれらのボロ隠しになっているからで、人々は安心してお参りできるというわけです。キリスト教の場合の神の子イエスと同じです。

その救世主イエスのモデルは、悲劇のアブサロム王子すなわちギリシアのアポロンです。王子は父ダヴィデによって抹殺されました。同じギリシアの沈黙の神ハルポクラテスやドイツのツァラトゥストラらの正体がこのアブサロムだったことに世界は気付いていません。阿弥陀如来の周辺にも、このアブサロム王子の痕跡が遺されています。阿弥陀如来の子だとされる文殊菩薩（ゲルマン神話の英雄ジークムント）というのがそれです。

イエスが布教している時、集まってきた人々が彼を称えて口々に言ったとされます。「ホザナ、ホザナ、ダヴィデの子」。キリスト教はこの「ダヴィデの子」を十字架上で血祭りにあげました。すべてはダヴィデの罪の禊ぎ（みそぎ）のためです。だから、息子が天に持って行ったのは父親の罪のはずだったのに、聖職者たちは「持ち去ったのは人々の原罪」に塗り替えて、今度は信者たちを罪人呼ばわりした上、恩に着せたのです。

キリスト教は欺瞞の産物である（フリードリヒ・ニーチェ）。

しかし、イエスが罪人を救うというのは本当でしょうか？

イエスは善人だったにもかかわらず、裏切りによって無実の罪で惨殺されました。すなわち、実際だって不幸だった人です。だから、自分を不幸だと思っている人は、イエスに比べればまだましだと感じてそこそこの癒しを得ると考えられます。それに対して罪人は、善の化身イエスを前にして、自分が罪人であることが痛感され、ますますいたたまれなくなり、救われないのではないでしょうか。

では、阿弥陀は誰を救うのでしょうか？

阿弥陀の他力本願的救済力は絶大で、善人以上に悪人がより救済されるといいます。

これを「悪人正機（しょうき）説」といい、「善人は主に自力救済に努めるので、あまり阿弥陀に頼らないが、煩悩まみれの悪人は阿弥陀に頼るしないからだ」ということです。

親鸞は異常なまでの罪悪感に苛（さいな）まれ続けた人です。この「悪人正機説」が生まれた動機としては、血族的な因縁が伝わっています。

親鸞の母方の祖父はかの源義朝でした。義朝は長男で、弟には強弓の使い手として名高い八男の鎮西八郎為朝がおり、義朝の子らは後の有名な頼朝や義経です。

この義朝は、保元の乱と呼ばれることになる1156年の内紛で、後白河法皇に命じられたとは言え、実の父為義を斬殺してしまうのです。

この話は福音書の以下の一節を思わせます。イエスを処刑に追い込んだユダヤ人の群衆が「自分らの血の報いが自分らの子孫に降りかかっても構わない」と叫んだという例の箇所です。

さて、あまり根拠があるようには見えない親鸞の説ですが、癪だけど的中しているようです。

人を1人殺傷したような悪人が、後に良心の呵責に苛まれた時、阿弥陀すなわちダヴィデの前に進み出た場合を想定してみましょう。ダヴィデは万人を殺したと言われた人です。

その時、その人は阿弥陀の圧倒的な罪深さに自分を対比して、以前より自責の念が少しでも軽く感じられるようになるのではないでしょうか。この効果はキリスト教にも阿弥陀教にも期待することが可能です。なぜならどちらも本尊が共通のダヴィデだからです。キリスト教と阿弥陀教の大きな違いは、イエス・キリストのいるいないです。つまり、キリスト教が悪人と不幸な人の両方を救うのに対し、イエス抜きの阿弥陀教は主に悪人しか救済しないのではないでしょうか。不幸な人は阿弥陀教では救われないのです。

## アラジン（アブサロム、Ａｐｏｌｌｏ、アラビアン・ナイト、『アラジンの不思議なランプ』）

暖房器具のストーヴの話ではありません。この話は支那が舞台になっています。ですが、アラビアン・ナイトのあまりにも有名な定番です。

主人公のアラジンは、アフリカからやって来た魔法使いから魔法のランプを手に入れます。その古ぼけたランプを擦（こす）った時に、ランプから煙と共に出現する真っ黒な大男が様々なミラクルを起こし、アラジンはやがてお城の美しいお姫様と幸せになりましたとさ、という話です。

不思議な指輪とその召使いも出て来るので、この話がワーグナーの4部作楽劇《ニーベルングの指環》とかトールキンの『指輪物語』と同じ話ではないかという見当が付きます。

魔法使いは遠いアフリカからやって来るので、素性はエジプトだと見当が付きます。

冒険家の船乗りシンドバッドの正体がソロモン（ヘルメス）というのはわかりやすかったと思います。アラジンはソロモンではありませんが、彼の正体もすぐわかります。

魔法使いは2人いて、ランプの件でアラジンが関わったのは兄の方です。

問題は、後からやって来るさらに凶悪な弟の方です。ワーグナーの楽劇《パルジファル》の魔法使いクリングゾルらの例でわかるように、その正体はダヴィデ王（ゼウス）で決まりです。

だから、兄の魔法使いの正体は、ダヴィデのライヴァルのイシュ・ボシェト（ポセイドン）です。

ファティマという尼僧のふりをした弟の魔法使い（ダヴィデ）がお姫様をそそのかします。

「お城の大広間の天井から大鳥ロックの卵がぶら下がっていたら完璧でしょうに」。

迂闊にも、アラジンはランプの大男に、そうするように命令してしまいます。

ところが、大男は目を真っ赤にして怒り狂います。ロックは彼の御主人様だというのです。

今まで何でもおとなしく言うことを聞いてくれていただけに、アラジンやお姫様だけでなく、インド人も、読んでる我々もビックリです。でも、それ以外のことだったら、このランプの召使いが再び爆発することは無さそうです。

魔法使いのダヴィデから攻撃された王子は誰だったでしょうか？

そのアラジンは誰に対しても礼儀正しく優しく、貧乏人に対しても親切でした。だから、誰からもアラジンはなつかれました。

これは、ジーザズ・クライストすなわちイエス・キリストの特徴です。

そして、イエスは旧約聖書のアブサロム王子（アポロン）をモデルとしていました。

だから、アラジンの正体はソロモンの兄のアブサロムだと考えられます。

お城のお姫様は、アブサロムの同腹の妹タマル（アルテミス）しか考えられません。

では、ランプから出て来る大男は誰だったのでしょうか？　なぜ、大男は激怒したのでしょうか？　しかし、このエピソードからランプの精の正体がわかります。

問題の怪鳥ロックの正体は、北欧神話のロキ（ゲルマンのローゲ）、すなわちギリシアのクロノスつまり旧約聖書のサウル王です。

そのサウルはエジプトやギリシアでスフィンクスとして崇拝された後、後のユダヤの姿無き唯一神ヤハウェになりました。

クロノスはタイタン（巨神族）の王です。彼は最後に、ポセイドン（イシュ・ボシェト）やゼウス（ダヴィデ）によって、タルタロスという暗所に閉じ込められました。

ランプの巨人も普段はランプに閉じ込められていたので、候補としてまず思い浮かぶのがこのクロノスです。

さらに、ものすごい剣幕でダヴィデの王子のアブサロムつまりアラジンに噛み付いたのも、閉じ込められていたストレスと、卵が天上から吊されるという屈辱がそうさせたように思われます。

と言いたいところですが、大男がロックの僕というのがどうも引っ掛かります。ロックの僕ロックという自家撞着に陥ってしまうからです。

そこで、このユダヤ唯一神の崇拝を決定的にしたのはどこの誰だったでしょうか？

弟のソロモンです。ソロモンは、エルサレムに7年かけて見事なヤハウェの神殿を建てたとされます。しかも、兄のアブサロム（アラジン）にもたいへんよくなついていました。

だから、ランプに閉じ込められた大男の正体はソロモン王ではなかったでしょうか。

「閉じ込められた」繋がりでは、『スター・ウォーズ』の密輸業者ハン・ソロも炭素冷凍されていましたし、同じく『西遊記』の石猿の孫悟空も五行山に500年閉じ込められていました。

2人（匹）ともその正体はソロモン王です。

アラジンという音声については、アブサロムの実体であるエジプト新王国第18王朝のアメンホテプ1世の即位名デジェセルカラーから派生したペルシア名ザラシュトロ（ゾロアスター）、あるいはそのギリシア名デウカリオンなどと関係があるように思われます。

## イエス・キリスト（アブサロム、Apollo、新約聖書あるいはキリスト教の救世主）

ジーザス・クライスト＝スーパー・スター、欧米の著名な宗教家というよりは、あまりにも有名な世界のスーパー・ヒーローです。

しかし、彼は本当に実在したのでしょうか？

彼に伝わる話はよく言えば奇跡ですが、悪く言えば嘘っぽい。

母マリアが精霊によって身籠もって彼を産んだとか、5つのパンと2匹の魚を増やして5千人に食べさせたとか、湖面を歩いたとか、山上で真っ白に輝いたとか、死者を生き返らせたとか、ついでに自分も十字架上で死んだ後生き返って墓から抜け出し、幽霊だと思っている弟子たちをホンモノだということで2度びっくりさせた後昇天したりしています。

これらを聞いて、この人が実在の人物だと思えるでしょうか？

日本のキリスト教は、織田信長の時代に、宣教師たちが布教させようとしました。しかしその後、秀吉の時代に伴天連追放令が出され（1587）、徳川の時代にも禁止令が出されました（1612）。

その後、多数の切支丹の農民の一揆である島原の乱（1637~1638）の後、幕府の切支丹弾圧は一層強まりました。

維新の後、明治政府も禁止令を引き継ぎましたが、結局それが解放されたのは1873（明治6）年頃だったそうです。

結局日本全体では、一部は切支丹に改宗しましたが、全体的に布教は今に至るも失敗に終わったとされます。

ローマでも当初、キリスト教徒は迫害されました。ローマが滅亡させたユダヤ人の宗教だから当然といえば当然です。

それが、ミラノ勅令によって迫害から解放されたのが313年、そして392年、テオドシウス1世の時遂に国教に昇格しました。

このようなトンデモ話のこんこんちきみたいのが当時のローマでは受け入れられて国教となり、その後遂に欧米の表看板の一大宗教になったのだから驚きです。

「大衆というものは小さな嘘は拒絶するが、突拍子もない大ボラには案外そうでないことがあるものだ」みたいなことを、確かヒトラーが言っていました。

突拍子ないことがあったにせよ、普段はインチキ話には毅然とアレルギー反応を示すような人々が、なぜこの時に限ってそうでなかったのでしょうか？　それは、人々は自分が切望することは、騙されてでも信じたい。例えば、賞味期限切れすれすれで焦っている女子が結婚詐欺にころりと引っ掛かるようなものだ、と言ったら例えが酷すぎるでしょうか。

先の奇跡話は別にするにしても、弟子に裏切られて無実の罪の磔（はりつけ）で惨死した後、なぜか生き返って墓から抜け出し昇天していくような預言者がいたらいいなと思うローマの民衆が増えていったということでしょうか（日本ではそういう人が比較的少なかった？）。（実在したかどうかは別にして）イエスの死後、迫害からの解放まで280年あまり、国教まで360年あまりを要しています。

確かに時間はかかりましたが、それでも辺境のユダヤの宗教が奇跡的に受け入れられたことについては、それなりの理由があったと考えられます。

それは何だったのでしょうか？

そして、イエスは実在したのでしょうか？

当時のエルサレム周辺の状況を見てみましょう。時代は1世紀の前半です。

当地の国家ユダヤ王国は、ローマの属州になっていました。ローマに対して鬱積していた不平不満は我慢の限界に達しつつありました。

その時、1人の預言者が出現します。後にバプテスマ（洗礼）のヨハネと言われた人物です。彼は、BC7年頃に生まれた実在の人だったとされます。

彼の主義主張とは、「近づく審判の時に、新しい神の民となることに備えて、悔い改めよ」というものでした。

彼は荒野で生活し、いなごや野蜜を食し、ヨルダン川で人々に罪を告白させ、洗礼を施していました。

後にイエスも彼から洗礼を受けたとされます。

しかし彼は、その潔癖性故に、当時のユダヤの王妃ヘロデヤを非難したために捕らえられ、処刑されてしまいます。

　ヘロデアは、当時のユダヤの王ヘロデ・アンティパスの異母兄弟ヘロデ・ピリポの妻でした。彼女はヘロデ・アンテパスと不倫した上、それまでの王妃を追い出して、ヘロデ・ピリポの存命中に次の王妃となったからです。

　ヨハネの拘束の後、イエスのガリラヤでの伝道が始まったされます。その後、本当かどうかわかりませんが御存じのようにイエスも十字架刑で殺されます。

　有力な2人の預言者の死、しかし災難はそれだけではありませんでした。

　その後、蜂起したユダヤの民衆はローマ軍に破れ、エルサレムの神殿も破壊されてしまいます。西暦70年のことでした。ユダヤ人はローマの奴隷とかディアスポラ（離散の民）になってしまいます。

　その後、パレスチナにイスラエルが建国されたのが1948年、実に1878年後のことでした。

　80年にローマではコロセウム（円形競技場）が完成しますが、ユダヤ人の奴隷によって得られた収益が使われたといいます。

　この時、ユダヤの人々は思い知らされたのではないでしょうか。

　武力だけではどうすることもできない、しかもヨハネやイエスの伝道の力も無力ではなかったか、とです。

　そのような状況の西暦70年の前後に、「マタイ」、「マルコ」、「ルカ」、「ヨハネ」という有名な4大福音書は書かれたのです。

そこでは、イエスがダヴィデの子孫であることが強調されています。これにはどういう効能があったのでしょうか？

ユダヤがローマに対抗するための残された最後の手段は信仰の力ぐらいしかありませんでした。とは言ってもユダヤ教がそのまま、ローマに受け入れられるわけがありません。

ローマは多神教でしたが、その主神は最強の雷神ユピテル（ゼウス）です。しかし、そのゼウスの正体はこれまで謎に閉ざされていました。

他方、ユダや人には正統的なヤハウェ信仰の他に、邪教というべきバアル（ベルゼバブ）崇拝というものがありました。

そして、ここが肝心です。知られていませんが、ゼウスの正体はバアルで、その実体はダヴィデ王だったのです。パレスチナの最強のダヴィデはローマでも迎え入れられたのです。

そこで事情に通じた人が、イエスがダヴィデの子、すなわち古代のダヴィデ王の子孫である、と福音書に明記したのではないでしょうか。

そして、ダヴィデはそのままキリスト教の天帝デウスとなり、多神教から一神教（厳密に言えばそうではありませんが）のキリスト教へとその地盤を盤石にしていきます。

イエスをサウルの子孫だとしていたら、こうはならなかったことでしょう。なぜなら知られていませんが、サウル（クロノス）は後のキリスト教の天敵ユダヤ教の唯一神ヤハウェになったからです。

すなわち、ユダヤ教とは別の敵対する信仰が欧米全体を征服したのです。そこで、ユダヤ人はますます孤立していくことになります。

でも、ローマは元はと言えば、多神教ではあっても、やはり、最高神は同じゼウスです。だから、こんなにどたばたしてまで、チェンジしたキリスト教が、同じゼウス崇拝だったというのは、どーいうこっちゃ？　という疑問が生じます。

ここは色々考えられますが、ゼウス（ダヴィデ）は殺戮と近親相姦の神です。これは、戦争の多い情勢の時はもてはやされたとしても、そうでない時は人聞きが良くありません。帝国の領土拡大も限界に近づきつつあり、守りの体制に入って来た状況にあって、全体の意思統一のために、より厳格な一神教が必要になったのではないでしょうか。

そこで、清廉潔白で長髪の貴公子イエス様を前面に出して、どぎついダヴィデさんには天上にお引き取り願ったというわけです。

ニーチェによれば、一般に宗教は、神々しい法悦感とか浄福の境地などから誕生したのでなく、人間のみにくい感情である憎悪とか怨念の産物で、キリスト教も例外ではないというようなことを言っていました。しかし、キリスト教はイエスによって表向きは愛の宗教に一応イメチェンしたというわけです

繰り返しますが、今日でもキリスト教の天帝はデウスです。

この名は、織田信長や細川ガラシャ（明智光秀の娘たま）や大友宗麟（そうりん、北九州のキリシタン大名）や隠れ切支丹たちにも知られていました。

しかし、現代のキリスト教においては、本尊のデウスそっちのけで、もっぱらイエスのことばかり強調されているような気がしますが、以上の事情が絡んでいるのです。

いずれにせよ、イエスの天の父は、このデウスで、それは同時にギリシアの最強の雷神ゼウスで、その正体は知られていませんがダヴィデ王です。

しかし、ダヴィデの子孫だと言われるイエスは本当に当時ダヴィデを崇拝していたのでしょうか？　なぜなら、ダヴィデの別名は邪神バアル（ベルゼバブ）で、愛の人イエスがそのようなものを信奉していたとは考えにくいからです。

イエスは一般にユダヤ人だったとされます。だったとしたら、バアルでなく唯一神ヤハウェの崇拝者だったと考えるのが、妥当ではないでしょうか？

福音書にはベルゼブル論争と呼ばれる箇所があります。人々に取り付いた悪霊を、イエスがベルゼブルの霊によって追い出したとして、非難されています。

ベルゼブルというのも悪霊のことだとされますが、例によって正体はさっぱりわかっていません。サタンと混同されているようですが、サタンが何だかわからないのですから、全然だめです。

サタンとはクロノスすなわちサウル王つまり唯一神ヤハウェのことです。

問題のベルゼブルとはベルゼバブすなわちバアル、つまりダヴィデのことだったと思われます。

その時、ユダヤの大祭司や長老や学者たちさらに群衆が、集団で彼を死刑にするよう、ローマ側のユダヤ総督ピラトに詰め寄っています。やはり、ユダヤ教は本音ではダヴィデを受け入れていなかったということになります。

もし、イエスが実在したとしたなら、彼はヤハウェの信奉者だったはずです。

しかるに、現代のキリスト教はそうでなく、イエスの天帝はデウスです。

と言うことは、やはりイエスは、デウス信仰という都合のために捏造（ねつぞう）された人物だったのではないでしょうか？

通説では、イエスには歴史的なモデルがあって、太古エジプトのホルス神がルーツだと言われています。

ホルスの正体は知られていませんが、それはギリシアのアポロンで、旧約聖書ではダヴィデの子でソロモンの兄アブサロム王子です。

その正体はエジプト新王国のアメンホテプ1世です。そして、その即位名デジェセルカラーという音声がジーザズ・クライストに化けたと考えられます。

この点については、かなり信憑性がある、と自分は考えています。

アブサロムは、父ダヴィデに反逆した後、エルサレムに戻ってきて、朝早く城門への道の傍らにいました。

アブサロムは、彼に近づいて挨拶するものがあれば、その人を抱いて口づけしました。アブサロムは、ダヴィデの裁定を求めてやって来るすべてのイスラエル人にそのようにふるまい、人々の心をつかみました（『旧約聖書』「サムエル記下」15—5、6）。

アブサロムはダヴィデとの戦闘で命を落としますが、らばに乗っていた時、頭が樫の大木の枝にからまって、宙づりになったからでした（同、下18―9）。

イエスの生き様と死に様を思わせませんか？

## 海幸彦（イシュ・ボシエト、Poseidon、日本神話の神）

海幸彦と山幸彦の対立話は、日本の神話でもわかりやすく、比較的よく親しまれているほうだと思います。

兄の海幸彦は漁師、末っ子の山幸彦は猟師でした。ある日お互い道具も仕事場も取り替えて、試してみたがうまくいきません。おまけに山幸は兄の大切な釣り針をなくしてしまいます。海幸に針を返せと迫られて困り果てた山幸は、シオツチ神の助言で、海に出て海神ワタツミ神の宮にたどり着きます。

そこでは海神の娘トヨタマ姫にもてなされて、3年が経過します。その後、山幸は無事、海幸の釣り針を探し出してもらい、ワニに送ってもらって帰ってきます。

釣り針を返してもらった海幸でしたが、どういうわけか貧乏になってしまい、山幸に向かって攻めてきます。そこで、山幸はシオツチからもらった珠で、潮の満ち干きを操（あやつ）って、海幸を降参させます。

ここだけの話ですが、実はこの話は、日本昔話の「猿蟹合戦」の続編なのです（「蟹」と「猿」参照）。

猿が蟹を痛めつけます。蜂・臼・栗と牛糞と小蟹が猿に報復します。

しかし、その後、蜂・臼・栗と牛糞と小蟹がどうなったかがわかりません。

それが、この海幸山幸の話です。山幸彦が蜂・臼・栗です。対する海幸彦が牛糞（＝小蟹＝蟹）です。真相は、蜂・臼・栗が牛糞（＝小蟹）を、惨殺していたのです。

ポセイドンは海の神、ゼウスは陸の神ですから、山幸がゼウス、海幸はポセイドンです。

シオツチ神が猿でクロノス（サウル）です。シオツチは海幸を痛めつけていたのです。

この話の元はギリシア神話で言えば、兄ポセイドンがゼウスに惨殺された話なのですが、そういう話はいくら捜しても見つかりません。

それもそのはずで、ギリシア神話にはそんなことははっきり書いてないからです。

もっとも、彼らのダミー同士が闘う話はたくさん残っています。例えばトロイ戦争におけるトロイのプリアモス王（海幸）対ミュケナイのアガメムノン王（山幸）などです。

しかし、この話の大元は太古エジプトの神話です。

オシリスが兄弟の邪神セトに八つ裂きにされます。

そして確かに当初、ギリシア人はオシリスをポセイドン（イシュ・ボシェト）、セトをゼウス（ダヴィデ）と名付けたはずだったのですが、記録が失われてしまったようなのです。

そして、失われた原因として、海幸・山幸の神話が伝えている潮の満ち干きが考えられます。

これは通常の満ち干きでなく、巨大な洪水が発生し、それが記録を流し去ったと考えられるからです。単なる潮の満ち干きだったなら、わざわざ神話などにしたでしょうか。

ギリシアにはデウカリオンの洪水という伝説が伝わっていますが、これは、海幸・山幸の次の世代に該当しています。

このデウカリオンは、山幸とトヨタマ姫の息子ウガヤフキアエズノ命（ミコト）に該当しています。

この人物の正体はギリシアの神アポロン（アブサロム王子）です。そして、その妻のタマヨリ姫はアルテミス女神（タマル姫）です。

ついでに、海幸・山幸神話のトヨタマ姫は女のゼウス（ダヴィデ）です。

ギリシアのミュケナイ神話には、アトレウス（海幸）対テュエステス（山幸）という申し分なく残虐な話が伝わっています。アトレウスが即位する前に日が東に沈んだというシーンがあります。これは、地球の自転が一時的にせよ逆転したことを意味しています。

大洪水が本当だったなら、これが原因だったとは考えられないでしょうか。

そして、海幸彦の別名ホデリノミコトの音声のルーツは、北欧神話のモンスター＝ミドガルズオルム（ミドガルドの蛇）、対する山幸彦の別名ホオリノミコトの音声は同じくフェンリル狼だった、と自分は考えています（拙著『ヤマト』、電子書籍、eブックランド、２０１０）。

この話は有名な浦島太郎の話と似ていますが、山幸彦と浦島は別人です。

## 浦島太郎（ソロモン、Ｈｅｒｍｅｓ、日本のおとぎ話）

丹後国の漁師浦島太郎は、悪ガキにいじめられていた大きな亀を救ってやります。太郎は亀に乗せられて、海底の竜宮城に着き、乙姫の歓待を受けます。うっとりする音楽と共に繰り広げられるタイやヒラメやクラゲの優雅な踊りに、太郎はすっかりメロメロになってしまいます。

その後、3年ぶりに帰ってきた故郷は、様子がすっかり変わっていて、人々も知らない人ばかりです。開けてはならないと言われていたお土産の玉手箱を開けてしまったところ、白煙が出て来て、あっという間に太郎は白髪のお爺さんになってしまいます。

竹取物語と共に、筆者が個人的に最も惹かれる日本のおとぎ話です。

さて、序文でも述べましたように、世界の神話はほとんどまたは全部同じ話です。だから似たような話が外国にあったとしてもおかしくありません。

印象はだいぶ違いますが、それらしき話がギリシア神話にもあります。

それは妖怪のメドゥーサです。詳しくはゴルゴンのメドゥーサです。ゴルゴンは3姉妹の総称で、メドゥーサはそのうちの1人です。

彼女は西の彼方のオケアノス（大洋）のほとりに住む蛇髪の女怪で、視線が合った相手を光る目で石に変えてしまうという恐るべきモンスターです。そこへ英雄のペルセウスがやって来て、目を見ないようにして見事その首を斬り落とします。英雄は帰る途中でアンドロメダ（カシオペアの娘）という美女を得ています。

知られていませんが、ペルセウスの正体はヘルメス神すなわちソロモン王です。

竜宮城の乙姫のところにやって来た浦島はその後、玉手箱を得ます。

ゴルゴンのメドゥーサのところにやって来たヘルメス神はその後、美女アンドロメダと一緒になります。

日本昔話の麗しい乙姫様の正体は蛇女だったようです。総体的に日本の神話はどぎつさを避ける傾向があるようです。

ゴルゴン↓並べ替え↓ルンゴゴ↓送り母音変化↓リュングギョ↓リュウグジョ↓リューグージョー（ちょっと苦しいですが）

メドゥーサ↓メドゥウサ↓並べ替え↓ウドゥサメ↓送り母音変化↓オドシメ↓オトヒメ

ヘルメス↓並べ替え↓ヘルスメ↓送り母音変化↓フラシマ↓ウラシマ

あるいは、ソロモン↓並べ替え↓ンロソモ↓送り母音変化↓ンラシマ↓ウラシマ

アンドロメダ↓並べ替え↓ダメドロアン↓送り母音変化↓ダマデラオン↓ンが欠落↓ダマデラオ↓タマテバコ（少し苦しいですが）

さらに、前述のように、ゴルゴンは3姉妹で、主役のメドゥーサ（女王）以外に、ステンノ（力）、エウリュアレ（遠くまで飛ぶ）がいます。その他にエキドナ（蛇）という怪物も姉妹だとする説もあるようです。

だから、音声的に考えて、ステンノがタイ、エウリュアレがヒラメ、エキドナがクラゲに音化けしたのではないでしょうか。ちょっと苦しいですか？

こう言うのをアナグラム（字謎）と言いますが、実際にこのような現象が起きていたかどうかは神のみぞ知るというところです。でも、そうでなかったとしたら、これらはすべて偶然の

産物ということになります。

メドゥーサの正体は女のゼウスすなわちダヴィデ王だと思われます。ゼウスは両性具有の神でした。アンドロメダはアフロディテすなわちダヴィデの最終美人妻アビシャグです。

では亀とは何のことだったのでしょうか？

「鶴は千年亀は万年」の項を参照していただきたいのですが、日本の神話の「亀」の意味はダヴィデ王だったと考えられる根拠があります。

ところが、室町時代成立の御伽草子によれば、乙姫の正体は亀で、太郎はこの亀姫と結婚したことになっているそうです。しかし、それより古い平安中期の伝承では、名前も浦島子（うらしまこ）になっており、亀は海神の娘で、前世で浦島子と夫婦だったといいます。つまり、亀と乙姫は同一人物で浦島の妻で、この場合の亀は♀ということになります。

でも、同じゼウスなのになぜ亀と乙姫という2通りの呼びかたになったのでしょうか？

それは、前述のようにゼウスは両性具有で、女のゼウスはあくまでも隠された裏の顔です。そこで、表向きの男のゼウスを亀で表し、亀と乙姫で男女のゼウスのつもりだったのではないでしょうか。だから、亀が竜宮城に行ったら乙姫が出て来たというシーンは、1人のゼウスが男から女に変性（へんじょう）した、と解釈できないこともありません。

つまり、浦島は男のゼウスによって竜宮城に運ばれた後、女に変わったゼウスにもてなされたというわけです。

次に、浦島が亀によって竜宮城に運ばれたという部分は、出雲建国話で大国主命（ソロモン）が少彦名神（すくなひこなのかみ、ダヴィデ）に助けられたというのと一緒です。

これは、ソロモンがエルサレムに神殿と宮殿を建てる際に、父ダヴィデが息子を援護したということです。竜宮城とは聖地エルサレムのことだったようです。

さらに、「箱を開ける」という点で共通するエピソードが別のギリシア神話にもあります。有名な原初の女パンドラの物語です。彼女も禁断の箱を開けて、人類に不幸をばらまいたとされます。このパンドラの正体は女ゼウス（ダヴィデ）です。だから、乙姫様もかつて玉手箱を開けたことがあったということではないでしょうか。

開けてはならない玉手箱の正体は前述のようにアフロディテ（ダヴィデの最終美人妻アビシャグ）ですが、音声的には、ダヴィデの娘タマル姫（アルテミス）も考えられます。

だから、問題の「玉手箱を開けるな」については、ここにはオルフェウスやローエングリンの話と同じように、例えば近親相姦的なタブーが秘められているように思われます。

そこで、箱を開けたと言うことは、娘の貞操を奪ったことなどが考えられます。

ダヴィデ王が娘のタマル姫をレイプしたので、ダヴィデ王朝は大動乱に陥った、と他国の神話は伝えています。旧約聖書にはありませんが、ダヴィデ王は実の娘を妻にしていたということになりませんか？

だから、タブーを破ったメドゥーサすなわちダヴィデ王は、ペルセウスのソロモン王によって厳罰を受けたのです。

つまり、これも旧約聖書には記されていませんが、息子のソロモンが父のダヴィデ王をパージ（粛清）したということです。先の出雲建国神話でも、途中でダヴィデの少彦名神が粟茎（あわがら）にはじかれて常世（とこよ）に行ったとあります。これは浦島太郎神話ではわかりませんが。

しかも、浦島太郎では、玉手箱を開けたのはダヴィデの乙姫でなく、浦島のソロモン王です。実は、ここには重大な秘密が隠されているのです。

しかし、その真相の解明は別の機会でということにします。

さらに、故郷の様子が一変したとか、知らない人ばかりとかいう部分も、何らかの天変地異を思わせます。

この時代の前後には、大洪水とか、大火とか、地球の自転の逆転とか、天体の落下などとおぼしき記録が神話に遺されています。

## 大国主命（ソロモン、Hermes、おおくにぬしのみこと）

日本の大国主命の正体が、栄華を築いた古代イスラエルのソロモン王ではないか、という説は聞いたことがあります。

だから、大国主命の正体がソロモン（ヘルメス）だというのは、それほど新味があるわけではありません。

注目すべきは、日本の神話ではソロモンの2人の兄アブサロム（アポロン）とアドニヤ（アレス）が、ソロモンと混同されていることです。

一般に因幡の白うさぎに優しくしたのはこの大国主命だとされているようですが、実際はオホナムヂノカミ（大穴牟遅神）だったと考えられます。

彼は大国主命の若い頃の名前だと思われていますが、その正体はソロモンの兄アブサロムだと思われます。

白うさぎの正体は、アブサロムの双子の妹タマル（アルテミス）です。うさぎを酷い目に遭わせたワニ（鮫、さめ）の正体は、旧約聖書では長子アムノンということになっています。しかし、状況的にあるいは他国の神話などを参考にするならば、父ダヴィデだったことが濃厚です。

さらに、大国主命が出雲を建国する前に、根の堅洲国というところにやって来ますが、そこには素戔嗚尊が美人の娘＝スセリビメ（須勢理毘売）と一緒にいます。そしてなぜか、大国主命は彼女と目があっただけで結婚してしまいます。

素戔嗚尊は、彼をアシハラシコオ（葦原醜男）と呼び、嫌がらせをして危険な目に遭わせたりします。その後、大国主命は素戔嗚尊の髪を室屋の垂木に結び付けて、彼女をおぶって逃げ出します。

アシハラシコオの正体は、ソロモンの兄アドニヤ王子、スセリビメは、ダヴィデの最終美人妻＝アビシャグ（アフロディテ）だと思われます。ダヴィデ王没後、アドニヤは彼女を望んだのでした。

旧約聖書では、ダヴィデからソロモンへの権力の移行については、すんなりと厳（おごそ）

かに進行し、ダヴィデ王に対して流血沙汰があったとは言っていません。

しかし、日本の神話では、アドニヤが父ダヴィデに対してクーデターを起こしたと言っているわけです。これは、北欧＝ゲルマン神話を参考にしたものと思われます。

それが、英雄ジークフリートの竜退治です。

ところで、「おおくにぬし」という音声は、オクタヴィアンという名と関係がありそうです。この名はソロモンを意味するからです。


**オオゲツヒメノカミ（イシュ・ボシエト、Poseidon、＝大気都比売神、日本神話）**

あまりの乱暴狼藉によって髭を抜かれ、手足の爪を抜かれて、高天原を追放された素戔嗚尊は、兄弟のオオゲツヒメノカミを訪れます。

しかし懲りないスサノヲはこの神を斬り殺してしまいます。

なぜなら、オオゲツケが、口や鼻から食べ物をきれいに盛りつけて差し出したからです。スサノヲは怒り狂ったというわけです。肛門からも出したといいます。想像を絶する待遇です。大暴れのスサノヲの正体が旧約聖書のダヴィデ（ゼウス）なのはすぐわかります。ではオオゲツケは誰だったのでしょうか？　スサノヲが受けた酷い待遇は何を意味していたのでしょうか？

いろいろ調べると真相らしきもの浮かび上がってきます。

ダヴィデはライヴァルのイシュ・ボシェト（ポセイドン）の奴隷だったようです。サーヴァント（ｓｅｒｖａｎｔ、召使い）とサーペント（ｓｅｒｐｅｎｔ、蛇）の音声が似ているのは、どちらもダヴィデ王を意味していたからだとは考えられないでしょうか？

すなわち、オオゲヒメノカミの正体はライヴァルのイシュ・ボシェトだったとすれば一番すんなりいくのです。

スサノヲの兄＝月読命（ツクヨミノミコト）にも同じような話があり、葦原中つ国のウケモチノカミ（保食神）を訪れた際に、激怒して相手を殺害しています。

ウケモチが飯や魚や動物を口から取り出してもてなしたからです。

よく似た2つの話が別件だとはちょっと考えにくいようです。

だから、月読命は素戔嗚尊、ウケモチノカミはオオゲツヒメノカミとそれぞれ同一人物だったという結論になるのです。

さらに、オオゲツヒメとウケモチという音声の起源は、イシュ・ボシェト王の実体であるエジプト新王国第18王朝の初代アハメス王（イアフメス、通説ＢＣ16世紀、実際はＢＣ10世紀）だったと考えています。

**オーディン（ダヴィデ、Ｚｅｕｓ、北欧神話、天上の最強神、ゲルマン神話のヴォータン、地上ではヴェルゼ、ワーグナー楽劇４部作《ニーベルングの指環》）**

北欧神話の最高神オーディンは、ゲルマン神話ではヴォータン（あるいはヴォーダン）と呼ばれました。

水曜日（Ｗｅｄｎｅｓｄａｙ）というのは、その名残だそうです。

もっとも、ヴォータンは天上での名前で、地上ではヴェルゼ（狼＝大神＝おおかみ？）と呼ばれ、伝説のヴェルズング族（アース神族）の開祖となりました。

プリンス・オブ・ウェールズで知られる英国のウェールズ地方の名前の由来は、このヴェルゼではないかと思います。

因みに、ウェールズというのは、よそ者という意味だそうです。

ヴェルゼはギリシアの最強の雷神ゼウスで、旧約聖書のダヴィデです。ダヴィデは、エルサレムの基礎を築いたとされる人です。そして、そのきっかけが、前王サウルのイスラエル王国から逃亡したことですから、「よそ者」にぴったりです。

同様に、ワルツ（Ｗａｌｔｚ）という語の語源も考えられます。ヴェルゼのインド版のシヴァは、舞踊の神でもありました。

そんな北欧＝ゲルマン神話を題材にしてできたのが、ワーグナーの楽劇４部作《ニーベルングの指環》（通称リング）です。他に、トールキンの『指輪物語』や、映画『スター・ウォーズ』なども同じです。

リングは正味14時間半を要する大作ですが、巨大なオーケストラや多数の歌手を要する音楽の部分は申し分なく多彩であるにしても、演劇としてはどうなのでしょうか？

昔、ＮＨＫのＦＭ放送で何度もストーリーの解説を耳にしたのですが、どうもぴんと来ためしがありません。

筋がうまくできているのかいないのか、それは、自分で神話を調べるようになってからはっきりしてきました。やはり、演劇的にはうまくなくて、むしろ失敗作だったことが。

それが証拠に、これを、音楽抜きで上演したとしても、あまり、観客を熱中させることはないと思うのです。

ですから、この作品の場合、観客が注目しているのは音楽の部分だけで、劇のほうはあまり当てにしていないといったら、言い過ぎになるでしょうか？

つまり、劇としては?なのに、世界中に熱狂的なファンがいるということは、音楽の部分がそれだけ圧倒的だということが言えると思います。

それだけに、リングの演劇部分が、例えば黒澤明監督の『隠し砦の三悪人』（1958年）並に面白かったとしたら、さらに空恐ろしい作品になっていたことでしょう。

そうならなかったのは、ワーグナーが神話をそのまま台本にしてしまったからです。

北欧＝ゲルマンに限らず、一般に神話では、神々の死がはっきりしません。死なないから神々なわけで、当然と言えば、当然ですが。

リングのクライマックスは、表向きには最終夜の第4作《神々のたそがれ》です。

その第3幕では、英雄ジークフリートがハーゲンという人物に謀殺されるのが核になっています。

ここは、中国の『西遊記』の場面なら、牛魔王が孫悟空に殺されたということです。

ところで、その前の第3作《ジークフリート》第2幕には、英雄ジークフリートの竜退治のシーンがあります。竜は巨人ファフナーの変身ですが、本当の正体が隠されています。

この場面の意味はギリシア神話では、ヘクトールがアキレウスに殺されたということです。

同じようなサスペンス・ミステリーが同じ19世紀にありました。ドストエフスキーの『カラマーゾフの兄弟』です。ここでは、ちょい悪親父のフョードルが殺害されます。

美女のグルーシェンカというのがからんでいました。リングでもグートルーネという美女が関係してきます。

グルーシェンカとグートルーネ。音声が似ていますね。では、フョードルと誰ですか？　ヴェルゼです！　今一ぴんと来ない《神々のたそがれ》第3幕には、ヴェルゼが殺されたことが隠されていたのです。

つまり、ジークフリートの正体がヴォータンで、全作品の本当の山場の意味に、観客は気付いていないのです。もっとも、観客以外の人々もわかっていませんが。

そしてこれらのことは、一般の解説書ではさっぱりわかりません。

## オビ＝ワン・ケノービ（アヌビス、Ｈｅｃｔｏｒ、映画『スター・ウォーズ』の年長のジェダイ＝正義の騎士）

映画『スター・ウォーズエピソード3／シスの復讐』（２００５年公開）のラスト・シーンです。

ジェダイというのは銀河の平和と秩序を保つ正義の騎士のことです。そのジェダイのオビ＝ワン・ケノービは、灼熱の溶岩流の上でアナキン・スカイウォーカーとの死闘の末、その胴体を切り裂きます。その後、アナキンはダース・ヴェイダーに変身します。

さらにその後、オビ＝ワンは同じダース・ヴェイダーに殺されてしまいます。

監督のジョージ・ルーカスは、エピソード４～６（１９７７～83年公開）のオビ＝ワンに当初、日本の三船敏郎（１９９７年没）をイメージしていたようです。

しかし、実際にオファーがあったのは、ダース・ヴェイダーまたはアナキン・スカイウォーカーの役だったようです。

でも、映画を子供向けとみなした三船が断ってしまったので、これは今でも日本の映画ファンには残念がられています。

しかし、このオビ＝ワン・ケノービとは何者だったのでしょうか？

１９２２年11月、エジプトのルクソール（テーベ）西岸でツタンカーメン王墓の世紀の発見がありました。

その一番奥にある西向きの宝物庫で、当事者のハワード・カーターやカーナヴォン卿を待ち受けていたのは、金色の神輿（みこし）の上のジャッカルの姿の黒いアヌビス神でした。

そして、何を隠そうこのエジプトの犬神こそが、オビ＝ワン・ケノービのルーツだったのです。信じられるでしょうか？

この神は本来は王でも王子でもありませんが、トロイ戦争ではトロイ最強の勇士ヘクトールとして登場し、ゲルマン神話ではフンディング（犬）という悪役になります。

旧約聖書では、彼はイスラエルの軍師アブネル（犬の隊長）です。

アブネルは、サウル王（クロノス）の従兄弟で、かつ側近ですが、その実体は、エジプト第18王朝初期の豪族イバナです。この人名イバナが日本の因幡の白うさぎ神話の地名「いなば」に化けたと考えられます。

そのイバナが実在したことを示す証拠は、エジプトのルクソールの近くのエル・カブという遺跡に遺されています。

オビ＝ワン・ケノービを殺すアナキン・スカイウォーカーすなわちダース・ヴェイダーの正体はダヴィデ王（ゼウス）ですが、旧約聖書では、アブネルを謀殺するのはダヴィデではなく王の甥になっています。

## 大穴牟遅神（アブサロム、Ａｐｏｌｌｏ、おほなむぢのかみ、日本、因幡の白兎を救った神）

兵庫県高砂市に、おうしこ神社（生石神社）というたいへん古い神社があります。

言い伝えによる創建は、第10代崇神天皇の代だとされます。伝説の崇神帝は、古いところでは200年代から300年代初めに実在したという説があります。この社の特徴は何と言っても巨大な浮き石をご神体としていることです。その石の宝殿は、幅約6・4m、高さ約5・7m、奥行き約7・2m、重さ500トン（推定）ということです。

では、なぜ当地の巨石が特別に祭られるようになったのでしょうか？

その一つの解答がＮＨＫの「歴史秘話ヒストリア」＝日本にもあった？　謎の巨石文明～飛鳥の「石の女帝」（2014年10月15日放送）でなされました。

当放送によれば、これは第37代斉明天皇（在位655～661年、女帝、第35代皇極天皇と同一人物）のための岩窟墓の失敗作だったのではないかというのです。その理由として、奈良県橿原（かしはら）市にも「益田の岩舟」と呼ばれる似たような一枚岩の謎の遺跡が遺されているからです。ここの規模は生石神社を上回っており、東西約11m、南北約8m、高さ約4・7m、重さ800トン（推定）とされています。

ここには、天上に四角い穴が2つ彫ってあります。これを90度転がせば側面が2つの入り口になるということです。最初から側面に彫らなかった訳は、側面は岩が硬すぎて歯が立たなかったからだそうです。

この「益田の岩舟」が斉明天皇の未完の岩窟墓だと推定される根拠としては、同天皇には間人皇女（はしひとのひめみこ）という人と合葬されたという記録があるからです。そのための2つの入り口というわけです。そして、このせっかくの「益田の岩舟」も、岩にひびが入って未完の遺跡になったと推定されているようです。

そして、同天皇の完成された岩窟墓としては、奈良県飛鳥村の牽牛塚古墳がそうではないかと言われています。同古墳も一枚岩のくり抜き構造で（中央の柱も、岩をくり抜いた後の残存物）、2つの石棺を置ける構造になっているからです（以上NHK）。

さて、件の生石神社に少毘古那命（すくなひこなのみこと）と共に祭られているのが、大穴牟遅命すなわち大穴牟遅神です。

大穴牟遅はあまり馴染みのある名前ではないようですが、大国主命の若い頃の名だとか、そうでなく別の王子だとする説があります。いずれにせよ大して根拠があるわけではありません。自分の考えでは、大穴牟遅神の正体は大国主本人でなく、その陰に隠れてしまった彼の兄に当たる人です。

日本の昔話として、誰でも知っている因幡の白うさぎの話があります。ワニに皮をむしられて泣き泣きの白うさぎに、優しくアドヴァイスしたのは一般に大国主命だとされます。

しかし実は、優しくしたのは大国主命でなく兄の大穴牟遅だったようです。

この話の真相は、旧約聖書にあります。王女のタマル姫が長兄にレイプされたので王女の兄アブサロムが怒って長兄を殺害したという件です。

解せないのは、その後アブサロム王子が父ダヴィデ王にも反逆して戦争になり、遂に憤死してしまうことです。

それにしても息子は、直接の当事者ではない父に、なぜ戦争沙汰になるほどたてつかなければならなかったのでしょうか？　長兄殺しのお咎めで、父王が息子を抹殺しようとしていたという話が、旧約聖書に記されているわけではありません。

この件に関しては、王女を辱めたのは長兄でなく父ダヴィデだったとする他国の神話があり、自分もそちらのほうが真相に近かったのではないかと考えています。

このテーマは世界中の多くの神話に取り入れられました。

だから、白うさぎがタマル姫なら、うさぎを泣かせたワニ（鮫、さめ）は父のダヴィデ王、うさぎを介抱した大穴牟遅は姫の兄アブサロム王子ということになります。

大国主命の正体は、そのアブサロムの弟ソロモン王です。

生石神社のもう一つの祭神、少毘古那命（少名彦神）の正体はワニのダヴィデ王です。

## オルフェウス（アブサロム、Apollo、オルフェウス神話）

オルフェウス神話は、残虐なギリシア神話の中にあって特別に哀切なものの1つではないでしょうか。

オルフェウスは、ゼウス（ダヴィデ王）と記憶の女神ムネモシュネの孫です。

オルフェウスにはエウリュディケという最愛の妻がいました。ところがある日、そんな妻が毒蛇に咬まれ、あっけなく冥界に旅立ってしまいます。悲嘆に暮れるオルフェウス。

この神話の心は何でしょうか？

その答えは旧約聖書にあります。

竪琴の名手なので、ダヴィデ王と関連付けたくなりますが、オルフェウスの正体はダヴィデの息子アブサロム王子、すなわちギリシアのアポロンだと思われます。アポロンも音楽の神です。

これは、そんなアブサロムの双子の妹タマル姫（アルテミス）がダヴィデ王（ゼウス）に父娘（ふじょう）相姦されたことを意味しているようです。だから、毒蛇はダヴィデ王です。すなわち、悲劇のエウリュディケの正体はタマル姫です。

彼女は、映画『スター・ウォーズ』にもレイア姫として登場してきて、父ダース・ヴェイダー（ダヴィデ）に拷問されています。

どうしても彼女を取り戻したいオルフェウスは、冥界から彼女を連れ戻す際に、疑心暗鬼の末、彼女に振り向いてしまいます。この行為は禁止されていたので、エウリュディケは途端に冥界に引き戻されます。

「彼女を見てはいけない」という部分は意味深で、例えば兄妹相姦というタブーを表しているように思われます。

生きる屍となったオルフェウスにマイナデスが襲いかかります。

マイナデス（＝複数形、単数形はマイナス）というのは、ディオニュソスに取り憑かれた狂女たちのことです

オルフェウスは八つ裂きにされてしまいます。

マイナデスはかつてオルフェウスに無視されたことを根に持っていたのでした。この状況は、同じマイナデスに引き裂かれるテーバイの王ペンテウスと同じです。

この時の狂女マイナデスは女のダヴィデを意味しています。ダヴィデは両性具有だったと考えられます。

このことはダヴィデが美貌のアブサロムに執心していたことを疑わせるものです。

ダヴィデに反逆したアブサロムは、哀れ憤死してしまいます。アポロンがゼウスに惨殺されたことが、ここには隠されているのです。

この事件は、世界中の神話の強力なネタ元になりました。

ギリシア神話では、スパルタの絶世の美女の王妃＝ヘレネがトロイのイケメン王子に略奪されたことによって、有名なトロイ戦争の原因になっています。さらに、それが例えば日本では、ワニにボコボコにされて泣き泣きの因幡の白うさぎの昔話になりました。

オルフェウスからは後にオルフェウス教という秘教が誕生しましたが、アブサロムは後のキリスト教のイエス・キリストのモデルになりました。

しかし、妹のタマル姫もイエスの有名な側近のモデルになったことは知られていません。それは、マグダラのマリア（マリヤ・マグダレーナ）です。彼女はイエスのもっとも重要な弟子の1人で、聖女とも娼婦とも言われましたが、十字架上のイエスを遠くから見守り、生きかえって墓から出て来たイエスと最初に会った人だとされます。

†かきくけこ

かぐや姫（タマル、Ａｒｔｅｍｉｓ、＝なよ竹のかぐや姫、日本、『竹取物語』）

日本ではたいへん有名な『竹取物語』については、自分は日本のおとぎ話として最も好きなのですが、この話が神話かどうかという点では、実は長いこと結論が出ませんでした。

光り輝く竹の中から、竹取の翁が女の子を取り出し、後にかぐや姫と名付け大切に育てます。成長して絶世の美女となったかぐや姫に対し5人の皇子が嫁取りに出ます。

しかし、本人にはその気がなくて、彼らに難題をふっかけて、退けます。

やがて、夜中にあたりが満月の10倍ぐらいの明るさになり、かぐや姫は月に向かって昇天していきます。

物語の成立は平安前期の８００年代の後半から９００年代の前半だとされます。

姫に結婚を迫る５人の皇子を実在の人物として、物語全体を当時の出来事だったとする説も出ているようです。

しかし、姫が光り輝きながら竹の中から出現したとか、最後は月に帰って行ったなどという部分は、それでは説明がつきません。

やはりこれは神話だったのではないか、だとしたら、かぐや姫はサウル～ダヴィデ王朝の誰だったのでしょうか？

その前に、この物語には大きな疑問点があります。

かぐや姫はなぜ行ってしまったのでしょうか？

かぐや姫のことを竹取の翁はそれはそれは慈しみ、彼女が月に帰ると言い出した時には泣き伏してしまったほどです。

しかしそれでも彼女は考えを変えず、初心を貫徹します。

そこには、さんざんはかわいがってもらっていたのに、それを仇で返すようなある種の冷酷さすら窺（うかが）われませんか？

なぜなら、このことによって誰も幸せにはなりません。ずっとそこに留まるほうが話としては無理がなかったのではないでしょうか。

翁が姫をいびっていたなら別ですが。それなら、姫の冷たさもわからなくはありません。しかしそんなことを物語は一言も言っていません。逆に、姫が翁を嫌っていたという話もありません。

実は、この話には大きな罠が仕掛けられいて、それが解読困難にさせていたようなのです。

ここで、一つの考えが浮かびます。

竹取の翁がかぐや姫をいびっていた？　彼女は翁のＤＶ（家庭内暴力）に遭っていた。だから月に逃げた？　翁が姫を溺愛していたというのは、それらを隠すための壮大なパラドクス（逆説）だった。

そのように考えれば、疑問は一気に解消します。

しかし、翁が姫を虐待していたとすれば、それはどういうことだったのでしょうか？

かぐや姫が多くの求婚者に迫られたという点は、トロイ戦争のヘレネを思わせます。ヘレネはギリシア～トロイ間の伝説の大戦争の原因になったとされる伝説の絶世の美女です。

さらに、このヘレネの正体がギリシアの女神アルテミスであることは知られていません。

そのアルテミスが、日本の因幡の白うさぎ神話で、八上比売（ヤガミヒメ）という姫になって、八十神に求婚されたことも知られていません。

そんなかぐや姫が帰って行った先がなぜよりによって月だったのでしょうか？　竹では、姫が大きくなり過ぎてて、入れなかった？

月の女神として広く知られている存在があります。アルテミスです。

だから、かぐや姫はギリシアのアルテミスで決まりです。

アルテミスは、旧約聖書ではダヴィデ王の娘＝タマル姫です。

そのタマルについては、彼女が長兄アムノンにレイプされたので、彼女の同腹の兄アブサロム（アポロン）が長兄を殺害するに至った、という旧約聖書の記録があります。

しかし解せないのは、その後、アブサロムが父ダヴィデに対しても反逆し、闘いに破れ憤死したことです。なぜ、兄弟間の争いごとが、父親にまで及んだのか、疑問が残ります。

この件については、レイプしたのは父ダヴィデだったと暗示する他国の神話もあり、状況的にはこちらのほうが説得力があるようです。

タマル姫の悲劇は、先に少し触れましたが、因幡の白うさぎの話になったと考えられます。因幡の白うさぎはワニに皮をむかれて赤裸にされたうさぎのことです。だからこの場合、加害者のワニの正体はダヴィデ王だったということになります。この時白うさぎに優しくアドヴァイスした大穴牟遅神（おほなむぢのかみ）が兄のアブサロムです。

そして、先の八十神に求婚されたヤガミヒメというのが、これも知られていませんが、有名な因幡の白うさぎの実体だったと考えられます。

さて、かぐや姫が行った月ではうさぎが餅をついています。だから、かぐや姫が月に行ったということは、彼女がうさぎになったということではなかったでしょうか。

だから、かぐや姫の正体はこの因幡の白うさぎだったということも考えられます。

その場合、竹取の翁はワニということになります。

ということは、かぐや姫が月に行った（逃げた）のは、竹取の翁にレイプされたからではないか、ということです。

その後、このタマル姫からトラウマ（心的外傷）という言葉も誕生しました!?

もしそうだったとしたら、竹取の翁の正体はダヴィデ（ゼウス）だったということになるはずです。

竹取の翁の本名は讃岐造（サヌキノミヤツコ）というそうです。

サヌキノミヤツコ↑サヌシノミアッコ↑（送り母音調整）↑サノスノミオトコ↑（並べ替え）↑スサノヲノミコト
こういうのをアナグラム（字謎）といいます。実際にそのような現象が起きていたかは不明ですが、だからといって完全に否定し去ることもできません。

謎のサヌキノミヤツコの正体は日本の素戔嗚尊だったのでしょうか。素戔嗚尊の正体は知られていませんがダヴィデ（ゼウス）です。

予想通り、竹取の翁の正体はダヴィデ王だったようです。

さらに、かぐや姫の名付け親の名は「三室戸斎部（ミムロトインベ）の秋田」というそうです。

この中の斎という字は、通常はサイと読みますが、神仏を祭るときなどに、飲食などの行いを謹んで身を清める「いむ」という意味があるそうで、斎部で「いむべ」あるいは「いんべ」

と読みます。

だから、ミムロトイムべ（ノ）アキタ↑（ノを追加）ミムロトイムヘアキタ↑ミムロソイムエアキタ↑（送り母音調整）↑ミマラスオミアカテ↑（並べ替え）↑アマテラスオオミカミ
謎だった三室戸斎部の秋田の正体は日本の皇祖神＝天照大神だったのではないでしょうか？天照大神の正体は知られていませんが、ダヴィデのライヴァル＝イシュ・ボシェト（ポセイドン）です。

さらに、姫が竹から生じたという部分は、かぐや姫が竹取の翁つまりゼウスから産まれたと解釈できます。ゼウスは両性の神でした。

だから、かぐや姫（アルテミス）はゼウスから産まれて、叔父のポセイドンが名付け親だったことになります。

だけど、育ての親のゼウスに暴行されて、因幡の白うさぎになっちゃった、ということだったようです。

こうして見ると、讃岐造と三室戸斎部の秋田という2人の名前はやはりアナグラムによってできた名前だという気がしませんか？

この状況とよく似ているのが、ギリシア神話の天馬ペガソスです。

この馬は、英雄ペルセウスに殺されたメドゥーサの血から生じました。父親はポセイドンということです。

メドゥーサは、がん見した相手を石に変えてしまうという蛇髪の女怪ですが、その正体はや

はり女ゼウスだったと考えられます。

問題のペガソスの正体はアルテミスの双子の兄アポロン（アブサロム）だったと思われます。このペガソスとかぐや姫は空中に舞い上がった点で共通しています。

アポロンとアルテミスが、ポセイドンと女ゼウスの子だったという表現は旧約聖書にもギリシア神話にもないので、以上の神話はたいへん意味深ということになります。

さて、核心のかぐや姫の「かぐや」という音声はどこから来たのでしょうか？

実はこれはたいへん難産でした。それは、タマル＝アルテミスの系統から捜そうとしたからでした。この方面にはそのルーツらしきものは見当たりませんでした。

「かぐや」とい音声の起源らしきものとしては、インドの男性神カルティケーヤぐらいしか見当が付きません。

この神は、殺戮神シヴァとパールヴァティ、あるいは火の神アグニとスヴァーハの間の子とされます。旧約聖書風に言えば、ダヴィデとマアカ、ギリシア神話風に言えば、ゼウスとレートーの子ということになります。

カルティケーヤは、最強のインドラ（帝釈天＝ダヴィデ）をもってしてもなかなか打ち破れなかったとありますので、その点でもその正体はアブサロム王子（アポロン）しかいません。

彼はタマル姫の同腹の兄です。6面12臂の風貌で、その体は金色に輝くとあるので、アポロンおよびかぐや姫にぴったりです。

だから、かぐや姫には兄アブサロムの特徴も取り入れられていたということでしょうか？

さらに、かぐや姫の本名は「なよ竹のかぐや姫」というそうです。この「なよたけ」にも何か意味がありそうな気配です。

カルティケーヤの別名はスカンダで、日本では韋駄天（イダテン）といいます。ナヨタケ↑ナオタデ↑送り母音調整↑ヌイテダ↑並べ替え↑イダテヌ↑イダテン

さらに、このスカンダという語は、イスカンダル（アレクサンダー大王）から生じたと言われているそうです。BC4世紀のアレクサンダー（アレクサンドロス）の音源は知られていませんが、後述するようにアブサロムだと考えられますので、その点でも、スカンダのルーツはアポロンです。

そして、このイスカンダルという名前はスキャンダル（scandal、醜聞）という語を連想させます。事実、アレクサンダーは、バクトリアのマラカンダ（後のサマルカンド）で開かれた宴会で、部下のクレイトスと口論になり、遂に彼を槍で刺殺してしまいます。BC328年のことです。

その後、アレクサンダーはこのことを激しく後悔したといいますが、殺されたクレイトスは大王に批判的だったとはいえ最強の将軍の1人で、大王は戦闘中に彼に命を救ってもらったこともありました。

アレクサンドロスという名は、伝説のトロイ戦争を引き起こしたとされるトロイの王子パリスの別名で、『イーリアス』のホメロスや『ギリシア神話』のアポロドロスは、パリスをこの名で呼んでおり、その正体はダヴィデ王朝のアブサロム王子（アポロン）です。

アブサロムは清廉潔白な王子として、後のイエス・キリストのモデルになったと考えられます。他方、狂気のアレクサンダー大王は神ではなく歴史上の人物です。

しかし、王はこのアブサロム王子の名前を受け継ぎました。だから、後の救世主のイメージの成立については、このアレクサンダーの言動も無関係ではなかったと言えるのではないでしょうか。

## 蟹（イシュ・ボシェト、Poseidon、かに、＝牛糞、日本、猿蟹合戦、キュクロプス＝一つ目巨人、ギリシア神話、ペリシテ人、旧約聖書）

日本の民話には猿蟹合戦というのがあります。

猿が蟹をいびります。蟹は蜂・栗・臼と牛糞と共闘して猿をこらしめます。

この話は一見子供向けの昔話です。しかし、実はこれは民話というよりは神話ではないか、と自分は長いこと考えてきた結果、神話という結論に至ったのです。

ギリシア神話には、ティタンノマキア（タイタン戦争）という大戦争があります。

最強神のゼウスたち兄弟が、父親のクロノスたちを滅亡させることになる戦争です。

その戦争は10年経っても決着がつきませんでしたが、ある者を味方に付ければ、ゼウスたちは勝てるだろう、というお告げがありました。

そのある者というのが、キュクロプス（一つ目の巨人）という一族のことです。

彼らは、ゼウス（ダヴィデ）、ハデス（＝プルトン、実体は地下のゼウス）、ポセイドン（イシュ・ボシェト）の3人に武器を提供します。

　その後、お告げの通りクロノスたちはゼウスたちによって抹殺されます。クロノスに拘束されていたキュクロプスは、解放されます。

　ここで、蟹は猿にとっちめられていたので、蟹がキュクロプス、猿がクロノスではないか、という見当が付きます。

　残りの蜂・栗・臼はゼウスです。

　では、キュクロプスとは何者だったのでしょうか？

　ホメロスの『オデュッセイア』にそのヒントがあります。

　トロイからの帰途、オデュッセウス（ソロモン）は漂流を続けます。彼の何人かの部下が、ポリュペノスというキュクロプス族の1人に食われてしまいます。

　そして、そのポリュペノスの父親はポセイドンだということです。オデュッセウスは巨人の目をオリーブの棒で突き刺します。

　ポリュペノスはキュクロプス族、さらに、ポリュペノスの父親はポセイドンです。だから、キュクユクロプスとはポセイドンのことだったという予想がつきます。

　ポセイドンの正体はサウルの後継者のイシュ・ボシェトですから、キュクロプスの正体は、そのイシュ・ボシェトだったということになります。

　そして、先のギリシア神話に見合うような話が旧約聖書にもあります。

「サウル（クロノス）は一生ペリシテ人と闘った。

ダヴィデ（ゼウス）は、そのサウル（クロノス）から逃亡して、ペリシテ人のところに投降した。

ペリシテ人は武器や農具の製造を独占していて、ヘブライ人はその製造や修理を彼らに頼っていた。ヘブライ人に剣や槍を造らせてはいけない、とペリシテ人は考えていたからである。

ペリシテ人はサウル（クロノス）を自刃に追い込んだ。」

武器を提供したキュクロプス。武器の製造を独占していたペリシテ人。

ですから、キュクロプスの正体はペリシテ人です。

蟹の正体は旧約聖書のペリシテ人です。そのペリシテ人は、今述べましたようにイシュ・ボシェト（ポセイドン）の一族です。

他方、猿（クロノス）は音声的にもサウル王です。サウルは、ずっと戦ってきたペリシテ人に遂にやられてしまうのです。そして、残りのヘブライ人が、蜂・栗・臼の正体ではなかったか、という見当がつきます。

しかし、謎はこれで尽きたわけではありません。

ペリシテ人およびヘブライ人という語には、さらに不可解な部分があるのです。

まず、ペリシテ人です。古代のペリシテ人（フィリスティーン、Ｐｈｉｌｉｓｔｉｎｅ）は、エジプトのすぐ北のパレスチナ南西部に居留していたとされ、パレスチナという地名の語源になったとされる民族です。

しかし、学者によってはペリシテ人の正体はよくわからないという意見を自分は聞いた記憶があります。

しかしこの場合、ペリシテ人に当てはまるのは、先のギリシア神話ではキュクロプスしかありません。だから、ペリシテを今までのように民族名でなく個人名だと考えるならば、その正体はキュクロプスであり、イシュ・ボシェト（ポセイドン）ということになります。

そこで、先の文章のペリシテ人の部分をイシュ・ボシェト（ポセイドン）で置き換えてみましょう。太字が変換部分です。

「サウル（クロノス）は一生**イシュ・ボシェト（ポセイドン）**と闘った。

ダヴィデ（ゼウス）は、サウル（クロノス）から逃亡して、**イシュ・ボシェト（ポセイドン）**のところに投降した。

**イシュ・ボシェト（ポセイドン）**は武器や農具の製造を独占していて、ヘブライ人はその製造や修理を彼らに頼っていた。ヘブライ人に剣や槍を造らせてはいけない、と**イシュ・ボシェト（ポセイドン）**は考えていたからである。

**イシュ・ボシェト（ポセイドン）**はサウル（クロノス）を自刃に追い込んだ。」

ということは、ギリシア神話のように、ゼウス（蜂・栗。臼）たちは、キュクロプスを味方につけたというよりは、キュクロプスのところに転がり込んだ、というのが真相だったようです。

サウル（猿）は一生、ペリシテ人すなわち後継者のイシュ・ボシェトの軍勢と戦っていました。そんなサウルと決別したダヴィデ（ゼウス）は、元は敵だったイシュ・ボシェトのところに逃げ込んだのです。

さて、ヘブライ人が残りました。彼らは何者だったのでしょうか？

候補としては、サウル（クロノス）も考えられますが、敵に武器を造らせないのでは、あたりまえすぎます。

既に見当付けましたように、実は、ヘブライ人の正体がダヴィデ（ゼウス）の一族郎党という意味だったことは知られていません。

ギリシア人はヘブライという語をディオスクロイ（ゼウスの子孫）と訳したのです。

仕上げとして、先の文のヘブライ人をダヴィデ（ゼウス）一族で置き換えれば、完了です（太字＝変換部分）。

「サウル（クロノス）は一生イシュ・ボシェト（ポセイドン）と闘った。

ダヴィデ（ゼウス）は、サウル（クロノス）から逃亡して、イシュ・ボシェト（ポセイドン）のところに投降した。

イシュ・ボシェト（ポセイドン）は武器や農具の製造を独占していて、**ダヴィデ（ゼウス）一族**はその製造や修理を彼らに頼っていた。**ダヴィデ（ゼウス）一族**に剣や槍を造らせてはいけない、とイシュ・ボシェト（ポセイドン）は考えていたからである。

イシュ・ボシェト（ポセイドン）はサウル（クロノス）を自刃に追い込んだ。」

これが、猿蟹合戦の真相です。

ギリシア神話では、ゼウスたちがポセイドンたちと共闘した時期は、最初からとなっています。しかしここでは、ゼウスたちは、途中から合流してポセイドンの子分になったということのようです。

いずれにせよ結論としては、民族名だと考えられていたペリシテすなわちキュクロプスの正体は、ポセイドンで、その正体はダヴィデのライヴァル＝イシュ・ボシェトだったということになります。同様に、ヘブライ人とは、ダヴィデ一族のことでした。

問題としては、ヘブライ人について、最初からダヴィデ一族とすればわかりやすいものを、そうせず、わざわざヘブライ人と記して、後世の混乱を引き起こしたことです。

当時は、ヘブライ人がダヴィデ一族を意味することが特別でも何でもなくて、一般によく知れ渡っていたことももちろん考えられます。

しかし、そうでなかった場合は、ダヴィデ一族に武器の作り方をイシュ・ボシェト一族が秘密にしていたことが後ろめたくて、わざとヘブライ人という暗号みたいな表現をしたことも考えられます。

ペリシテ人についても同様で、父のサウルが戦い続けた先が嫡男のイシュ・ボシェトだったことが都合悪くて、曖昧にペリシテ人などと記して、はぐらかしたのではないでしょうか。

ここから30行余りは、ややマニアックになってきますが、一応解説しておきます。

ここでわかってくるのは、これらを記録したのはどちらの陣営か、ということです。

それは、「後ろめたい」側の北イスラエル王国（サウル～イシュ・ボシェト）ということになります。反対に、武器の製法を秘密にされたダヴィデの南ユダ王国は、これらを隠す必要がないので、こういう表現にはならなかったはずです。

この後、イシュ・ボシェトを抹殺したダヴィデは統一イスラエルの王になります。

しかし、後継者のソロモンの没後、王国は再び分裂します。その後、北イスラエル王国は旧約聖書によってぼろくそにけなされるようになります。旧約聖書の立場が南ユダ王国に移動したのです。

その理由は、ソロモンに殺されそうになって旧北イスラエルに逃げたヤラベアムという後継者が、再分裂後に王位に就き、北イスラエル王国を邪神バアルの巣窟にしたからです。

入れ違いに、旧北イスラエル王国の在住の唯一神ヤハウェの神官たちは、所領を奪われた上、南ユダに追放されました。

現代の古代エジプト学に照らし合わせてみます。ヤラベアムの正体は、新王国第18王朝の6人目の王、トトメス3世だと考えられます。

北イスラエル王国はエジプト新王国第18王朝のことで、バアルの巣窟とは、エジプトのテーベ（ルクソール）の世界遺産、カルナックのアモン大神殿です。

アモンの別名はバアルで、実体は旧約聖書のダヴィデ王です。ヤハウェは同じくサウル王ということになります。

旧約聖書はヤハウェのための聖典です。南ユダ王国は元祖ダヴィデが建てた王国でしたが、再分裂後は、ヤハウェ（サウル王）を旗印とする王国に逆転したのです。

北イスラエル王国（エジプト）については、それと反対のことが起きました。つまり、元は元祖サウルの王国だったのが、ダヴィデ（アモン）崇拝の王国に変わりました。

その時、蟹に加勢した蜂・栗・臼は、状況的にダヴィデ（ゼウス）です。

そして、自分はこの「蜂・栗・臼」という音声の出所が長いことわかりませんでした。しかし、ようやくルーツらしきものに突き当たったのです。

正解は、蜂・栗・臼でなく、蜂・臼・栗だったようです。はちうすくり、この心は何だったのでしょうか？

ハチウスクリ→チウスクリイ→ジオスクロイ→ディオスクロイ。

ディオスクロイとはゼウスの子孫とか一族という意味です。しかし、この場合の蜂・臼・栗はダヴィデ個人またはダヴィデとその一族郎党と訳してもよいと思います。

先に述べましたが、ヘブライも実は個人名で、その正体はダヴィデだったと考えられます。だから、ギリシア人が、ヘブライ人をディオスクロイと訳したとするならば、ヘブライの意味がゼウスだとわかっていたということになります。

そして、蜂・臼・栗がディオスクロイだったなら、猿蟹合戦のルーツは、旧約聖書でなくギリシア神話だったことになります。

何となれば、旧約聖書には、ダヴィデまたはダヴィデの一族（ディオスクロイ）がペリシテ人のところに逃げ込んだとはありますが、さらに加勢したとまでは明記されてないからです。

では、牛糞とは何だったのでしょうか？

その前に、「蜂・臼・栗」は蟹に合流する前に、どこで何をしていたのでしょうか？

その答は旧約聖書にあります。

ダヴィデはサウルの竪琴弾き兼突撃隊長でした。彼はペリシテ人との戦争で活躍し過ぎたので、サウルの妬みを招き、あやうく槍で突き殺されそうになり、ペリシテ人の王アキシュのところに逃げ込んだのです。

つまり、蜂・臼・栗は、元は猿の家来で、猿に殺されそうになったので、蟹のところに逃げて来たというわけです。

そして、この時の謎のアキシュ王が牛糞の正体だったと考えられます。アキシュとウシクソ、音声も合っています。そして、ギリシア神話などによれば、このアキシュの正体は状況的にイシュ・ボシェト（ポセイドン）という段取りになるのです。つまり、「蟹と牛糞」で、「ペリシテの王アキシュ」というわけです。

さて猿蟹合戦は、猿が、蟹と牛糞と蜂・臼・栗にやられたところで終わっています。続きはどうなったのでしょうか?

続きはギリシア神話にあります。

豪傑ヘラクレスはエウリュステウスの奴隷になりました。これはダヴィデがペリシテ人の王アキシュすなわちイシュ・ボシェトの奴隷になったということです。

それは蜂・臼・栗が、蟹と牛糞の奴隷になったということです。

そこで、ヘラクレスは12の難業を押し付けられます。その2番目で、ヘラクレスは、沼沢地で水蛇のヒュドラを退治し、足に嚙み付こうとした化け蟹を知らずに踏み潰しています。

化け蟹の正体は、ペリシテすなわちイシュ・ボシェトだとすぐわかります。蟹はギリシア語でカルキノスです。この音声は、ペリシテあるいは英語のフィリスティーン（Ｐｈｉｌｉｓｔｉｎｅ）とよく馴染みます。さらに、キュクロプス（一つ目巨人）とも合います。

問題は、ヒュドラですが、このヒュドラという音声もペリシテの変形だったように思われます。つまり、これもイシュ・ボシェトです。

蟹と牛糞は、同盟軍の蜂・臼・栗に滅ぼされてしまうのです。

しかしこれでは、イシュ・ボシェトは２回殺されたことになります。

すなわち、ヒュドラがヘラクレスに直かにやられて、化け蟹はいつのまにかお陀仏になっています。

実は、イシュ・ボシェト（ポセイドン）は、最初はペリシテ人の巨人戦士ゴリアテとしてダヴィデにやられ、２回目はイシュ・ボシェトという実名でやられています。

そのうち、ゴリアテがダヴィデに一騎討ちで仕留められたのに対し、イシュ・ボシェト王は、ダヴィデと交戦している時期に、昼寝中に（気付かぬうちに）味方の２人の護衛に腹を突き刺されています。

だから、後半のイシュ・ボシェト王が先の化け蟹に該当しているようです。

さて、問題のキュクロプス（一つ目巨人）という語は、英語ではサイクロプス（Ｃｙｃｌｏｐｓ）です。

この語は、サイクリングとかリサイクルとかサイクロン（インド洋の台風）とかサイクルヒットなどと関連があります。いずれも輪あるいは環（循環）などの意味があります。

元のキュクロプスは「丸い目」という意味なので、繋がりという点では問題ありません。

さらにこの語は、極東のとある国の古名と繋がっているのです。それは何か？

「大和（やまと）」です。

大和の本来の意味は大輪あるいは大丸でした。これは、日本の皇祖神＝天照大神の別名とも言えます。そして、大輪とか大丸は、丸繋がりで先のキュクロプスと同じです。

だから、謎だった天照大神の正体は、キュクロプス、すなわちイシュ・ボシェトすなわちギリシアのポセイドンだったのです。

しかし、大和は通常「やまと」とは読めません。つまり、強引にこじつけて「やまと」と読ませているのです。この音声はどこからやって来たのでしょうか？

考えられるのは、北欧神話のモンスター＝ヨルムンガンド（ミドガルドの蛇）です。この怪物は島を取り囲むように自分の尾を口で咥（くわ）えていたとされます。そして、この大蛇の正体はポセイドンだったのです。ヨルムンガンドが縮まってヤマトになったと思われます。

だからキュクロプスの大輪とヨルムンガンドを合成して大和と書き、ヤマトと読ませたのではないでしょうか（染谷くじゃく『ヤマト』eブックランド、２０１０、電子書籍）。

ところで猿蟹合戦は、日本では紙芝居とか子供に話して聞かせるような内容で、あまり大人が注目するようなものではありません。

しかし、猿蟹合戦から得られる総合的な結論はどうなるでしょうか？

猿の正体は旧約聖書のサウル、蟹はギリシア語のカルキノスあるいは旧約聖書のペリシテ、牛糞は旧約聖書のアキシュ、蜂・臼・栗はギリシア神話のディオスクロイでした。

さらに、蜂・臼・栗が蟹と牛糞に味方した部分は旧約聖書にはなくて、ギリシア神話にはありました。

以上の推論が正しかったなら、猿蟹合戦の作者は、旧約聖書とギリシア神話を適宜使い分けて1つの話を作ったことになります。

しかし、作者は本当にこれらの原典を知っていたのでしょうか？

もしそうでなかったとしても、分析心理の大家C・G・ユングの「集合的無意識」あるいは普遍的無意識という抜け道があります。

人類には太古の出来事の記憶が残っていて、それが何かの弾みに思い出される、というのです。

猿蟹合戦の作者がどちらだったのかは、訊いてみないことにはわかりません。

しかしいずれにせよ、「クロノス、ポセイドン、ゼウスの正体はサウル、イシュ・ボシェト、ダヴィデだった」という本書の大前提は間違ってなかった、ということになりませんか？

## 玉龍（イシュ・ボシェト、Poseidon、『西遊記』、三蔵法師の白馬）

『西遊記』で天竺（てんじく、インド）を目指す三蔵法師の弟子といえば、まず孫悟空さらに猪八戒そして沙悟浄です。しかし、実は弟子がもう1人（1頭）いたことが見逃されがちです。

それが玉龍という白馬です。これは元来、西海龍王の三男でした。

それが、宮中で火事を起こし、宝物を消失させたので死罪となり、天空に吊されていたところを観音菩薩に解放されたのです。

玉龍は第9話で、三蔵の白馬を丸呑みにしてしまいますが、観音菩薩のとりなしで彼自身が白馬となり三蔵のお供をすることになります。

第30〜31話で、三蔵が虎に変えられた場面では、彼は龍の姿に戻り妖怪と闘います。

ここで、旧約聖書のサウル〜ダヴィデ王朝を当てはめてみましょう。

まず、空飛ぶ孫悟空はソロモン（ヘルメス）です。ソロモン王にも空を飛んだという伝説があるからです。

そのソロモンが付き従った三蔵法師は兄アブサロム王子（アポロン）です。彼は、ドイツのツァラトゥストラ（ツァラ男）で、ソロモンと唯一仲が良かった人です。

次に、猪八戒は、ドイツのチューリンゲンの伝説のエロ騎士タンホイザーあるいはゲルマン神話の豪族ギービヒ家のグンターです。その正体はアブサロムの弟アドニヤ（ギリシアの戦闘神アレス）です。

残りの沙悟浄はかなり難解です。「沙悟浄」の項でわかりますが、その正体はダヴィデ王（ゼウス）です。その中国音サウジーというのは、ゼウスを想わせます。

その沙悟浄に世話されていたのがこの玉龍です。

最強のダヴィデに奉仕されていた者としては、サウル王（クロノス）とその後継者イシュ・

ボシェト王（ポセイドン）ぐらいしか見当たりません。ダヴィデはサウルの竪琴弾きにして切り込み隊長、そしてイシュ・ボシェトの奴隷でした。

しかし、天空には釈迦如来がみそなわし、その正体はサウルです。イシュ・ボシェトが残りました。

消去法によって、空白の玉龍はイシュ・ボシェト（ポセイドン）ということになります。馬はポセイドンの神獣だからです。

そのように考えればここに、サウル（釈迦如来）～イシュ・ボシェト（玉龍）～アブサロム（三蔵）～ソロモン（孫悟空）というサウル王朝の4代が揃い踏みとなります。

イシュ・ボシェトはサウルの嫡男ですから、玉龍の父＝西海龍王の正体も、サウル王朝初代の王サウルだったということになります。

さらに、玉龍と対をなす天の玉帝の正体は、イシュ・ボシェトのライヴァル＝ダヴィデということになります。

そして、先の4代のうち最初のサウル、イシュ・ボシェト、アブサロムの3人はダヴィデによって抹殺されるのです。

**ギルガメシュ（ソロモン、Ｈｅｒｍｅｓ、ギルガメシュ叙事詩）**

大洪水で有名な古代シュメール（メソポタミア下流域のうちの南半分）における有名な英雄＝ギルガメシュは、洪水後2番目のウルク第1王朝5番目に実在した王だとされます。

ギルガメシュは、僚友＝エンキドゥと共に怪物退治に乗り出しますが、親友は死んでしまいます。

失意の英雄は、伝説の王＝ウトナピシュテムを訪れます。

一般に、ウトナピシュテムは大洪水の時の王として有名です。

ウトナピシュテムは洪水後永遠の命を得たされます。そしてシュメールのこの話が、旧約聖書・創世記のノアの洪水の話になったとされます。

しかし本当のところは、旧約聖書「創世記」の大洪水で知られるノアが、ウトナピシュテムと同一人物で、どちらもその正体は、古代イスラエル王国の初代サウル王（クロノス）だったと考えられるのです。

2／3が神、1／3が人間だったというギルガメシュで真っ先に注目すべきは、エンキドゥとは最初険悪だったのに、烈しい取っ組み合いの後無二の親友になった点です。

旧約聖書で、ギルガメシュとエンキドゥに当てはまる人物としてはダヴィデの2人の王子しかいません。ソロモン（ヘルメス）と兄アブサロム（アポロン）です。この2人の仲の良さは、ギリシア神話やインドの叙事詩『ラーマーヤナ』などでもよくわかります。

だから、ギルガメシュの正体はソロモン王だったと考えられます。

ギルガメシュという音声のルーツは、ソロモンの本名センウセレト（1世）＝エジプト中王国ではなかったかと思われます。

そして、エンキドゥはアブサロムです。ギリシアにはデウカリオンの洪水という伝説があります。知られていませんが、デウカリオンとはこのアブサロムのことだったのです。

そしてソロモンやアブサロムの実体はエジプトの王でした。

だから真相は、旧約聖書がシュメール神話をパクったということでなく、双方がエジプトの出来事を神話にしたということです。

ノアすなわちサウルはアブサロムの2世代前の人です。いずれにせよ、洪水は2度あったということになります。

仲のよかった2人の例としては他に、旧約聖書・創世記のベニヤミンと兄ヨセフ、トロイ戦争の智将オデュッセウスと最強最速のアキレウス、先の『ラーマーヤナ』の猿神ハヌマンとラーマ王子などがいて、その正体はいずれもソロモンと兄アブサロムのコンビです。

## ケンタウロス（サウル、Cronos、ギリシア神話、人頭馬身のモンスター）

ギリシア神話におけるケンタウロスというのは、馬の胴体と四肢の上に、馬の首の代わりに、人間の上半身をくっつけたモンスターですが、種族を表す複数形で、個人ではありません。

ケンタウロス（たち）は、剛勇ヘラクレスによってさんざん殺されています。ヘラクレスの正体は旧約聖書のダヴィデ王（ゼウス）です。

だから、ケンタウロスを個人名とするならば、その正体は、ダヴィデにやられたサウル（クロノス）か、その後継者イシュ・ボシェト（ポセイドン）ということになりそうです。

そして、馬はポセイドンの神獣です。だから、その正体はポセイドンだったと言いたいところですが、下半身しかないところが引っ掛かります。

すなわち、ケンタウロスの中途半端な外見は、馬になり損ねた人を表しているように見えなくもありません。

だからこれは、次のイシュ・ボシェトまで引き継ぎがうまくいかなかった、すなわち、途中で抹殺されてしまったサウルを意味しているように思われます。

サウルの本名の1つはエジプト第17王朝のラスト2のファラオ＝セケネンラー・タア（2世、通説BC16世紀、実際はBC1000年頃）です。

セケネンラータア→（並べ替え）→ケネンタアラーセ→（送り母音調整）→ケヌヌタウロース→ケヌタウロス→ケンタウロス。

セケネンラー→ケーラネンセ→ケーラネヌセ→クーロノス→クロノス。

こういうのをアナグラム（字謎）といいますが、実際に起こっていたかどうかは、各自の判断にお任せです。

ケンタウロスの1人、ネッソスが川のほとりでヘラクレスの妻デイアネイラを犯そうとして、ヘラクレスに毒矢で殺されています。

このネッソスの正体もサウルだったと考えられます。他方ヘラクレスは先ほど言いましたようにダヴィデです。

ケンタウロスの同類としては、スフィンクス、タンタロス、プロメテウス、北欧のロキなどがいます。

また、映画『ロード・オブ・ザ・リング』に出てくるガンダルフという白の魔法使いの正体も、音声的にケンタウロスすなわちサウルだったと考えられます。

さらに、ギリシアの様式が混入されている仏教美術をガンダーラ美術と呼びますが、このガンダーラという語も音声的にケンタウロスと関係があったのではないでしょうか。

†さしすせそ

**沙悟浄（ダヴィデ、Ｚｅｕｓ、さごじょう、中国、サウジン、『西遊記』、河童の妖怪）**

中国の小説『西遊記』は、実在した唐代の僧陳玄奘（ちんげんしょう、三蔵法師）の天竺（てんじく、インド）行きの話を下敷きに、神話を重ね合わせたものです。

その『西遊記』で天竺を目指してテクテクと旅を続ける4人組。

三蔵法師とお供の猪八戒と孫悟空の3人の正体は比較的わかりやすいのです。

ここに旧約聖書のダヴィデ王朝のメンバーを重ね合わせれば、その正体はおのずと知れます。

三蔵法師はアブサロム王子（アポロン）です。彼はペルシアのゾロアスター教の高僧ザラシュトロで、ドイツではツァラトゥストラと呼ばれました。

猪八戒はアドニヤ王子（戦闘神アレス）、孫悟空はその弟のソロモン（ヘルメス）です。彼らが闘う相手の牛魔王は父のダヴィデ王です。

しかし、4人目の沙悟浄（サウジン）、この正体はきわめてわかりにくいのです。水辺の妖怪の沙悟浄は日本では河童の一種だと思われていたようですが、孫悟空はもちろん猪八戒に比べても特徴に乏しく、大きな謎に閉ざされています。彼の役目は荷物と馬の番人にすぎません。だからと言って、他の3人の正体がこの本以外で突き止められたわけではありませんが。

しかし、彼には次のような見過ごせない言い伝えがあります。

沙悟浄は前世では深沙神（しんしゃしん）と呼ばれ、ある人を食い殺しその骨を袋に入れて首から提げていたと言います（実吉達郎『中国妖怪人物事典』沙悟浄）。そのある人とは誰でしょう？

それは三蔵です。沙悟浄には師匠殺しの前世があったのです。

三蔵はアブサロムです。そしてアブサロムを死なせたのは父ダヴィデ（ゼウス）しかいません。沙悟浄の中国読みのサウジンという音声はゼウスを連想させます。

謎のカッパの妖怪の正体はダヴィデ王だったのです。

深沙神は多聞天（仏教の四天王の一人、北方を守護します）と同一視されています。毘沙門天は多聞天の別名ですが、上杉謙信とか福島正則（豊臣秀吉子飼いの武将）らの守護神でした。

次の例は、沙悟浄の海賊版です。

ゲルマン神話の小人のミーメ（北欧のレギン）。

映画『スター・ウォーズ』の妖精ヨーダ。

映画『ロード・オブ・ザ・リング』の水辺の邪悪な裸人ゴラム（スメアゴル）。

## 猿（サウル、Cronos、猿蟹合戦の悪役）

タイでは猿は神の御使いとして大切にされ、家の軒先などにいても追い払われません。でも、日本ではそうはいかず、反省させられたり、犬をけしかけられたり、夜中に花火を打ち込まれたりしているようです。

タイ国における猿に対するVIP待遇の訳は、インドの叙事詩『ラーマーヤナ』の猿神ハヌマンのイメージがあるからだと思われます。

ここでは、怪物退治するラーマ王子をハヌマンがサポートすることが強調されています。そして、そのハヌマンが、中国の『西遊記』の孫悟空になったと一般に言われています。ハヌマンと孫悟空の正体はどちらも旧約聖書のソロモン王（ヘルメス）ですが、日本の猿は違います。そんな猿が暗躍する日本の猿蟹合戦は、日本では民話だと思われているようですが、神話に分類すべきだと想います。

猿が蟹をいじめて死なせます。そのため猿は、蜂・栗・臼と牛糞の報復を受け、最後は子蟹が猿の首をちょん切るという落ちです。

ここだけの話ですが、この話はギリシア神話にあるティタンノマキア（タイタン戦争）の部分に該当していると想定されます。

ティタン（巨神族）の大王＝クロノス（サウル）が息子のポセイドン（イシュ・ボシェト）たちを飲み込みます。一人難を逃れたゼウス（ダヴィデ）が兄弟を救い出しクロノスに逆襲して、タルタロスという暗部に閉じ込めます。

ギリシアのクロノスの正体は旧約聖書のサウル王です。

サウルはペルシアでは太陽神ソル、インドでは太陽神スーリヤ、『西遊記』ではスージャールーライ（釈迦如来）と呼ばれた後、日本では猿あるいは猿田彦になったと考えられます。

蟹と子蟹と牛糞はすべて同一人物で、うち蟹と子蟹がどちらもギリシアのポセイトン、牛糞が旧約聖書のイシュ・ボシェトです。

残りの蜂・栗・臼はダヴィデ（ゼウス）です。

タルタロスという場所の正体はエジプトのギザ（古代のロセタウ）だったと想われます。だから、そこに鎮座する世界遺産の大スフィンクスはサウルの巨像ということになります。

そして、その正体は、姿を消される前のユダヤ教の唯一神のシンボルだったと考えられます。なぜなら、ユダヤ唯一神ヤハウェの正体はサウルだったからです。

猿蟹合戦の作者はポセイドン（蟹）に対してシンパシーをもっています。その訳は知られていませんが、日本国の皇祖神＝天照大神の正体がポセイドン（イシュ・ボシェト）すなわち蟹だったからです。

他方、クロノス（猿）は敵対者と見なされています。ということは、一般に日本はユダヤに対しては、日ユ同祖論などによって、親密なように思われがちですが、必ずしもそうとは限らないようです。

さらに、蜂・栗・臼のダヴィデは蟹と牛糞に味方したままになっています。

ダヴィデは後のキリスト教の天帝デウスです。ということは、この民話は、キリスト教には好意的だったということでしょうか？

しかし、そんな状態もここだけの話で、旧約聖書などによれば、「蟹と牛糞」は「蜂・栗・臼」に惨殺されてしまうのです。

旧約聖書では、猿の部族はフェニキア人、蟹の部族はペリシテ人、蜂・栗・臼の部族はヘブライ人、とそれぞれ呼ばれました。

他方、ギリシア神話では、猿の部族はヘカトンケイル（百手五十頭の巨人）、蟹の部族はキュクロプス（一つ目巨人）、蜂・栗・臼はディオスクロイ（ゼウスの子孫たち）、とそれぞれ呼ばれたと考えられます。

## 猿田彦（サウル、Ｃｒｏｎｏｓ、日本神話の神）

日本の天皇家は天孫族とも称します。それは、天皇家の祖先＝ニニギノミコト一行が、高天原から日向（ひむか）の高千穂峰に降臨されたという伝説に由来しています。

その時、彼らの先導役を務めたのがこの猿田彦という神です。

この神は巨体で、長い鼻、眼は爛々として、口端の赤い、言わば奇神です。これは天狗の特徴でもあります。

事実、猿田彦は神事芸能の神楽（かぐら）の配役でもありますが、平安時代には天狗と混同されていたようです。しかし、両者の起源も正体もさっぱりわかっていません。

口端が赤いと言えば、思い出されるのは、かのエジプトの鬼神セトです。セトは赤毛に赤い目、悪魔のような不吉な顔、鳥のくちばしのような口、直立して細長く角ばった耳をしていました。セトの正体はダヴィデ（ゼウス）です。

しかし、猿田彦とセトでは微妙な違いがあります。

神様は死なないはずですが、この猿田彦はそうではありません。

猿田彦は死に様も奇妙で、アザカという場所で漁をしていた時、比良夫貝（ひらぶがい）という変な名前の貝に手を挟まれて溺死したといいます。

アザカは三重県松坂市の西、比良夫貝は何の貝だかわからないといいます。

ダヴィデはこんな変な死にかたはしていません。

音声から考えるならば、猿田彦は、猿蟹合戦の猿と同じく、サウル（クロノス）がルーツのように思われます。

そのサウルは、ギルボア山という場所で、ペリシテ人のアキシュという王によって自刃に追い込まれています。

ギルボアザンでアキシュに殺された。

アザカでヒラブガイに溺死させられた。

アザカはアキシュ、ヒラブガイはギルボアザンのことだったのではないでしょうか。

だとすれば、死に場所（ギルボアザン）と敵の名前（アキシュ）が入れ替わったことになります。山の話も海に変わっています。

しかし、こんな例は他にもないわけではありません。

例えば同じ日本の因幡の白兎の話です。ワニを騙した白うさぎが、ワニにぼこぼこにされてしまう神話です。

このイナバは地名で、鳥取県の東部だと一般に考えられているようです。

しかし、その実体は地名でなく人名で、詳しい説明は省きますが、エジプトのイバナという実在した豪族だったと考えられるのです。

このイバナは同じエジプトでは犬神アヌビスとなりました。もっとも、犬神のほうが古くて豪族のイバナがそれにあやかった可能性もあります。

それが、旧約聖書では北イスラエル王国の軍師アブネル（犬の隊長）、トロイ戦争ではトロイ最強のヘクトール、ゲルマン神話ではフンディング（犬）となりました。

そして遂に彼は、映画『スター・ウォーズ』のジェダイの騎士オビ＝ワン・ケノービになったのです。

## 釈迦如来（サウル、Ｃｒｏｎｏｓ、しゃかにょらい、仏教の本尊の一つ、中国、スージャールーライ、『西遊記』の天空の主）

釈迦如来と言えば、仏像の釈迦如来がまず頭に浮かびます。いわゆる「おしゃかさま」ですが、これは一般に、仏教の開祖ゴータマ・シッダールタ（ＢＣ５～ＢＣ４世紀）を指すとされます。

しかし、釈迦如来は、例えば中国の『西遊記』などにも登場してきます。その中で、天上の釈迦如来は言わば全体の大目付のような存在です。

この話は、序文でも述べましたように神話です。そのオリジナルの事件の時期はＢＣ11からＢＣ10世紀です。問題のシッダールタは、仮に実在したとしてもそれより数百年後の人物ですから、神話のモデルとはなりえません。

ですから、神話の釈迦如来のモデルとしては、旧約聖書のサウル王朝やダヴィデ王朝の主要人物から選ぶのが妥当だと思われます。

孫悟空（ソロモン＝ヘルメス）の暴れっぷりに困り果てた天の玉帝（ダヴィデ＝ゼウス）は、釈迦如来に泣きつきます。

釈迦如来は勝負に出ます。悟空に対して、「もし自分の手の平から一歩でも出られたら玉帝の座を譲らせよう」。

調子に乗った悟空は、地の果てまで觔斗雲（きんとうん）で飛び回り、５本の柱に文字を記し、立ちションまでして帰って来ますが、柱はすべて如来の指だったというオチです。

吠え面をかいた悟空は五行山に500年閉じ込められてしまいます。

その後、三蔵法師（アブサロム＝アポロン）に救い出された悟空は、牛魔王（これもダヴィデ）らと闘うことになります。

孫悟空が頭が上がらなかった偉い人とは誰でしょう？

既に述べましたように、孫悟空の正体は、旧約聖書のソロモン王です。

そのソロモンがひれ伏したのは、ユダヤの唯一神ヤハウェで、その正体はサウル王です。

だから、釈迦如来の正体はサウル王（クロノス）だったと見当がつきます。

サウルの実体だったと考えられるファラオがいます。それは、エジプト第17王朝のラスト2番目のファラオ＝セケネンラー・タアアケン2世（通説BC16世紀）です。

シャカニョライ（釈迦如来）は、このセケネンラーへの当て字だったと考えられます。

さらに、このセケネンラーは、同じく初期王朝時代のナルメル（通説BC3100年頃）、同じく第11王朝のメンチュホテプ2世（通説BC21世紀）らと同一人物だったと思われます。

地球規模の混乱によって、あたかも時代の異なる別人のように誤認されたようなのです。


**シンドバッド（ソロモン、Hermes、アラビアン・ナイトの豪商、船乗り、映画『シンドバッド七回目の航海』1958年、より）**

バクダッドの豪商＝船乗りシンドバッドは、婚約者のバリサ姫を連れて帰る航海の途上、海図にない島に立ち寄ります。

そこには、怪鳥ロック、一つ目の巨人＝サイクロプス（キュクロプス）、黒魔術師ソクラおよび彼が操（あやつ）る火を噴くドラゴンがいました。

一つ目の巨人は魔法のランプを持っていました。ソクラはそれを盗もうとして、逆にサイクロプスに追い詰められていたところをシンドバッド一行に救出されます。

しかし、一行がソクラを伴って戻ってきたバクダッドでは、バリサ姫が黒魔術師ソクラの陰謀によって小人にされてしまいます。

シンドバッドは再び例の島に行かざるをえなくなります。姫にかけられた魔法を解くにはロックの卵の殻が必要だ、と恩知らずの黒魔術師に言われたからです。腹黒いソクラはまだ魔法のランプを狙っていたのです。

島では、まず一つ目のサイクロプスがドラゴンに殺されます。次にドラゴンとソクラがシンドバッドたちに倒されます。

そして、ロックの卵の殻によって、バリサ姫が元の姿に戻ります。

序文の十柱神のところをよく読んだ方なら、この神話の構成は比較的読み解きやすいのではないでしょうか。

ここには、ダヴィデ王とその周辺の人物がわかりやすく揃っているからです。アラビアはパレスチナの近辺なので、もとは旧約聖書の話だったと容易に想像がつきます。

このように神話全体の構成がわかりやすい例としては、他に中国の『西遊記』や日本の民話の「猿蟹合戦」、他にモーツァルトのオペラ《魔笛》などがあります。

まず、中心に来るダヴィデ王（ゼウス）は怪獣とか魔法使いの姿を取ることがよくあります。だから、ドラゴンおよび魔法使いソクラの正体は、どちらもダヴィデ王（ゼウス）だとすぐ見当がつきます。

次に、洞窟でドラゴンに嚙み殺される一つ目のサイクロプス（ペリシテ）はダヴィデのライヴァル＝イシュ・ボシェト（ポセイドン）です。

一つ目のサイクロプスは後の日本神道の皇祖神＝天照大神になり、他方黒魔術師ソクラは後のキリスト教の天帝デウスになりました。

サイクロプスはギリシア神話ではキュクロプスで、丸い目という意味だそうです。

この丸という文字が輪あるいは環になり、それを和という字で置き換え、それが大和（やまと）という日本の古名になったと考えることができます。詳しくは大和の項を参照願います。

怪鳥ロックは、音声的に北欧神話ではロキ、ゲルマン神話では火の神ローゲです。

その正体はサウル王（クロノス）です。サウルは後のユダヤ教の唯一神ヤハウェになりましたが、偶像崇拝の禁止により今では影も形もなく、かつては何を拝んでいたのかわからない状況です。

バリサ姫はダヴィデの最終美人妻アビシャグ（アフロディテ）です。

ドラゴンとソクラのペアを倒した後、彼女と一緒になる主人公のシンドバッドの正体はソロモン王（ヘルメス）です。

ここには、イシュ・ボシェト（一つ目の巨人）がダヴィデ（火を噴くドラゴン）に惨殺されたこと、さらにダヴィデ（黒魔術師）が息子のソロモン（シンドバッド）にパージ（粛清）されたという2つの戦いが隠されています。これらのうち特に後者について、旧約聖書ははっきり記録しませんでした。

シンドバッドは、以下の神話の人物たちと同一人物です。

ギリシアでは航海神話のイアソン。

同じく蛇髪の女怪メドゥーサを退治するペルセウス。

クレタ島の獅子頭人身のミノタウロスを退治するテーセウス。

ミュケナイの王妃クリュタイムネストラを殺害する息子のオレステス。

トロイ戦争では木馬作戦の智将オデュッセウス。

インドの猿神ハヌマン。

中国では孫悟空、日本では大国主命です。

これは、典型的なドラゴン・クエストの走りだと言えそうです。

## 少彦名神（ダヴィデ、Zeus、すくなひこなのかみ、出雲建国神話、大国主命を補佐）

奈良盆地の南東の端、笠置山地の西側の山麓に三輪山という御神体の山があり、大神（オオミワ）神社という由緒ある神社が建っています。

その主祭神として、大物主神（オオモノヌシノカミ）と大己貴神（オオナムチノカミ）と共に祭られているのがこの少彦名神です。

少彦名神は、大国主命の出雲の建国神話に出て来ます。この時、大国主を手伝ったのが問題の少彦名神です。

既に説が出ているようですが、大国主命の正体は古代イスラエル全盛期のソロモン王（ヘルメス）です。ソロモンの前王はダヴィデ（ゼウス）です。

ダヴィデ王はライヴァルのイシュ・ボシェト（ポセイドン）を抹殺し、南ユダと北イスラエル両王国の王として、エルサレムを首都として支配します。

その後、そこに後継者のソロモン王が神殿を築き（第1神殿）、イスラエル統一王国は絶頂期を迎えます。

だから、大国主命を助けた少彦名神の正体は父のダヴィデです。

しかし、そんな少彦名神は途中で常世に行ってしまいます。これは、ダヴィデが途中で死んだことを意味しているようです。

途方に暮れる大国主命。そこに、海上を照らしながらやって来る神がいます。「自分を御諸山（現在の三輪山）に祭ったなら、国造りに協力してしんぜよう。でないとうまくいかんぜよ」。

その神の名が先の大物主神です。この神の正体も、名前がエジプトの神々の王＝アモンを連想させるので、ダヴィデだったと思われます。

ダヴィデは死後も、エジプト新王国第18王朝（通説BC16世紀〜、実際はBC11世紀〜）のテーベ（ルクソール）で神々の王アモンとして絶大な崇拝を集めます。

大国主命では、因幡の白うさぎ神話が有名ですが、白うさぎに優しく助言したのは大国主命ではなくて、オオナムヂノカミ（大穴牟遅神）という神だったと考えられます。これは一般に、大国主命の若い頃の別名だとされるようですが、実際はソロモンの兄アブサロム（アポロン）だと思われます。

日本の神話からは、大国主命に兄弟がいたことはわかりにくいようです。

先の大神神社の大己貴神とはこの大穴牟遅のことだと考えられます。

ワニ（鮫、さめ）に酷い目にあわされて泣き泣きの白うさぎの正体はアブサロムの同腹の妹タマル姫（アルテミス）です。ワニはダヴィデ王です。

ここには、父が娘をレイプしたことが隠されているようです。

旧約聖書によれば、ダヴィデからソロモンへの王位継承では、両者間の争いは無くて、この上なく壮大で祝典的（ｓｏｌｅｍｎ、ソレム＝ソロモン？）だったとあります。

しかし、他国のギリシアとか北欧＝ゲルマン神話などには、ソロモンがダヴィデをパージ（粛清）した痕跡が認められます。

先の少彦名神（ダヴィデ）は何となく消え去っていますが、粟茎（あわがら）にはじかれて常世に行っています。

少彦名神は小身で、すばしっこくて忍耐力があったとされますが、この小人は他国の神話にも出てきます。

ワーグナーの４部作楽劇《ニーベルングの指環》には、小人のミーメとして登場し、英雄ジークフリートに惨殺されますが、この英雄の正体はソロモンでなく父のダヴィデ（ゼウス）です。北欧神話ではミーメはレギン、古代バビロニアの創世神話『エヌマ・エリシュ』ではムンムと呼ばれています。

英雄ジークフリートは、その直前に竜のファフナーを惨殺していますが、竜の正体はサウルの軍師アブネルです。

映画『スター・ウォーズ』では、小人は妖精ヨーダとして出ていますが、彼は思慮深くかつ武術の達人であることが、ダヴィデであることを示しています。彼はあの恐ろしいダース・

ウェイダー（アナキン・スカイウォーカー）の内面的な別の側面だった、と考えられるのです。

他方、映画『ロード・オブ・ザ・リング』では、小人は河辺の不気味な裸のゴラムとして出てきます。これは、沙悟浄丸出しです。極めて特徴的なゴラムは、フロド・バギンズとお供のサムらの後に付いてきます。指輪を狙っているのです。

しかし、滅びの山で彼らが指輪を捨てた時、小人はそれを拾おうとしますが溶岩に飲み込まれてしまいます。

フロド・バギンズの正体は兄アブサロムで、お供のサムの正体はソロモンです。

ここでは、ダヴィデがソロモンに間接的にやられたこと意味しているように思われます。

## スフィンクス（サウル、Cronos、ギリシア神話、有翼の女面獅子身の妖怪）

スフィンクスと言えば、まずエジプトです。大はエジプト＝ギザの世界遺産の大スフィンクスから小は手の平サイズまで様々なものが遺されました。それらが対岸のギリシアに伝わり、そこでは女性に性転換して翼がはえました。

いずれにせよ、スフィンクスは人頭獅子身で、顔はライオンでなく人間です。

しかし、エジプトにはこのスフィンクスによく似たものとして、獅子頭人身の女神＝セクメトというのが知られています。

では、スフィンクスとセクメトは元来は同じ神だったのでしょうか？　つまり、スフィンクスはライオンの神だったのでしょうか？

この件については、セクメトの項でも説明があります。

さて、ギリシア神話では主にソフォクレスの戯曲として有名なテーバイの悲劇の王オイディプスのエピソードに、問題のスフィンクスが出て来ます。

テーバイにやって来る前に、オイディプスはアクシデントにより、テーバイの王ライオスを誤って殺害してしまいます。

その後、町の入り口の断崖絶壁でオイディプスは、有翼の女の妖怪＝スフィンクスにクイズを出されます。オイディプスが正解したので、変なクイズを出した妖怪は「恥ずかしー」と思います。入る穴がなかったのでスフィンクスは飛び降り自殺してしまいます。

オイディプスは、ライオスの妻イオカステ（別名エピカステ）を妻として、テーバイの王として即位します。その後、娘アンティゴネが産まれます。

しかし、しばらくして恐るべき事実が発覚します。ライオスとイオカステは彼の実の両親だったのです。

パリサイド（父親殺し）にしてマザー・ファッカー。栄光の絶頂から恥知らずの人で無しへの一気の転落です。

イオカステは首をくくり、オイディプスは自らの目をえぐった後放浪に出ます。アンティゴネを連れて……。

この件について記念碑的な解釈を示したのが、イマニュエル・ヴェリコフスキーの『オイディプスとアクナトン（１９６０年）』（邦訳『世紀末の黙示録』自由国民社、１９８９年）でした。

ヴェリコフスキーは、精神分析で有名なジークムント・フロイトの孫弟子に当たる人です。

アクナトン（旧名アメンホテプ4世、通説BC14世紀、実際はBC9世紀）というのは、古代エジプト新王国第18王朝の異端王です。

この王に注目したヴェリコフスキーは、この王は明白なマザコンで、母親との近親相姦の徴候があったとして、この王を問題のオイディプスのルーツだったと結論付けたのです。

だから、父王ライオスの正体は、4世の父アメンホテプ3世だというわけです。

この説には、黄金マスクで有名なツタンカーメンがオイディプスの息子エテオクレスとして出てくるなど、極めてマニアックで、それなりに説得力があって自分もたいへん魅了されました。でも、今となっては、この説を大筋で受け入れることはできません。

なぜなら、この話は神話であり、ヴェリコフスキーの提出したアクナトンなどBC9世紀の王たちは神代の人物ではないからです。神話の登場人物は当然神々でなければならないのです。

そこで、これが神話だったと仮定するならば、序文で述べましたように、オイディプスらの正体は当然ダヴィデ王朝やサウル王朝の王族でなければならないはずです。

そして、サウル王朝には自殺に追い込まれた王がいます。サウル王すなわちギリシアのクロノスです。だからスフィンクスの正体はこのサウル王ではないかと見当が付きます。

さらに、自殺に追い込んだ側のオイディプスの正体は、娘を連れて行くという特徴によって、ゼウスすなわちダヴィデで決まりです。オイディプスは自ら失明していますが、ダヴィデも晩年目が不自由になっています。

さて、ギリシア神話によればクロノスは、ゼウスたちの攻撃によってタルタロスという暗黒の場所に投げ込まれたとされます。

では、タルタロスとは何のことだったのでしょうか？

エジプトのギザは、古代にはロセタウ（ラアタア）と呼ばれ、そこには今も世界遺産の大スフィンクスが遺されています。

スフィンクスすなわちクロノスを記念しているらしいエジプトのロセタウ。

だから、謎のタルタロスとはエジプトのロセタウのことだったのではないでしょうか。

ロセタウで殺されたサウル王。

だからそこにある大スフィンクスは抹殺されたサウル王のシンボルだったということになりませんか？

すなわち、オイディプスによって自殺に追い込まれた怪物スフィンクスのモデルはギザの大スフィンクスで、その正体はサウル王だったということが考えられます。

エジプト古王国第4王朝のクフ、カフラー、メンカウラーは、大スフィンクスの背後に大ピラミッド、第2ピラミッド、第3ピラミッドをそれぞれ築きました。

では、この大スフィンクスとは何という神だったのでしょうか？

クフ、カフラー、メンカウラーの正体は、それぞれ第18王朝の異端王アクナトン（アメンホテプ4世）、セメンクカラー、ツタンカーメンでした（染谷俊二郎『クフ王の正体』、新人物往来社、1990年、染谷俊二郎というのは染谷くじゃくの本名）。

そして、新王国のアクナトン、セメンクカラー、ツタンカーメンらがひれ伏した神は、太陽の円盤みたいなアトンというものでした。

他方、古王国のクフ、カフラーらがひれ伏した大スフィンクス。

つまり、サウルを意味する大スフィンクスはアトンだったのです。

これを旧約聖書は、唯一神ヤハウェと呼んだのです。しかしヤハウェは今では、偶像崇拝の禁止のせいで正体はおろか元の姿形すらわからなくなっています。

だから、ユダヤ教の唯一神ヤハウェの正体はサウル王で、それが偶像崇拝の禁止によって姿を消される以前の偶像がギザの大スフィンクスだったということになります。


**スメルジャコフ（ソロモン、Hermes、ドストエフスキー、『カラマーゾフの兄弟』、料理番、無神論者）**

『カラマーゾフの兄弟』は19世紀ロシアのサスペンス小説ですが、哲学的・神学的に広汎な影響を世界に及ぼしました。

兄弟たちの父親フョードルは、強欲で好色な成り上がりの地主で、アンチ・キリストを地で行くような人物です。

そんな父親がある日、殺害されます。

嫌疑は長男のドミートリイにかかります。彼も父親譲りのワイルドな性格で、放埒（ほうらつ）で猪のように直情径行的な男です。

彼には動機がありました。

グルーシェンカという女を巡って、父親とライヴァル関係にあったからです。彼女はもとは清純な女性だったようですが、婚約者に捨てられた結果、気ままで妖艶な美女に変貌していました。

しかし、ここにスメルジャコフという奇っ怪な男がいます。

彼はカラマーゾフ家の料理番ですが、フョードルが乞食女に産ませた私生児で、自分の不幸な出生の原因になったフョードルを密かに恨んでいました。

彼は、いわゆる無神論者で、同じく無神論者の次男イワンに心酔しています。しかし、両者のイデオロギーには微妙な違いがあります。

理科系の大学出でインテリのイワンは、神がいるとするならば、例えばいたいけな子供が残虐に殺されたりするようなことはありえない、そんな神は願い下げだ、というのです。

これは言わば、神とは善なりという前提に立つもので、やや条件付きの無神論だと言えそうです。

対するスメルジャコフは、人は何をしたって咎（とが）められることはない。なぜなら神なんかいやしないんだから、というわけです。

彼は動物虐待などをしでかし、より過激な面を見せつけます。

さて、一般的にこの世界的な大作は、ドストエフスキーのオリジナルだと思われています。

にもかかわらず、ここにルーツがあり、しかもそれが神話だったと考える人がいるでしょうか？

しかし自分個人の考えでは、この作品にも神話が絡んでいたと見ています。そこでここに古代イスラエルのダヴィデ王朝の人物を対比させたらどうなるでしょうか。

まず、好色な父フョードルの正体は、状況的に、ダヴィデ（ゼウス）で決まりです。

妖艶なグルーシェンカも、ダヴィデの最終美人妻アビシャグ（アフロディテ＝ヴィーナス）だと想像がつきます。

この女性を父と争った猪ドミートリイはアドニヤ王子（アレス）です。アドニヤは、ダヴィデの死後この最終妻を所望して騒動を起こし、弟のソロモンに処刑されています。ドミートリイも裁判の後、冤罪でシベリア流刑にされます。

では、問題の私生児スメルジャコフは誰だったのでしょうか？

彼は事件の後、イワンに真相を告白しています。自分が下手人だったことを。

そのショックでイワンは、父親殺しのスメルジャコフの罪について自分にも責任があったことを痛感し、裁判の終盤で気が変になってしまいます。

ここでは、スメルジャコフがイワンに傾倒している点が注目です。

ダヴィデ王朝では、それはアブサロム王子（アポロン）を慕う弟ソロモン（ヘルメス）でした。権力闘争渦巻く中で、この2人は例外的に親友だったのです。

だから、イワンがアブサロムで、スメルジャコフはソロモンだったと考えられます。イワンのようにアブサロムも反面教師の父に反逆して、憤死（破滅）に追い込まれています。

ここには、旧約聖書が隠した、父ダヴィデ（フョードル）に対する息子ソロモン（スメルジャコフ）のパージ（粛清）が隠されていると考えられます。

さてここに、三男アリョーシャ（アレクセイ）というのがいます。

彼は見習いの僧侶で、誰からも愛され、同情と博愛によって人々を和解に導こうとします。と言えば聞こえがよいのですが、見方を変えれば毒にも薬にもならない人物とも言えます。

彼の正体は、イワンと同腹である点で、アブサロムの同腹の妹タマル姫（アルテミス）の男性版ではなかったかと見ています。アリョーシャとアルテミスは音声的にもよくマッチしているように見えます。

でなかったとすれば、該当するのは兄アブサロムのおとなしい側面になりそうです。

しかしドストエフスキーには続編の腹案があり、その中でテロリストとなったアリョーシャが皇帝暗殺未遂事件を起こし、ギロチンで処刑されるという過激さ全開ということになっていたようです。そうなると彼はますますアブサロムに接近します。アブサロムも妹タマルの件でダヴィデにたてつき、破滅しているからです。

アリョーシャは穏和な女神のアルテミスだったのか、それとも過激な男性神だったのか、ここには神話最大のミステリーが潜んでいるのですが、この件については、またの機会ということにさせていただきます。

そしてここに、ドミートリイの許嫁でカーチャ（カチェリーナ）という美人がいます。彼女は、グルーシェンカに対する嫉妬心から、裁判ではフィアンセのドミートリイに不利になるような証言をします。これとよく似た女性がダヴィデ王朝にもいます。

ダヴィデ王の後妻バテ・シバです。その正体はハトシェプスト女王です。

ダヴィデによって玉の輿に乗った妻バテ・シバ（カチェエリーナ）は、玉のダヴィデ王（フョードル）没後、アドニヤ王子（ドミートリイ）を斥けて、息子のソロモン（スメルジャコフ）が即位するよう暗躍したとされる女傑です。ダヴィデ殺害が事実だったら、彼女には共謀の疑いが残されます。

カテリーヌと言えば自分は、フランスの名匠アンリ・ベルヌイユ監督の『過去をもつ愛情』（1954）というモノクロ映画が忘れられません。

パリの貧しいお針子の娘から玉の輿に乗ったキャテリーヌ（フランソワーズ・アルヌール）は、事故死したイギリス人の夫の遺産で裕福な未亡人となります。

彼女はポルトガルのリスボンにやって来ます。

夏の古都で彼女は、フランス人の運転士ピエールと恋に落ちます。

しかし彼には、ヨーロッパ戦線から帰宅した正にその時に不倫している妻を銃で殺害して、その後無罪になったという過去がありました。

そんな時、ロンドン警視庁のルイスという警部が彼女を追って乗り込んできます。彼女には、車のブレーキに細工して夫を謀殺した疑いがかけられていたのです。

ファド歌手のアマリア・ロドリゲスの歌う歌が切ない。

どうもカテリーヌという名前には、玉の輿に乗った後（あるいはその直前に）、別の男のために、その玉である男（場合によってはさらに次の男）を抹殺する宿命が秘められているかのようです。

それだけでなく、カテリーヌのバテ・シバはダヴィデと一緒になる前に、前夫ウリヤを前線に追いやられて戦死させられています。

映画のキャテリーヌも前夫が変死しています。やや牽強付会かもしれませんが、この映画も神話と言えないこともないかもしれません。

キャテリーヌの正体はもちろん後妻バテ・シバです。運転士ピエールは音声的に中東の邪神バアルすなわちダヴィデ、ルイス警部は音声的にギリシアのアレスすなわちアドニヤ王子です。

それにしても、このカテリーヌ（キャサリン）という音声は想像を掻（か）き立てて止まないものがあるようです。それは、例えばカトリック（Ｃａｔｈｏｌｉｃ）とかカテドラル（ｃａｔｈｅｄｒａｌ、大聖堂、司教）とかカタルシス（ｃａｔｈａｒｓｉｓ、はじけること）などという語と同じルーツだったのではないかと想わせます。

さらに、キャサリンと言えば、アメリカの名女優キャサリン・ヘップバーンを思い出さないわけにはいきません。彼女も、妻のある名優スペンサー・トレイシーと恋仲になり、20年以上も一緒にいたということです。名前の持つ魔力でしょうか。

しかし、この名前を持つ大物としては、次の人物をあげないわけにはいかないでしょう。エカチェリーナ2世（在位１７６２～１７９６）、帝政ロシアを代表する女帝です。

夫ピョートル3世は、夫婦として性的にうまくいかず、民衆の評判も良くなかったので、彼女は1762年にクーデターを起こし、夫を幽閉しパージ（粛清）したとされます。

女帝は対外的にはロシアの領土を拡大し、文化財的にはペテルブルクの離宮に財宝を展示したことが、その後のエルミタージュ美術館の先駆けになりました。

私的にも華々しく、公認の愛人だけでも10人ほどいたとされ、それ以外の愛人となると数百人いたとされます。

カチェリーナあるいはエカチェリーナという名は、どうあがいても平穏な生活とは無縁なようです。

その典型的な例が、有名なカトリーヌ・ド・メディシス（1519〜1589）です。

彼女はイタリア・フィレンツェの大富豪メディチ家の出身ですが、フランスに嫁いでいます。彼女の夫がアンリ2世で、人騒がせな妻の名から予想されるように、王は馬上槍試合で相手の槍の木片が頭や眼を貫き、悶死しています。このエピソードは、例のノストラダムスが預言していたとしてその筋でも知られています。

カトリーヌ自身は文化のパトロンとして名を残し、夫との間にも多数の子供ができましたが、夫には年上の愛人がいて、愛情を独占というわけにはいかなかったということです。

夫の死後、彼女は宗教戦争にも巻き込まれ、多数のプロテスタント市民の虐殺に加担したとされます。バテ・シバの正体は、前述のように、ハトシェプスト女王です。

さてもう一人、アリョーシャの恋人でリーザという足の不自由な女性がいます。

この名前は英語のエリザベスに該当しており、彼女の正体は女のダヴィデ（ゼウス）だと思われます。ゼウスにも足が悪いという側面がありました。

しかもゼウス（リーザ）にはアルテミス（アリョーシャ）を誘惑した徴候がありました。

## ゼウス（ダヴィデ、Ｚｅｕｓ、ギリシアの最強神）

ゼウスはギリシア神話の最強の雷神です。しかし、その正体は約３０００年闇で閉ざされて来ました。そして、これが今日の比較神話の不毛の最大の原因だったのです。

と言うより、比較神話という概念自体が消滅した原因でした。

ゼウスは後のキリスト教の天帝デウスです。そして、これがドイチュラント（Ｄｅｕｔｓｃｈｌａｎｄ、ドイツ）という国名のもとになったと考えられます。

ドイツはこてこてのゼウスの国なのです。これをドイツ式にそのまま読めばデウチュラントのはずですが、「エウ」という発音がドイツ人には馴染まないようで、「オイ」と読みました。今でもドイツ語ではｅｕについては例外的にオイと読みます。

奇妙なことに日本でも昔は確か、「げうせきがぜうぜうなのでどぜうでも食べませうか」などと書いていました（業績が上々なのでどじょうでも食べましょうか）。

「てふてふ」で蝶々（ちょうちょう）です。

それにしても、このゼウスという音声はどこからやって来たのでせうか？

「ギリシアの神々はエジプトの神々のパクリだった」と、ＢＣ５世紀のギリシアの歴史家ヘロドトスは報告していました。エジプトの神話で有名なのは、邪神セトが兄弟のエジプト王オシリスを切り刻んだ、というものです。

それに対して、ヘロドトスは「ギリシアのディオニュソスの正体はオシリスだ」と断言していました。

しかし、痛飲乱舞で色情過多のディオニュソス（バッコス）とエジプトの悲劇の善王オシリスではうまく釣り合いません。だから、人々はここで思考停止に陥り、比較神話を断念してしまったようです。

ディオニュソスの正体はゼウスです。だから、ヘロドトスは、ゼウスの正体はエジプトのオシリスだと言っていたことになります。結果的に、これは間違いでした。

しかし、ギリシアの神々がエジプトの神々だったというのは正解だったのです。

この件について、1世紀のプルタークが次のように言っていました。

旧約聖書のダヴィデ王の正体はエジプトのセトだった。

自分は、ゼウスの正体がダヴィデだということは、ギリシア神話と旧約聖書の突き合わせによって確認済みでした。ならば、どうなるでしょうか？

ゼウスはダヴィデだった。

ダヴィデはセトだった。

三段論法によって、ゼウスはセトだった、ということになりませんか？

ゼウスの正体は、エジプトの鬼神セトでした。そして、このセト（ＳＥＴＨ）がゼウス（ＺＥＵＳ）に変化したと考えられるのです。

セトがオシリスをばらした。では、やられたオシリスは、ギリシアでは何と呼ばれたのでしょうか？　ヘロドトスの伝えたディオニュソスは不正解でした。

エジプトを旅行したヘロドトスはさらに伝えます。「ギリシア人がポセイドンと呼んだ神が、エジプトでは誰に該当するのか、エジプト人たちはさっぱり見当が付かなかった」。

原初、ギリシア人たちはエジプトのある神をポセイドンと呼んでいたはずなのですが、それが最早、エジプト人にはわからなくなっていたのです。もちろん、当のギリシア人も同様でした。

ポセイドンの正解はオシリスだったのです！

ポセイドンはゼウスに虐殺されたのです。これは、ギリシア神話からはほとんどわかりません。

ポセイドン対ゼウスは、後のペルシア帝国の光明神アフラ・マズダ対暗黒神アンラ・マンユ、日本の天照大神対素戔嗚尊、同じく海幸彦対山幸彦になりましたが、前者が後者に殺害されたかどうかは、いずれもはっきりしません。

他の国がどん引きした事件を、なぜかエジプト神話だけがドッカーンと発表したのです。

天照大神（男神）は素戔嗚尊に抹殺されたのです。日本では天照大神は太陽神とされていますが、元来はエジプトの死に神でした。

さらに、前述しましたように、ゼウスの正体は、BC10世紀のダヴィデ王でした。

しかし、ダヴィデというのは、旧約聖書が勝手に呼んでいた名前で、本名かどうかははっきりしません。そんなダヴィデの封印された本名の一つが、エジプト中王国第12王朝のアメネムハト1世（通説ＢＣ１９００年代）です。

しかし、本名はそれだけでなく、その他に、エジプト第2王朝のペルイブセン、カセケム、カセケムイの3名（通説BC2600年代）、第17王朝最後のカーメス（通説BC1500年代）もダヴィデの別名だったと考えられます。

ダヴィデ王には複数の名前があり、混乱によってあたかも違う時代に別の王たちがいたかのように誤解されたのです。

## セクメト（イシュ・ボシェト、Poseidon、エジプトの獅子頭人身の疫病神）

エジプトの獅子頭人身の女神で、伝染病のばい菌などをまき散らすやっかいな神です。

自分は、この女神について、獅子がからんでいるので、スフィンクスの一形態ぐらいにしか考えず、そのまま長いことほったらかし状態でした。

しかし、スフィンクスと獅子は厳密には似て非なるものだ、ということに気が付いてから、このセクメトにも注目するようになったというわけです。

スフィンクスの正体はクロノスです。だから、セクメト女神をスフィンクスと同一視すると、妙なことになります。

セクメト女神の夫は工芸神プタハです。プタハの正体はゼウスです。

つまり、クロノスの夫ゼウス。すなわち、ゼウスの妻クロノス。

でも、クロノスはゼウスの父です。

セクメトが生じたのは、ラーの左目からでした。

そして、ラーの別名はクロノスです。日本では伊弉諾尊と呼ばれました。

日本の神話には次のような記録があります。

天照大神が生じたのは、伊弉諾尊が左目を洗った時でした。ビンゴ！

日本の皇祖神＝天照大神はセクメトでした。

天照大神の正体はポセイドンです。よってセクメトの正体はポセイドンだったのです。

兄弟のゼウスとポセイドンが、夫婦の形態を取ることは、ギリシア神話ではなくもありません。

ところで、セクメトという音声のルーツを示すことができます。

それは、エジプト第2王朝のファラオ＝セケムイブではないでしょうか。

セケムイブの正体はポセイドンだと考えられるからです。

## 孫悟空（ソロモン、Ｈｅｒｍｅｓ、西遊記、妖怪猿）

孫悟空は石の卵から生まれた石猿で、師匠の三蔵法師をサポートする最強の妖怪です。

でも、三蔵と出会う前は、東勝神州傲来国の花果山にある水簾洞の猿軍団のボス猿に過ぎませんでした。彼らは天の玉帝との大激戦に破れ、孫悟空は五行山に5百年間も閉じ込められます。その後、通りがかった三蔵に救出された後、天竺（てんじく、インド）へ行くボディーガードとして付き従い、牛魔王らと闘います。

孫悟空のルーツがインドの猿神ハヌマンではないかという意見は聞いたことがあります。

ハヌマンの元は知られていませんが、その正体はソロモン王（ヘルメス）です。

だから、孫悟空の正体はソロモンで、玉帝と牛魔王はどちらもダヴィデ王（ゼウス）だったということになります。

ソロモンが父ダヴィデと闘ったという記録は旧約聖書にはありませんが、他国の神話がそれを裏付けているということになります。

ではなぜ、ダヴィデは玉帝と牛魔王の2人に分かれたのでしょうか？

真相は、ダヴィデと闘った息子がもう1人いて、その時のダヴィデを玉帝として区別したかったからではないでしょうか。

その別の息子とは三蔵です。三蔵は7世紀の唐代にインドに行った僧玄奘（げんじょう）と一般に思われています。しかし『西遊記』は、実在の人物や時代背景を部分的に借用して太古の神話を表現したものなのです。孫悟空とか猪八戒とか沙悟浄を見ればわかります。どう考えても彼らは神話の産物です。同様な例がモーツァルトのオペラ《ドン・ジョヴァンニ》で、スペインのプレイボーイ＝ドン・ファンの伝説を神話化したものだと考えられます。

その三蔵（尊称）の正体は、ソロモンの兄アブサロム（アポロン）です。

だがアブサロムはダヴィデに殺されるのです。だから、孫悟空はミイラの三蔵に弟子入りしたことになります。三蔵が何となくシャキッとしないのはそのせいかもしれません。

三蔵法師（サンザンファス）の元の名はザラシュトロ、ペルシアのゾロアスター教の伝説の高僧の名です。これをドイツ人はツァラトゥストラと音訳しました。

謎のツァラトゥストラの正体はギリシアのアポロンだったのです。

孫悟空はこの三蔵に対して反発しながらもとてもよくなついているように見えます。ソロモンも兄アブサロムとはとても相性が良好でした。

†たちつてと

## 大日如来（ダヴィデ、Zeus、日本、密教の最高位の本尊）

スペインの宣教師フランシスコ・ザヴィエル（1506年頃～1552年）が薩摩半島の坊津（ぼうのつ）に上陸したのは1549年のことです。同伴の日本人3人の中にはアンジロー（またはヤジロー）という鹿児島出身の人物が混じっていました。

この時から日本に対するキリスト教の布教が始まったとされます。キリスト教の天帝はデウスですが、彼らはまずこの名を日本人に馴染ませるために、アンジローの提案によって、デウスの訳語を大日（だいにち）としたのです。

大日とは大日如来のことで、密教（一般には大乗仏教の中の秘密教）のトップに座しています。ギリシアのパンテオン（万神殿）から生じたと考えられるのが仏教の曼荼羅（マンダラ）です。そして、パンテオンのボスがゼウス（デウス）であるのと同様に、曼荼羅のトップも大日如来なのです。

この訳語は日本の仏教徒たちには受けが良かったのですが、その後、仏教の一派と勘違いされることを恐れたザヴィエルは、訳語を本来のデウスに戻しました。

アンジローが提案した大日については、デウスの訳としてはいろいろ意見が分かれるところです。日本には仏教より起源の古い神道の最高神＝天照大神がいます。アンジローが間違っても素戔嗚尊を提案しなかったのは賢明だったにしても、天照大神でもありだったのではないでしょうか？

デウスが大日如来に一致するかどうかは、今日の神学や宗教学でもさっぱりわかりません。と言うか、そもそもこのように比較するという発想すらあり得ない状況です。

しかし、結果的にこれは正解だったのです。もちろんマグレですが、それでもこのアンジローという人のセンスには独特の閃きがあったのではないでしょうか。ついでながら素戔嗚尊でも正解で、天照大神でははずれでした。

大日如来の元の名はマハー・ヴァイローチャナといい、毘盧舎那（びるしゃな。ヴィルシャナ、奈良の大仏）如来と同一視されます。このヴィルシャナという音声は、デウスの別名、バアル（ベルゼバブ、中東の邪神）とか、ヴュルゼ（ゲルマン神話のヴェルズング族の開祖）を想わせます。


**ダース・ヴェイダー（ダヴィデ、Ｚｅｕｓ、＝アナキン・スカイウォーカー、映画『スター・ウォーズ』最強の悪役）**

映画『スター・ウォーズエピソード３／シスの復讐』（２００５年公開）。

『スター・ウォーズ』全9作（内2作未公開）の前半の山場です。

ジェダイ（銀河の平和と秩序を保つ正義の騎士）のオビ＝ワン・ケノービと後輩の同僚のアナキン・スカイウォーカーが、溶岩の上で死闘を繰り広げます。

アナキンは、全能たらんと焦るあまり、フォース（宇宙を結びつけている力）の暗黒面＝シスに幻惑され、ダーク・サイドに踏み込んでいたのです。

元々アナキンは全反乱同盟軍の星として成長してきました。エピソード1～3は彼の成長の物語です。

狂乱のアナキンは、先輩オビ＝ワンによって胴体を真っ二つにされてしまいます。しかし絶命はせず、その後、彼は敵側の銀河帝国軍に取り込まれ、恐ろしいダース・ヴェイダーに変身します。やがて彼は反乱同盟軍をいやというほど苦しめるようになります。

でもその時、彼とパドメ姫による愛の結晶ルーク・スカイウォーカーとレイア・オーガナ姫の双子が誕生していました。双子はやがて、反乱同盟軍の救いの星となっていきます。

この話のルーツは、ダヴィデ王朝におけるダヴィデ王（アナキン、ゼウス）対アブサロム王子（ルーク、アポロン）の闘いです。アポロンは後のイエス・キリストのモデルとなった神です。

ルークの正体はアブサロム王子で、双子の妹レイアはタマル姫（アルテミス）です。

そして、問題のアナキン・スカイウォーカー（ダース・ヴェイダー）の正体はダヴィデ（ゼウス）です。彼はトロイ戦争ではミュケナイの大王アガメムノンでした。

対するオビ＝ワンは、トロイ戦争におけるトロイ最強の勇士ヘクトールです。その彼の正体はイスラエルの軍師アブネルです。

でも、神話では死ぬのはヘクトールのほうで、対戦相手も最強のアキレウス（アブサロム、ルーク・スカイウォーカー）となっています。


**手力雄神（アドニヤ、Ares、たぢからおのみこと）＊改訂版では（ダヴィデ、Zeus）**

日本の神話のクライマックスです。素戔嗚尊の乱暴狼藉にショックを受けた天照大神は、天の岩屋戸に疎開します。世界は闇に包まれます。

この時、大神は殺害されたのだという意見も出ています。明確な根拠はありませんが、結果的には当たりです。

困り果てた神々は（死んだ）天照大明神に出てきてもらうように作戦を立てます。そして、（死んだ）女神を最後に力尽くで引っ張り出したのがこの手力雄神です。

死んだ神を引き出す、という変なシーンは、海外の神話にはあまり見当たりません。

しかし、強いて言えば、紛らわしい話がゲルマン神話にもあります。

最高神ヴォータンが、言うことをきかなかった娘の女神ブリュンヒルデを、岩山で眠らせてしまうシーンです。

（死んではいない）ブリュンヒルデの眠りを覚ましたのが英雄ジークフリートです。

では、手力雄神はジークフリートだったのでしょうか？

ジークフリート↓じくふりと↓並べ替え↓とじくりふ↓各送り母音を調整↓たじからほ↓た

ぢからお。

こういうのをアナグラム（字謎）といいますが、それを信じるかどうかはあなた次第です。

しかし、手力雄神はドイツのジークフリートだったようです。

ここにダヴィデ王朝を当てはめてみます。

ジークフリートの正体はダヴィデの息子アドニヤ王子（アレス）です。父ダヴィデ王の没後、弟のソロモンと王位を争いますが、破れて処刑されてしまいます。

この時、処刑の原因となったのが、ダヴィデの最終美人妻アビシャグ（アフロディテ）です。アドニヤは拘束されているのに、迂闊にも彼女が欲しいと言ってしまったのです。

同様に、ゲルマン神話でも、グートルーネという美女が絡んでいます。

さらに、同様に、ドストエフスキーの『カラマーゾフの兄弟』でもグルーシェンカという美女が大活躍します。名前が似ています。

ジークフリートは、同じゲルマンのエロ騎士タンホイザー、インドの象神ガネーシャ、中国の猪八戒（天蓬元帥）、映画『スター・ウォーズ』の謎の原始人チューバッカなどになりました。

タンホイザーとテンポウゲンスイ（天蓬元帥）とチューバッカ、音声が似ていませんか。

では、引っ張り出された天照大神は、ブリュンヒルデだったのでしょうか？

イエスと答えたいところですが、そうではないようです。

ドイツの戦闘の女神ブリュンヒルデはギリシアのアテナ女神で、その正体はこの場合、女のダヴィデ（ゼウス）だと考えられます。ブリュンヒルデという音声の由来は、中東の邪神バアルの別名ベルゼバブあたりだと思われます。そうなると、天照大神の正体もゼウスとなり、日本神道はキリスト教になってしまいます。

しかしよく調べてみれば、天照大神の正体は、ゼウスに殺されたポセイドンだったということがわかってきます。これはペルシアのゾロアスター教の光明神アフラ・マズダと同じ神ということになります。

他方、素戔嗚尊のルーツがそのゼウスです。＊改訂版では、ジークフリートはヘラクレス、ブリュンヒルデはハトシェプスト女王です。

## 檀君桓因（サウル、Ｃｒｏｎｏｓ、だんくんかんいん、タングンファンイン、古朝鮮神話）

古朝鮮神話の原初神とも言うべき天上の神です。

天上にみそなわし宇宙を支配する天帝＝桓因には、桓雄（ファンウン）という王子がいました。

その桓雄は朝鮮半島の中心部の太白山（テベクサン）に降臨して、その地を統治していくことになります。

その頃、太白山の山中の洞窟に熊と虎が住んでいました。この2頭の猛獣はどういうわけか人間になりたくて桓雄に願い出ます。

何とか人間様になれないものでしょうか？

桓雄は彼らに試練を課します。飽きっぽい虎は洞窟をぷらぷらと飛び出し人間になれなかったのに対し、熊はそれをよく守り人間の女になりました。彼女は熊女（ウンニョ）と呼ばれました。

やがて熊女は桓雄と結ばれ、王倹（ワンゴム）という男児を産みました。王倹は国名を朝鮮（チョソン）とし、都を平壌（ピョンヤン）に定めます。

では、彼らは何者だったのでしょうか？

しかし、この話はわかりやすいほうの部類に入ると思います。それは虎と熊が出てくるからです。

朝鮮の虎と熊は、日本の鶴と亀に対応していて、その正体はサウル（クロノス）とダヴィデ（ゼウス）だったと考えられるからです。

トラとツル、クマとカメ、音声もよく似ています。

もっとも、古朝鮮では虎と熊をどのように発音していたかは、わかりません。

韓国では、KARA（カラ）という、かわいらしい女子の5人組のグループが、歌と踊りで人気を博しています。古い地名＝カラ（加羅）というのは、朝鮮半島では、古式ゆかしい語だと思われます。

しかし、日本学術探検協会の高橋良典という研究者によれば、BC8世紀より以前に、カラ（クル）族という一族が世界中で活躍し、その言語は原日本語と言うべき今の日本語の系列の言語だったとしています。

文字も、今の日本語のカタカナとか朝鮮のハングルに似たものが見受けられると言います。

そして、それら原日本語と呼ぶべきカラ族の言語からエジプト象形文字とか、ヘブライ文字ができたのではないかという、驚くべき仮説を提唱しています。

太古の日本に、現在の漢字、ひらがな、カタカナ以外の古い文字があったこと自体、学会の常識では認められていません。

しかし、もし仮説が正しかったなら、日本語は、旧約聖書にあるところの世界が混乱して多数の言語に分かれる以前の最古の言語の特徴を今に伝える化石的な言語ということになります。だから、古朝鮮の虎と熊にしても、もしそれが原日本語だったなら、発音が今のトラとクマに似通っていてもおかしくないわけです。

「浦島太郎と似た話がアイルランドのケルト神話に残っている」と序文で述べました。

ケルト人というのは、ギリシア・ローマ以前からヨーロッパ各地に住んでいた人たちです。ケルト人はカラ族のことだという意見もありますが、ケルト人は独自の文字を遺さなかったとされます。

しかし、浦島太郎と似た話が、極西ヨーロッパと極東アジアに残されているということは、少なくとも世界的な広がりを持った民族がいたのではないかという気にさせます。

さて、ここでのキーワードは、人間になれなかった虎およびなれた熊ということになります。それはどういうことでしょうか？

虎と熊が神の化身だったとしたらどうなるでしょうか？　裏を返せば、地上の人間にはならなかった虎、およびなった熊です。

ギリシア神話においては、天上のゼウスに対し地上にはダミー（分身）のヘラクレスとかディオニュソスがいて暗躍しました。

つまりヘラクレスとディオニュソスは、天上のゼウスの尊厳を損なわないために地上で汚れ役をさせられたわけです。それは人殺しとか近親相姦とか人聞きの良くない仕事でした。そのため、ヘラクレスとディオニュソスは地上の人間止まりで、天上の神々は2人を仲間に加えることに難色を示したとされます。

ゲルマン神話でも同様に天上のヴォータンに対し地上にはヴェルゼ（狼）というのがいて暗躍しました。同様に、北欧神話では天上のオーディンに対し地上のヴェルズングです。

すなわち人間になれた熊の正体は、天上から降臨した桓雄で、そのルーツはヘラクレスとかディオニュソスで、その正体はやはりゼウス御大（ダヴィデ）だったことになります。

すなわち、熊と桓雄はいずれもダヴィデ王だったと考えられるのです。熊女は女ダヴィデです。ダヴィデは両性具有でした。

ちなみに、ウンニョ（熊女）という音声は、ヴァギナ（女陰）とか、ヨーニ（女陰）と似ていませんか？　ヨーニは、ダヴィデのインド版シヴァ神の神殿に設置されています。

さらに、人間になれなかった（ならなかった）虎は桓因で、その正体はサウル王（クロノス）です。そして、桓雄の子＝王倹はソロモン（ヘルメス）だったようです。

## チューバッカ（アドニヤ、Ａｒｅｓ、映画『スター・ウォーズ』、ハン・ソロの相棒、毛むくじゃらの大男）

銀河の平和に貢献する正義の騎士＝ジェダイのルーク・スカイウォーカーや密輸業者の（ハリソン・フォード演じる）ハン・ソロらが属する反乱同盟軍。名前の印象とは裏腹にこちらが主役です。

対するは、悪の独裁者＝皇帝パルパティンと悪の権化ダース・ヴェイダーらの銀河帝国軍。映画『スター・ウォーズ』は、両者の死闘を描いたものです。

しかしここに、ハン・ソロの忠実な相棒でチューバッカという毛むくじゃらの雪男みたいなのが出てきます。身長は２ｍ28センチということで、怪力で心優しい性格ですが、言葉は話せません。

この存在は何なのでしょうか？

この話とスタイル的によく似ているものとして、中国の『西遊記』、モーツァルトのオペラ《魔笛》、映画『ロード・オブ・ザ・リング』などがあります。

それらのうちの『西遊記』には、三蔵法師、猪八戒、孫悟空、沙悟浄たちが登場してきますが、両者を比較することによって、謎のチューバッカの正体がわかってきます。

まず、ダース・ヴェイダーには、孫悟空らの天敵牛魔王あたりが該当します。

そのダース・ヴェイダーが暗黒面に踏み込む前の名前はアナキン・スカイウォーカーですが、天の玉帝が該当しています。いずれも、その正体はダヴィデ王（ゼウス）です。

ルーク・スカイウォーカーはアナキンの息子で三蔵法師、その正体はダヴィデの王子アブサロム（アポロン）です。

ハン・ソロは孫悟空で、その正体はその弟ソロモン王（ヘルメス）です。

そしてややわかりにくいですが、正義の妖精ヨーダがカッパの沙悟浄で、その正体はやはりダヴィデ（ゼウス）ということになります。

沙悟浄の中国読みサウジーはゼウスの変形だと考えられます。

さて、残っているのは誰でしょうか？

それは猪八戒です。

だから、問題のチューバッカは猪八戒だったと考えられます。

猪八戒の正体は旧約聖書のアドニヤ王子（アレス）で、モーツァルトのオペラ《魔笛》の鳥刺しパパゲーノ、ワーグナーのオペラで有名なドイツ・チューリンゲンのエロ騎士タンホイザー、同じく楽劇《ニーベルングの指環》の豪族グンター、日本のアシハラシコオ（葦原醜男）らは同一神です。

チョハッカイとタンホイザー、音声が似ていませんか？

それ以上に、猪八戒の中国読みツーパーツェという音声はチューバッカとそっくりではありませんか。

## 猪八戒（アドニヤ、Ares、ちょはっかい、『西遊記』、ツーパーツェ）

孫悟空と共に三蔵法師をサポートする豚の妖怪＝猪八戒。

しかしここで、ボケとツッコミの関係にある猪八戒と孫悟空が、実は不仲であることに注意すべきです。

モーツァルトのオペラ《魔笛》の鳥刺しパパゲーノと王子タミーノも同様です。なぜなら、これら2組のコンビはいずれもダヴィデ王朝のアドニヤ王子（アレス）と弟ソロモン（ヘルメス）だからです。

父ダヴィデ王の死後、王位を争ったアドニヤ王子は弟のソロモンに処刑されてしまうのです。

アドニヤは、兄のアブサロム（アポロン）や弟のソロモンほど出番はありませんでしたが、次の作品には彼が主役として出ています。

ワーグナーのオペラ《タンホイザー》です。

猪八戒の別名＝テンポウゲンスイ（天蓬元帥）という音声はタンホイザーに似ていませんか？

## ツァラトゥストラ（アブサロム、Apollo、ドイツ、賢人、＝ゾロアスター）

この名前は、哲学者ニーチェの代表作『ツァラトゥストラはかく語りき』によって有名になりました。後のリヒャルト・シュトラウスは、同作に触発されて同名の交響詩を作曲しました。

ツァラトゥストラ（ツァラ男）は、ペルシアのゾロアスター教の高僧ザラシュトロのドイツ語読みです。

しかし一般には、わかっているのはそこまでで、ツァラ男が誰だったのか、未だにさっぱりわかっていませんし、わかろうという風潮すら無いようです。

そのツァラ男は、モーツァルトのオペラ《魔笛》では、高僧ザラシュトロとして登場して来ます。

《魔笛》はフリーメイソン関連の作品だということが知られています。だから、ツァラ男のような異色の宗教家が出てくるのは、そのせいだと思われがちではないでしょうか。

しかし、これは特殊な例ではなかったのです。

なぜなら、映画『トロイ』の最強最速の英雄アキレウス（ブラッド・ピットが演じました）、映画『スター・ウォーズ』の騎士ルーク・スカイウォーカー、映画『ロード・オブ・ザ・リング』で指輪を廃棄するための旅を続ける主役のフロド・バギンズ、そしてお待ちかね映画『ハリー・ポッター』の主役ハリー・ポッターなどの正体もすべて、このツァラ男だったからです。

それ以外にオペラ界に目を転じるならば、《魔笛》以外のモーツァルトでは、《フィガロの結婚》のフィガロ、《ドン・ジョヴァンニ》で主人公にぼこぼこにされるマゼットという青年、ワーグナーでは、《ローエングリン》の白鳥の騎士ローエングリン、《ワルキューレ》のガチンコの悲劇の英雄ジークムント、《トリスタンとイゾルデ》の騎士トリスタン、《パルジファル》の能天気お兄さんパルジファルらの正体もすべてツァラ男だったのです。

文学では、シェイクスピアの『ハムレット』の主人公の親友ホレイショー、ドストエフスキーでは問題作『罪と罰』の悩めるお兄さんラスコーリニコフ、同じく『カラマーゾフの兄弟』の過敏な無神論者の二男イワンの正体などがこのツァラ男だったと考えられます。

さらに、古いところでは、アラビアン・ナイトの不思議なランプでお馴染みのアラジンがこのツァラ男と同一人物です。

先のツァラ男関連の物語では時として、よくわかりませんが不吉な死の影のようなものがちらついている気配があるようです。ツァラ男は、美女を巡って他の男と争うことが多いからです。

ではツァラ男とは何者だったのでしょうか?

その答えは、ダヴィデ王朝の中にあります。

ツァラ男の正体は、ダヴィデ王の希望の星、イケメンのアブサロム王子以外考えられません。問題のアブサロム王子は、双子の妹タノル（アルテミス）を巡って、父ダヴィデ王と戦争になり憤死してしまいます。

アブサロムはギリシアのアポロンです。アポロンは音楽とアーチェリーの神でした。アポロンの正体はエジプトのホルスで、この神は救世主イエス・キリストのモデルになったとされます。

音声的に、先のマゼットやジークムントは仏教の文殊菩薩になったと考えられますが、それらはドイツ語のムジーク（音楽）という音声と関連がありそうです。アポロンは音楽の神でもあります。

そして、アブソロムの実体であるエジプト新王国第18王朝のアメンホテプ1世の即位名ジェセルカラーがザラシュトロになったと考えられるのです。

## 月読命（ダヴィデ、Ｚｅｕｓ、つくよみのみこと、日本、素戔嗚尊の兄弟）

伊弉諾尊と伊弉冉尊から生じた3柱の神々のうち2番目に産まれました。

伊弉諾尊が左目を洗った時、生じたのが天照大神です。次いで、右目を洗った時に月読命、さらに、鼻を洗った時に素戔嗚尊が生じました。大活躍する天照大神と素戔嗚尊に対し、月読命は何となく影の薄い神だと言われているようです。

3人の子という点では、ギリシア神話にも同じような話があって、タイタン（巨神族）の王クロノスから3柱の神々が誕生しています。ゼウス（天界）、ポセイドン（海洋）、そしてハデス（＝プルトン、冥界）です。

北欧神話にも似たような話が残っています。火の神ロキ（ゲルマン神話のローゲ）から生まれた3体のお化けすなわち、フェンリル狼、ヨルムンガンド（ミドガルドの蛇）、そして冥界の女王ヘルという面々です。これらのうちで毛並みが一際異様なのが最後のヘルで、半身は美女ですが、残りの半身は腐って黒くなっているという臭そうな仕上がりです。

さらに、旧約聖書・創世記にも同様な話があります。大洪水で有名なノアの3人の子です。セム（主にパレスチナ・シリア、メソポタミア、アラビアの語族の元祖）、ハム（主にエジプトなどアフリカの種族の元祖）、そしてヤペテ（主にインド・ヨーロッパ語族の元祖）の3人です。

彼らのうち3人目の、ハデス、ヘル、ヤペテたちは、前の2人に比べてやや地味な印象で共通しているようです。

　ここで、旧約聖書のサウル王朝とダヴィデ王朝の話をダブらせてみましょう。すなわち、親のノア＝クロノス＝ロキ＝伊弉諾尊がサウル、子のセム＝ゼウス＝フェンリル狼＝素戔嗚尊がダヴィデ、同じくハム＝ポセイドン＝ヨルムンガンド＝天照大神がイシュ・ボシェト、てな按配になります。

　では、残りの「そして」の付いた、ヤペテ、ハデス、ヘル、月読命は誰だったのでしょうか？　ここで、そのうち特に、ヤペテという音声に注目するならば、深く黙示するものに突き当たるのではないでしょうか。その心は？

　ヤペテ？　ユピテル！　すなわちジュピター。古代ローマの最高神です。ジュピターはギリシアのゼウス（ダヴィデ）と同一視されています。ということは、ヤペテの父＝ノアの正体はやはり、ゼウスの父＝クロノス（サウル）だと再確認できます。

　すなわち、ヤペテ＝ハデス＝ヘル＝月読命らの正体もすべてダヴィデ王だったと考えられるのです。このうち例えば冥界の女王ヘルは、後のモーツァルトのフリーメイソン・オペラ《魔笛》における夜の女王（名前が無い）のモデルになったと考えられます。

　だから、ノアの3人の子、セム、ハム、ヤペテのうち、セムとヤペテの正体はどちらもダヴィデ王だったということになります。この場合、セムという音声のルーツは、エジプト初期王朝時代第2王朝の王カセケムまたはカセケムイ、他方ヤペテの音声のルーツは、同じくペルイブセンではなかったでしょうか？

　日本でも、月読命（ヤペテ）と素戔嗚尊（セム）が同一人物だったことは、日本の神話によって確認することができます。

なぜダヴィデだけ名前が2通りになったのか、いろいろ理由が考えられます。例えば、元はアフリカ（エジプト）出身だったダヴィデが、異質な文化圏ヨーロッパでもゼウスとして大受けになったので、別の名で区別したということなどが想像されます。

あるいは、ギリシア神話のように、ゼウスだけ特別扱いして、諡号（しごう、贈り名、死後の名前）として別枠で追加したことも考えられます。日本の神話もそれらをデッド・コピーしたというわけです。

## 鶴は千年亀は万年（サウル&ダヴィデ、Ｃｒｏｎｏｓ&Ｚｅｕｓ、日本の祝詞＝のりと）

日本では、めでたい時にそれとはなしに使われる言葉です。しかし、この長寿を祈願する祝詞のルーツは何だったのでしょうか？

ただの出まかせのこんこんちきだったのでしょうか。

鶴と亀は、有名なカゴメ歌にも出てきます。

「夜明けの晩に、鶴と亀が滑った。後ろの正面だーれ？」

鶴と亀は、中国の神仙思想と関係があるとも言われます。それは仙人や神仙境に想いを寄せる古代中国の神秘思想で、戦国時代（ＢＣ４０３～ＢＣ２２１年頃）に始まり、秦と漢の時代に盛んになったとされます。

鶴亀算というのもあります。原型は中国で、キジとウサギだったのが、江戸時代後期の日本ではわざわざ鶴と亀に変えられたようです。しかし、なぜツルとカメでそれ以外ではなかったのでしょうか？　フラミンゴとゴリラでは、1本足になったり2足で立ち上がったりして具合が悪かったからでしょうか。

ところで、旧約聖書、『サムエル記上』（18―7）には次の一節があります。

サウルは千人ダヴィデは万人（殺した）。

竪琴弾き兼斬り込み隊長のダヴィデ（ゼウス）が多数のペリシテ人（実はサウルの後継者イシュ・ボシェト＝ポセイドンの民）を殺して凱旋してきた時、町の女たちは歌って踊ったのです。

しかしこれがその後の深刻なつまずきの石となったのです。これ以来サウル王（クロノス）はダヴィデを妬むようになり、憎悪のあまり大声で吠えまくったあげく、遂にはあやうく彼を槍で串刺しにしようとして失敗します。ダヴィデは命からがら逃げ延びます。

これがきっかけとなって、サウル王朝からダヴィデ王朝が分裂し、サウル王朝側のサウル、イシュ・ボシェト、アブサロム（ダヴィデの子、アポロン）の3代は、ダヴィデによって皆殺しの憂き目を見るのです。

日本の祝詞「鶴は千年亀は万年」の起源が、サウル王朝壊滅の引き金となった古代イスラエルの「サウルは千人ダヴィデは万人」だったかどうか断定はできませんが、だからといって否定し去ることもできません。

なぜなら、鶴の正体がサウルで、亀はダヴィデだったと考えられる根拠があるからです。

ディオニュソス（ダヴィデ、Ｚｅｕｓ、＝バッコス、ギリシアのぶどう酒の神）

別名バッコスと呼ばれる酒乱の神です。アポロ対ディオニュソス、哲学者ニーチェが盛んに提唱したことで、有名になりました。

この神には、マイナデス（＝複数、単数形はマイナス）という、祭儀を取り仕切る狂女が付き従っています。

ディオニュソスは狂女たちと共に野山を練り歩き（ゴー・オンナ・ピクニック）、野獣を切り裂き、彼女たちにエロ踊りをさせて、それを盗み見た者を彼女たちに八つ裂きにさせてしまうという、崖っぷちを通り越して一発レッドの神様です。

異端の神ディオニュソスはゼウスの大腿から生じました。彼の生誕地はテーバイとされます。テーバイの繋がりではかの剛勇ヘラクレスと同じです。ヘラクレスもワイルドなことで有名です。その正体もディオニュソスと同じく旧約聖書のダヴィデ王（ゼウス）です。

ところで、皆殺しを意味する語として、ジェノサイドとホロコーストという2つの語がありますが、ルーツはわかっていないようです。

この場合、音声的に、ジェノサイドの語源はディオニュソス、ホロコーストはヘラクレスだったのではないでしょうか。

ディオニュソスは酒乱にして催眠洗脳殺人の神ですが、その最も顕著な例の一つがテーバイのペンテウス王を八つ裂きにした事件です。

既に述べましたように、ディオニュソスにはマイナデス（狂女たち）というのが付き従いましたが、狂乱の恍惚状態で歌って踊り、音楽を用いてディオニュソスの儀式を行っていました。ディオニュソスは、当のペンテウスにマイナデスの祭りを覗き見るよう、そそのかします。王は女装してそのようにしましたが、熱狂したマイナデスは王をライオンと誤認してずたずたにしてその肉片をまき散らしてしまうのです。

引き裂かれてしまう点で、ペンテウスの正体はエジプトのオシリス、すなわちイシュ・ボシェト（ポセイドン）だと一見考えられます。しかし、ペンテウスのところにマイナデスを導いたのはペンテウスの母アガウエらです。

ここが重要です。神の殺害に親が関わっている例は、1つしかありません。それはアブサロム王子（アポロン）を父ダヴィデ王が殺害した例だけです。

ですから、マイナデスの正体をディオニュソス同様ダヴィデと考えるならば、殺されるペンテウスの正体は息子のアブサロム王子ということになります。ペンテウスという音声はアポロンに由来しているようです。

そして、先の誤認されたライオンというのがただの猛獣でなく、問題のオシリスのダミーだったと考えられるのです。この点については、セクメトの項を参照願います。

ペンテウスとは別の神話で、同じく惨死するオルフェウスの正体もアポロンですが、やはりマイナデスに八つ裂きにされています。

そして問題の母アガウエの正体は、女のゼウスだったと考えられます。ゼウスは両性具有でした。

誤って息子を惨殺させてしまった母は激しく後悔します。これは、アブサロムを死なせてしまったダヴィデが悲嘆に暮れる光景と同じです。

ダヴィデの道徳的でない面を演じさせられたと考えられるディオニュソスの正体は、北欧のヴェルズング（狼）、ゲルマンのヴェルゼ（狼）、北欧の雷神トール、インドの殺戮神シヴァ、日本の素戔嗚尊と同様、やはりダヴィデ（ゼウス）です。

映画『ハリー・ポッター』の最強の闇の魔法使いヴォルデモートも同様です。

彼らは、天上のゼウスやヴォータン（ゲルマン）やオーディン（北欧）に対して地上に配置されたダミー（身代わり）です。

しかし、ヴェルゼやヴェルズングが、直接行動する傾向は押さえられており、代わりにヴォータン（オーディン）、小人ミーメ（ゲルマン、北欧のレギン）、フェンリル狼（北欧）らが実力行使しているようです。

そして、このフェンリルオオカミという音声は日本神話のホオリノミコト（山幸彦）に変化したようです。

フェンリルオオカミ↓フェヌリルオオカミ↓並べ替え↓フェオオリヌミカル↓送り母音変化↓フォオオリノミコロ↓ホオオリノミコロ↓ホオリノミコト

こういう現象をアナグラム（字謎）と言いますが、このような現象が起こっていたのではないか、とギョーカイでは囁かれています。

さてディオニュソスの狂女マイナデスの単数形はマイナスです。これは、ゼウスの別名（アモン）です。

他方、本体のゼウスには、邪神バアル（ベルゼバブ）という別系統の名があり、ベロス、ペーレウスあるいは日本の毘盧舎那（ヴィルシャナ、奈良の大仏）などのルーツになったと思われます。そこで、マイナスとベロス、すなわちマイナス（－）とプラス（＋）、つまり陰と陽、女と男です。

だから、これらの対照の概念を表す語の起源はゼウスだったとは考えられないでしょうか？

なぜなら、ゼウスは男女両性の神だったからです。

## デウカリオン（アブサロム、Ａｐｏｌｌｏ、ギリシアの洪水神話）

ギリシア神話には、デウカリオンの洪水というのが知られています。

洪水を生き延びたデウカリオンという人物については、もちろん誰だかわかっていません。

わかっていることは、彼が有名な盗火神プロメテウスの子だとされることです。プロメテウスは、息子に箱舟を造らせて、洪水に備えさせたと伝わっています。このシーンは、旧約聖書「創世記」のノアの大洪水の話と似ています。

デウカリオンはピュラという女と結婚しました、彼女は、プロメテウスの兄弟エピメテウスとパンドラ（禁断の箱を開けた女）の娘です。

そのプロメテウスは、神々の火を盗んで人類に与えた罰として、ゼウス（ダヴィデ）によってカウカソス（コーカサス）山の岩山に縛り付けられた原初の神です。

では、デウカリオンとは何者だったのでしょうか？

他ではさっぱり答えられない難問に対し、本書はあっけなく答えを差し出せます。

彼らは、旧約聖書のサウル王朝とダヴィデ王朝のメンバーだったと考えられるからです。

ダヴィデ（ゼウス）にやられた原初の神プロメテウスの正体は、古代イスラエルの開祖サウル（巨神族の王クロノス）です。エピメテウスはその後継者イシュ・ボシェト（サウルの嫡男、ポセイドン）、パンドラは女のダヴィデだと考えられます。

だから本当はエピメテウスはプロメテウスの兄弟でなく息子です。

「創世記」のノアは、プロメテウスと同一人物だと考えられます。

そして、デウカリオンに一番よく該当する神はダヴィデのイケメンの王子アブサロム（アポロン）です。

だからデウカリオンはプロメテウスの子でなくパンドラの子だったと想像されます。

デウカリオンの妻ピュラの正体は、アブサロムの双子の妹タマル姫（アルテミス）です。

以上のギリシア神話と旧約聖書が細部で一致しないのは、洪水によって生じた地球規模の混乱の後遺症ではないかと考えられます。

デウカリオンという音声のルーツは、アブサロムの実体であるエジプト新王国第18王朝の2番目のファラオ＝アメンホテプ1世（通説ＢＣ16世紀、実際はＢＣ10世紀）の即位名デジェセルカラーだったと思われます。

この音声からザラシュトロ（ゾロアスター）が誕生し、古代ペルシアのゾロアスター教の伝説的な高僧の名前になりました。

ザラシュトロをドイツではツァラトゥストラと呼びました。

だからツァラトゥストラとはアポロンのことだったのです。

しかしデジェセルカラーにはさらに驚異的なコード（暗号）が潜んでいました。

その正体は、ジーザス・クライスト！

すなわちイエス・キリストです。デウカリオンは救世主のモデルでもあったのです。

キリスト教の洗礼は水（聖水）と切り離せません。大洪水の名残ではなかったかと想像されます。

## テーセウス（ソロモン、Hermes、アテナイの英雄）

クレタ島のラビュリントス（迷宮）には、ミノタウロスという恐ろしい牛頭人身のモンスターがいます。

ミノス王の妻パーシパエが、雄牛に欲情して産んだ怪物です。

対岸のアテナイのアイゲウス王は、そのミノス王との争いに敗れ、この怪物の餌として少年少女をそれぞれ7人ずつ捧げる境遇に陥っています。

アイゲウスの息子の英雄テーセウスがやって来て、怪物を殺した後、ミノスの娘アリアドネの計らいで迷宮を脱出するという有名な神話です。

ミノスはゼウス（ダヴィデ）とエウロペの娘です。

ところで、ゼウス〜ミノス〜ミノタウロスと続く3代は一見別人のようですが、彼ら3人の正体はいずれもゼウス（ダヴィデ王）だと考えられます。

このような例はギリシア神話では珍しくありません。パーシパエの正体は、両性だったダヴィデのうちの女ダヴィデです。

モンスターのダヴィデを粛清するテーセウスの正体は、後継者ソロモン（ヘルメス）以外考えられません。

ダヴィデが後継者のソロモンに始末されたという話は旧約聖書にはありませんが、ギリシア神話や中国の『西遊記』にあり、日本の神話にもそれらしき痕跡があります。

他方、北欧・ゲルマンの神話でも、ソロモン（ハーゲン）がダヴィデ（ジークフリート）をパージ（粛清）しています。

牛を倒すソロモン王のイメージは、ペルシアの雄牛を屠（ほふ）る神ミトラになったと考えられます。さらにそれは、ローマ全域のミトラス教という秘教となりましたが、後のキリスト教によって駆逐されたのです。

それらの名残が、ポルトガルやスペインや西フランスに現存する闘牛だと考えられます。マタドール（闘牛士）とはミトラスのことで、トリヤドール（同じく闘牛士）はテーセウスのことだったと考えられます。

注目すべきは、同じ地域のポルトガルやスペインや西フランスに、黒い聖母の伝説が残されていることで、その起源はパーシパエ（女ゼウス）だったのではないでしょうか。

京都・太秦（うずまさ）には広隆寺がありますが、その境内の大酒神社には牛祭り（10月12日）という奇祭が伝わっています。

その時、牛に跨（またが）って何やら呪文を唱えるのが摩多羅という謎の神です。この「またら」は、マタドールとかミトラとか曼荼羅（マンダラ）に音声が似ています。これも闘牛の変形のようです。

テーセウスという音声は、ある東洋の有名な妖怪の名前のモデルになったと考えられます。それは斉天大聖です。すなわち孫悟空の尊称です。さらに、この猿の妖怪が闘った牛魔王の正体はミノタウロスだったと考えられます。

『西遊記』だけでなく、ビゼーのオペラ《カルメン》、マリア・テレジア統治下のウィーンが背景のリヒャルト・シュトラウスの楽劇《ばらの騎士》などは、同じ闘牛神話を起源にしていると考えられます。

## ドン・ジョヴァンニ（ダヴィデ、Ｚｅｕｓ、モーツァルトのオペラ《ドン・ジョヴァンニ》の主役）

オペラ《ドン・ジョヴァンニ》（１７８７）は、モーツァルトの代表的な作品です。

ドン・オッターヴィオという青年にはドンナ・アンナという許嫁（いいなずけ）がいます。

その最初の場面では、そのドンナ・アンナが、忍び込んできた問題のドン・ジョヴァンニに姦通されそうになります。

アンナの父の騎士長が出てきてドン・ジョヴァンニと決闘となりますが、殺されてしまいます。

ドン・オッターヴィオは復讐を誓わされます。

最後には、死んだ騎士長の亡霊が地下から現れて、ドン・ジョヴァンニを地獄に引きずり込みます。「あーよかった」、一同はハッピー・エンドを迎えます。

モーツァルトは、若い頃はまっとうなクリスチャンだったとされます。事実、1772年（16歳）で大司教領であるザルツブルクの宮廷音楽士（有給）となっていました。

しかし、1782年（26歳）にそのザルツブルクのコロレド大司教とけんか別れして職を辞してからは、アンチ・キリスト教となり、敵対していた兆候が残されています。

その頃からモーツァルトは、ウィーンを終の住処とするようになります。

例えば、1783年（27歳）のミサ曲（ハ短調）と1791年（35歳）の最後の作品レクイエムはいずれも未完成でした。

さらに、1788年（32歳）の最後の交響曲第41番は「ジュピター（ゼウス、キリスト教の天帝デウス）」と呼ばれましたが、他人がつけた副題でした。

1784年（28歳）には、キリスト教の敵対勢力だと考えられるフリーメイソンに入会しています。

1787年（31歳）の《ドン・ジョヴァンニ》はそんな状況下で書かれました。

このオペラの台本は、スペインのプレイボーイ＝ドン・ファンの有名な伝説に、神話を付け加えたものですが、書いたのはユダヤ系イタリア人ロレンツォ・ダ・ポンテです。

そのせいか、本作品は、観ようによってはユダヤ色が濃く、執拗にキリスト教を断罪した作品に見えないこともありません。

なぜなら、地獄に堕ちる主役のドン・ジョヴァンニの正体は、知られていませんが、旧約聖書のダヴィデ王（ゼウス）以外考えられないからです。これも知られていませんが、ダヴィデはキリスト教の押しも押されぬ本尊デウスのルーツです。

そのことを当局が知っていたのかどうか、もし知っていたら、ただではすまなかったところです。

モーツァルトの死には謎があるとされて、映画『アマデウス』のように、作曲家サリエリの嫉妬による謀殺とか、オペラ《魔笛》によってフリーメイソンの秘密を暴露したので、抹殺された、などという説が有名です。

しかし、動機的に一番強かったのはキリスト教＝カトリックの当局だったのではないでしょうか。その根拠として、彼は当時は有名なアイドル作曲家で演奏家だったのに、まっとうな葬式を教会であげてもらえず、どこに埋められたかも忘れられ、遺骨も未だにはっきり特定されていないからです。

遺骨は、彼よりはるかに地味だったシューベルトでさえ、ちゃんと保存されています。

冒頭で抹殺される騎士長のモデルはサウル王（クロノス）で、彼の正体は、ユダヤ教の隠れた本尊ヤハウェでもあります。

旧約聖書は断定していませんが、そのサウルはダヴィデによって抹殺されたと考えられます。

すなわちこのオペラは、サウルを殺害したドン・ジョヴァンニすなわちダヴィデを中傷する作品だったと考えられないこともありません。

ドン・ジョヴァンニに狙われるドンナ・アンナの正体は、ダヴィデの最終美人妻アビシャグ（アフロディテ）です。

その許婚のドン・オッターヴィオの正体は、ソロモン王（ヘルメス）です。

ソロモンはダヴィデ没後、アビシャグを獲得したと考えられています。

ソロモンは、日本の大国主命つまり浦島太郎です。

ドンナ・アンナは、日本の須勢理毘売（すせりひめ）で、やはり、素戔嗚尊（ダヴィデ）と一緒にいるところを、大国主命（ソロモン）に略奪されています。

†はひふへほ

**バアル（ダヴィデ、Zeus、旧約聖書の邪神、ベルゼバブ、ギリシアのベロス）**
古代シリア・パレスチナの神で、嵐とか戦いの神でした。
この神は古代シリアの地中海沿岸の都市ウガリットの神話などにも出てきます。中東のバアルはギリシアのベロスです。

さて、ドイツの首都ベルリン、およびスイスの首都ベルンの紋章はいずれも熊ですが、その由来についてははっきりしません。

その一つの答えがここにあります。それは、古朝鮮神話に出て来る熊です。ここでは、熊は人間になれたとあります（「壇君桓因」の項参照）。

これは、ひっくり反して眺めれば、人間以上にはなれなかったということです。

人間止まりで、万神殿（パンテオン）から締め出されていたギリシアの半神は誰だったでしょうか？　素行がえげつなくて、神々の顰蹙（ひんしゅく）を買っていた英雄です。

それは、剛勇ヘラクレスです。彼はゼウスのダミーでした。

古来、熊は、ヨーロッパの隠れた神だったという説があります。

中東のバアルの正体はゼウス（ダヴィデ）でした。バアルが、熊（ｂｅａｒ）となって、ヨーロッパの背後や、古朝鮮の神話に君臨した、と考えられるのです。

さらに、同じｂｅａｒは「産む」という動詞の意味もあるのはなぜでしょう？　これは、森羅万象を生み出すことは、造物主ゼウス（ｂｅａｒ）の大事な仕事だったからでしょう。

注目すべきは、旧約聖書ではバアルは邪神として断罪されていることです。

ＢＣ９００年代、ソロモンの没後、王国のイスラエルは南北に分裂してしまいます。

特にＢＣ７２３年に北イスラエル王国がアッシリアの猛攻によって滅亡したことについて、唯一神ヤハウェに帰依しないで、バアルなんかにうつつを抜かしたからだ、と旧約聖書はボロクソに貶（けな）しています。

ＢＣ８００年代、その北イスラエル王国にアハブという王がいました。

そのアハブの次の世代の南ユダ王国に、ヨラム（イェホラム）という王とその妻アタルヤという王妃が出現します。

当時の北イスラエル王国ではバアルという邪神がはびこっていました。しかし、それに逆らって、彼ら以降の王たちは唯一神ヤハウェへの忠信を推進していくことになります。

これはどういうことを意味していたのでしょうか?

実は、その答えがエジプト側の資料に隠されているのです。

通説ＢＣ15世紀（実質ＢＣ９世紀）のエジプト新王国第18王朝において、異端王アクナトン（旧名アメンホテプ４世）と王妃ネフェルティティらが宗教革命を起こしました。

当時、テーベ（ルクソール）では神々の王アモン（＝アメン）という神が繁栄していました。

それに対し、一躍、台頭してきたのがアトンという太陽の円盤みたいな奇神でした。

実は、先の北イスラエル王国の話は、以上のエジプトの事件の記録だったのです。

すなわち、邪神バアルは神々の王アモン、唯一神ヤハウェは円盤のアトン、ヨラムの正体はアクナトン、アタルヤはその妻ネフェルティティでした。

そして、神々のアトン対アモンを、人間界の王たちの争いで表すとするならば、その実体はサウル（クロノス）対ダヴィデ（ゼウス）となります。

これらは、サウルとダヴィデの死後も続いた、サウル王家対ダヴィデ王家の死に物狂いの権力闘争だったのです。

特にアタルヤはダヴィデ王家の生き残りをすべて根絶やしにしようとしたとあります。

ここで、抹殺のターゲットにされたダヴィデ王家とは、アモン崇拝者たちの生き残りだったと考えられます。いわゆるディオスクロイ（ゼウスの子孫たち）というやつです。

ヤハウェ（サウル）を支持する旧約聖書は、普段は持ち上げているダヴィデの悪口を言うときは、バアルという暗号を使ったようです。

さて、エジプト・ギザにはエジプト古王国第4王朝のクフ王の大ピラミッド（通説ＢＣ26世紀、実際はＢＣ９世紀）があります。

そして、その大ピラミッドは、東を向く大スフィンクスに従属しています。

古代のギザは、ロセタウとかラアタアと呼ばれており、ギリシア人はそれをタルタロスと呼んでいたと考えられます。そして、ギリシア神話では、タルタロスとはクロノス（サウル）たちの終焉の地だとされます。

だから、世界遺産大スフィンクスの実体はサウル（アトン）の偶像で、クフの正体は、新王国第18王朝のアクナトンだったのです。

地球規模の混乱があって、時代の異なる別人だと思われてきたのです。

ギザはヤハウェ（アトン）崇拝の聖地でした。

そして、北イスラエル王国などという国家は旧約聖書のでっち上げで、その実体はエジプト第17王朝と第18王朝のことでした。

だから、歴史的にさんざん問題にされてきた北イスラエルの滅亡とは、エジプト国内の単なる王朝の交代に過ぎなかったのです。

旧約聖書は、ダヴィデだけでなく、彼を崇拝したエジプトが大嫌いでそれらを抹殺しようとした経典だったのです。

## パエトン（イシュ・ボシェト、Poseidon、ギリシア神話）

パエトンは太陽神ヘリオスの子です。

彼は父親の太陽の戦車を操（あやつ）って、天空を飛翔します。しかし、ただでさえ難しい戦車の操縦は若輩の彼の手に余るものでした。

そこで、戦車の墜落を危惧したゼウスが雷撃で彼を打ちました。

彼の亡骸は火を噴きながら、エリダノス川に落ちました。

ゼウスが直に出てくるので、この話が旧約聖書のサウル～ダヴィデ王朝の話なのがすぐわかります。

ここで旧約聖書を取り出します。

ヘリオスの正体は、太陽神とあるので、サウル（クロノス）です。ゼウスはもちろんダヴィデ王です。

問題のパエトンの正体は、ヘリオスの子だとあるので、サウルの嫡男イシュ・ボシェト（ポセイドン）だと考えられます。

制御しきれなくなった（ダッチ・ロール、アン・コントロールの）戦車は、天空に焼け焦げのような航跡を描き、地上に近づき過ぎた時は、地面を焦がし、干魃を引き起こし、赤道付近の人々の肌を真っ黒にしたといいます。

　イシュ・ボシェトの治世は、彼の死と共に終わりましたが、通説では、その時期はBC1002年頃だとされます。

　そのイシュ・ボシェトの正体は知られていませんが、太古エジプトの伝説の王オシリスです。邪神セトに引き裂かれたという例の悲劇の神です。

　万有引力理論などで有名なアテザック・ニュートンが、オシリスの死を算定したことはあまり知られていません。

　その年とはBC956年ということです。おおよそこの頃この動乱は起きたことになります。これを裏付けるようにギリシア側にも、ポセイドンがアッティカ（アテナイがあるあたりの地域）を水浸しにしたという伝承があります。

　しかし、この事件は現実的にどういう事件だったのでしょうか？

「火を噴きながら墜落した」。これは単にパエトンすなわちイシュ・ボシェトが死んだと受け取るべきでしょうか？

　それに対し、これを彗星の墜落とみなす説があります。墜落したその忌まわしい天体およびその後遅れて引き起こされたであろう大洪水のことを、人々は当時の支配者の名前で呼んだのではないかというわけです。

　彗星について関連がありそうなのは、ギリシア神話のミュケナイのアトレウス王の神話です。

彼が即位する前に、東から昇った太陽が同じ東に沈んだというのです。地球の自転が逆転したのです。アトレウスの正体も知られていませんが、実はポセイドンです。

日本の神話にも、山幸彦（ダヴィデ、ゼウス）が、シオツチ神（サウル、クロノス）にもらった珠によって、潮の満ち引きを操作して、海幸彦（イシュ・ボシェト、ポセイドン）を苦しめたとあります。

同様にこれも、彗星によって引き起こされたと推定されます。

さらに、重要なのは焼けた地球を冷やすために、後にゼウスが洪水を起こしたという伝承があることです。

これと関連してギリシアにはデウカリオンの洪水というのがありますが、このデウカリオンの正体は、イシュ・ボシェトの1世代後のアブサロム王子（アポロン）だと考えられます。

その時期もBC10世紀です。

その大洪水に繋がると思われますが、ギリシア側には、クレタ島の伝説的な工匠ダイダロス（ゼウス）の息子イカロス（アポロン）が、空を飛んで逃げた時に、太陽に近づき過ぎて墜落したというのがあります。これも一応彗星の墜落だったのではないかと想像されます。

ということは、彗星はイシュ・ボシェト（パエトン）の代と次のアブサロム（イカロス）の代と都合2回墜落したということになるのでしょうか？

総括的には、事件を引き起こした彗星が1個だけだったとすれば、彗星はイシュ・ボシェトの代に出現して、次のアブサロムの代に墜落したように思われます。

よりしつこく考えるならば、彗星が2つに分裂して、2世代にわたって墜落したということも考えられますが。

BC10世紀、古代イスラエルのイシュ・ボシェト王の治世のある日、空に不吉な彗星が出現しました。その凶星は地球とニア・ミスを起こし、一時的に地球の自転を逆転させ、その影響で地表には干魃が起こるなどの天変地異に見舞われます。そして、地上には大火災が発生します。

大動乱は収まらず、次に即位したアブサロムの代に、接近しすぎた彗星は遂に地球に落下してしまいます。大洪水が発生します。

これが神話となりました。大災変の原因となった彗星をパエトン（ポセイドン）、およびその後の大洪水をデウカリオン（アポロン）と人々はそれぞれ呼びました。そのように考えられます。

しかし、それまでの記憶の多くは、地球的規模の大混乱の結果、失われてしまったようです。

## ハーゲン（ソロモン、Ｈｅｒｍｅｓ、ワーグナー4部作楽劇《ニーベルングの指環》、ニーベルング族の後継者）

ワーグナーの4部作楽劇《ニーベルングの指環》の第4作目楽劇《神々のたそがれ》第3幕大詰め、ニーベルング族の後継者ハーゲンが、ヴェルズング族の英雄ジークフリートを突然後ろから槍で突きます。

ギャー。

人々は口々に言います。

「何をしたのだ、ハーゲン」。

「虚誓を罰したのだ」。

英雄は息絶えます。ハーゲンは指環を手にしようとしますが、大火と大洪水に遮られます。

これを『西遊記』風に言い換えるならば、どうなるのでしょうか？　これは、豚の猪八戒を猿の孫悟空が惨殺した、ということになります。

そういうシーンは『西遊記』にはありませんが、ゲルマン神話以外に旧約聖書にもあります。ダヴィデ王（ゼウス）の没後、王の最終美人妻アビシャグ（アフロディテ）を巡ってアドニヤ王子（アレス）と弟のソロモン（ヘルメス）が争い、兄は処刑されてしまうのです。

ジークフリートはアドニヤ兄、ハーゲンの正体はソロモンだったのです。その前にジークフリートはグートルーネという女性と一緒になる運びでしたが、彼女がアビシャグさんです。

その前の第3作目『ジークフリート』第2幕では、ジークフリートが竜のファフナーと小人のミーメを抹殺しています。殺された両者の正体は知られていませんが、どちらもダヴィデ王だったと考えられます。

＊改訂版では次のように変更になります。ジークフリートはダヴィデ王（ヘラクレス）、竜のファフナーはサウルの軍師アブネル、です。

ハヌマン（ソロモン、Ｈｅｒｍｅｓ、インドの叙事詩『ラーマーヤナ』の猿神）

タイのバンコクや、その北部のロッブリーというところでは、猿が大切にされ、公園や家の周りでのんびりしています。

それに比べ日本の猿はといったら、反省させられたり、夜間に花火を打ち込まれたりしているようです。

猿にとって都合の良いタイの習慣は、神話の猿神ハヌマンのことがあるからだと思われます。インドの叙事詩『ラーマーヤナ』では、ランカー島の羅刹（ラセツ、悪鬼）ラーヴァナと闘うラーマ王子を、ハヌマンが救援するからです。

ラーマの妃シーターは無事救出されます。

インドでは今でもこの猿神は人気があると聞きます。

同じインドにはサンスクリット語による世俗非公開の神聖劇『クーティヤッタム』というのがあります。そこでも、このハヌマンが今は亡きラーマ王子を偲ぶシーンがあります。

この特別な友愛関係によって、ラーマとハヌマンの正体はすぐわかります。ここで、ダヴィデ王朝を参照します。

それはアブサロム王子（アポロン）と弟のソロモン（ヘルメス）以外にありません。

対立するラーヴァナの正体はダヴィデ王（ゼウス）で、救出されるシーターは、アブサロムの双子の妹タマル姫（アルテミス）です。

ここには次の事件が隠されているのです。

タマル姫（シーター妃）が父ダヴィデ（ラーヴァナ）にレイプされます。反逆したアブサロム（ラーマ）がダヴィデに抹殺された後、残ったソロモン（ハヌマン）がダヴィデをパージ（粛清）します。

アブサロムとソロモンの特別な間柄は、それ以外の他国などの神話にもごろごろしています。

例えば同じ旧約聖書の創世記のヨセフとベニヤミン。

ギルガメシュ叙事詩のエンキドゥとギルガメシュ。

トロイ戦争の最強最速のアキレウスと智将オデュッセウス。

モーツァルトのオペラ《魔笛》の叡智の高僧ザラストロとタミーノ王子などです。

## ハーマイオニー・グレンジャー（アビシャグ、Aphrodite、J・K・ローリング『ハリー・ポッター』、ハリーの親友の女の子）

本と映画の両方で空前の大ヒットした『ハリー・ポッター』シリーズですが、とりあえず自分はこれを神話とみなし、一応の結論らしきものが出たのですが、最後の最後でどんでん返しにやられました。

それというのも、エマ・ワトソン演じるかわいらしいハーマイオニー・グレンジャー（女性）の正体が最終段階の直前までつかめなかったからでした。

それもそのはず、このハーマイオニー・グレンジャーの正体には、神話＝古代史史上最大のミステリーが潜んでいたからです。

実は、謎があること自体自分ははっきり自覚しないで来て、エジプト新王国第18王朝のハトシェプスト女王を調べているうちにその存在および咎らしきものがわかってきて、愕然としたのです。

魔法使いの血を引くハリー・ポッターは、両親のジェイムズとリリーを最強の闇の魔法使いヴォルデモートに殺害されるという悲しい過去がありました。彼もまた攻撃されましたが、母のおかげで奇跡的に命拾いしたのです。

彼は、ダンブルドアが校長をしているホグワーツ魔法魔術学校で研鑽を積みます。

そこで知り合ったのがロン・ウィーズリーとこのハーマイオニー・グレンジャーです。彼らは、最強の闇の魔法使いヴォルデモートと対決します。

この物語のルーツが、旧約聖書のダヴィデ王（ゼウス）対アブサロム王子（アポロン）だったというのは、直感的にもわかりやすいほうです。

だから、魔法使いヴォルデモートの正体がダヴィデで、ハリーはアブサロムだったということになります。

さて、ハリーがアブサロム王子だったとすれば、ハリーの親友ロンとハーマイオニーの正体は誰だったのでしょう？

ロンの正体はアブサロムの弟アドニヤ王子（アレス）ではないかとすぐ見当がつきます。

ここまではすんなりいったのですが、前述のように超難関として立ちふさがったのがハーマイオニーでした。

アブサロム、アドニヤと来れば、次は弟のソロモン（ヘルメス）です。しかも、彼女は読書家で豊富なアイデアを提供できる知識人です。その点では賢王ソロモンの資格十分です。ハーマイオニーという音声もヘルメスと関係がありそうです。ですから、ハーマイオニーは浦島太郎だったのでしょうか？

でも、ハーマイオニーは女性です。

さらに彼女はロン（アドニヤ王子）とカップルになっていますし、ハリーとロンが一時仲違いしてその後よりを戻した時には、「2人とも本当に大馬鹿なんだから」などと大泣きしたりしています。

ダヴィデとアブサロムの没後、ソロモンはアドニヤと権力闘争して、遂に兄アドニヤをパージ（粛清）しています。だから、先のハーマイオニーはソロモンとは馴染みません。

問題は、ハーマイオニーの姓のグレンジャーです。これは音声的に、例えばゲルマン神話のグートルーネ（北欧のグズルーン）、シェイクスピアの『ハムレット』の母ガートルード、ドストエフスキーの『罪と罰』のカチェリーナ（キャサリン）、同じく『カラマーゾフの兄弟』のグルーシェンカです。

グートルーネとグルーシェンカなら、ダヴィデの最終美人妻アビシャグ（アフロディテ）、ガートルードとカチェリーナなら、ダヴィデの後妻バテ・シバ（アテナ）という微妙な違いがあります。

そこで色々考えたあげく、グレンジャーの正体を暫定的に、アビシャグということにしておきます。ロンと仲が良い点ではそうなるからです。

ハーマイオニー・グレンジャーはソロモンなのか、それともアビシャグなのか、その結論は残念ながら本書には入り切りません。それは別の機会ということにしましょう。

さて、ロンとハーマイオニーのカップルでよろしくやっている時に、他校のヴィクトール・クラムという危険な恋敵が現れて、ロンを焦らせます。彼は大きな鉤鼻に黒髪のやせた男で、やはり箒（ほうき）で飛び回ることが得意です。

容貌が一般に言われるユダヤ人的であることに加えて、飛行の名手であること、さらにクラムという音声がヘルメスを連想させることによって、彼の正体がソロモン王（ヘルメス）であると想像することはそれほどむずかしくありません。

だから、鉤鼻のヴィクトール・クラムは本質的には女性のハーマイオニー・グレンジャーともよく似ています。

ソロモンはアドニヤをパージします。すなわち、ヴィクトール・クラムはやがてを恋敵のロンを抹殺するという恐るべき後日談が、ここには隠されているのです。

**ハムレット（ソロモン、Ｈｅｒｍｅｓ、シェイクスピア、『ハムレット』、デンマークの王子）**

あまりにも名高いシェイクスピアの悲劇です。しかし、一般によく知られているかどうか定かではありませんが、この名作には見過ごせない奇妙な点があります。

それは、ハムレットの父王だけ名前が無いことです。

母ガートルード、叔父クローディアス、宰相ポローニアス、その息子レアティーズ、その妹オフィーリア、ハムレットの親友ホレイショー。

というわけで、主要な登場人物にはすべて名前があります。なのに、父王だけそうでない。作家が付け忘れたからでしょうか？

もともと無かったからでしょうか？　父王は死後亡霊として出てくるだけで、生きた姿では出て来ないからでしょうか？

是非忘れないでください。ここには見過ごせない深いわけがあることが後でわかります。

デンマーク王子ハムレットの父王が急死します。

ハムレットの母ガートルードは叔父クローディアスに寝取られます。王子はこの母に対しても不信感を募らせていきます。

そんな時、亡き父の亡霊が現れて、陰謀があったことを王子に知らせます。「わいは弟のクローディアスに毒殺されてまんねん」。

あまりワイルドでないデンマーク王子は死ぬほど悩み抜きます。

「これは生きるか死ぬかの瀬戸際でっせー」。

王子は自殺寸前まで追い込まれ、永遠の眠りである死の誘惑にあやうく負けそうになりますが、生き延びて復讐の道を選びます。

どうでもよいですが実はこの自分も悩み抜きました。これが神話かどうかということで。しかし、この話は北欧の伝説が下敷きになっているとされます。そこで、これは神話ではないかと考えたわけです。

そこでダヴィデ王朝の人々の登場です。

最後に叔父さんを殺害するハムレットの止体は、音声的にヘルメス（ソロモン王）だとすぐ見当がつきました。

しかし、ソロモン王がパージ（粛清）した相手は2人います。

父のダヴィデ王（ゼウス）と兄のアドニヤ王子（アレス）です。

もっとも、ダヴィデについては、ソロモンがやったとは旧約聖書には書かれておらず、他国の神話から補足したものですが。

叔父クローディアスの正体はどちらだったのでしょうか?

真相の鍵を握っていたのは、母ガートルードという名前でした。

この名前に自分は聞き覚えがあります。

この音声はカテリーナ（キャサリン）のことで、ドストエフスキーの『カラマーゾフの兄弟』では長男ドミートリイの許嫁カチェリーナ（カーチャ）として出てきます。

自分は彼女の正体をソロモンの母バテ・シバ（アテナ女神）に定めていました。

ここにおいて謎は解けました。母ガートルードの正体を妻バテ・シバに固定すれば、それ以外もすらすらと定まっていきます。

バテ・シバを妻とする前に、ダヴィデ王は、沐浴する彼女を見てむらむらしてしまいます。

しかし彼女は、ダヴィデの勇士の1人ウリヤの妻でした。ダヴィデは、邪魔な夫を最前線に追い払って死なせ、彼女を手に入れてしまういう大罪を犯すことになるのです。

だから、ハムレットの父王の正体は、この気の毒なウリヤだったと考えられます。名前が無かったのは、彼が神ではなかったからです。神とは原則的にダヴィデ王朝あるいはサウル王朝の王、王妃、王子、王女に限定されます。

だから、名無しの王様を殺した叔父クローディアスの正体はダヴィデです。

この物語のルーツが、旧約聖書のソロモン王と母バテ・シバのエピソードでなかったなら、父王の名を空白にするということもなかったのではないでしょうか。

ハムレットは認知症のふりをしてさらに真相を探ります。王子の動きを警戒する宰相ポローニアスは娘のオフィーリアで王子をハニー・トラップにかけようとしますが、王子は色恋沙汰どころではありません。

暗殺の証拠を摑（つか）んだハムレットは、母王妃と話している時、盗聴していたポローニアスを誤殺してしまいます。「ねずみだったのか」。悲しみのあまり娘オフィーリアは気が狂って溺死します。

宰相の息子レアティーズは、父と妹の仇としてハムレットに復讐しようとします。

しかし、最終的に、母ガートルードは毒で死に、ハムレットとレアティーズは相討ちで死にますが、叔父クローディアスも道連れにします。

残ったのは真相を語り伝えるように託されたハムレットの親友ホレイショーだけでした。

宰相ポローニアスは、ハムレット（ソロモン）に殺されているので、その正体は叔父クローディアス同様ダヴィデだったと考えられます。ポローニアスという音声はダヴィデの別名バアル（ベルゼバブ）と関係ありそうです。

悲劇のオフィーリアの正体は、ポローニアスすなわちダヴィデの娘なので、タマル姫（アルテミス）で決まりです。オフィーリアという音声は、トロイ戦争の絶世の美女ヘレネで、その正体はソロモンの異母姉ということになります。彼女がダヴィデにレイプされたという他国の神話があります。

ハムレットと闘ったレアティーズは、ポローニアスの子でオフィーリアとも異母兄弟です。ですからその正体は、ソロモンにパージされた残りの1人兄アドニヤ（戦闘神アレス）です。音声的にもレアティーズはアレスです。アドニヤはソロモンとは険悪な仲でした。

最後のホレイショーの正体は、音声的にエジプトのホルス神、すなわちソロモンの兄アブサロム（アポロン）です。アブサロムはソロモンとは仲が良かったのです。ただし、彼は父ダヴィデに反逆して先に憤死しています。

古代のギリシア悲劇以来の最高の悲劇として、世界が賞賛したシェイクスピアの戯曲＝ハムレット。しかしこれもまた、ギリシア悲劇と同じく神話だったようです。

## ハリー・ポッター(アブサロム、Apollo、J・K・ローリング『ハリー・ポッター』、魔法使いの少年)

著作と映画の両方がヒットしたハリー・ポッターです。

しかし、これが神話なのかどうか実は自分は長いこと決めあぐねていました。

魔法使いの血を引くハリーは、両親のジェイムズとリリーを、最強の闇の魔法使いヴォルデモートに殺害されるという悲しい過去がありました。

彼もまた攻撃されましたが、母のおかげで奇跡的に命拾いしたのです。

彼は、ダンブルドアが校長をしているホグワーツ魔法魔術学校で研鑽を積みます。

そして、そこで知り合ったロンとハーマイオニー（演じるのはエマ・ワトソン、女性）と共に、やがて避けられないヴォルデモートとの宿命の対決の日を迎えます。

さて、父の仇と死闘を繰り広げる息子の話、これに一番ぴったりな神話としては、エジプトのオシリス神話しかありません。

エジプト王オシリス（ジェイムズ・ポッター）が兄弟のセト（ヴォルデモート）に引き裂かれます。オシリスの子ホルス（ハリー・ポッター）がセトと闘います。

そのようなわけで、ハリーという名ですぐ思い浮かぶのは、エジプトのホルス神です。

そしてこのホルスは、旧約聖書のダヴィデ王朝のアブサロム王子（アポロン）に該当しています。すなわち、ハリーの正体はこのアブサロム王子だったと仮定できます。

ただし、直感的にはそうなるのですが、彼の親友のロン・ウィーズリーとハーマイオニー・

グレンジャーのうち特に後者の正体がなかなかぴたりと決まりませんでした。もとより、神話っぽい話が、すべて神話だと認定されるわけではありません。

本書においては、対象となる話がサウル王朝かダヴィデ王朝のどこかに当てはまらなければ神話とは呼べないのです。

しかしその後、ハーマイオニー・グレンジャーの正体がどうにか特定されたので、この話が神話だと確信できるようになりました。

さて、ハリーをアブサロム王子だったとすれば、彼と死闘を繰り広げたのは父のダヴィデ王しかいません。これがヴォルデモートの正体です。

最強のヴォルデモートもホグワーツの卒業生ですが、校長ダンブルドアと敵対しているところが肝心です。ダンブルドアの正体は別の機会に明かしますが、この点でも、ハリーのこの最強の敵の正体はダヴィデ王以外考えられません。

ヴォルデモートは、北欧ではヴェルズング（狼）、ドイツではヴェルゼ（同）と呼ばれました。彼の正体は中東の邪神バアル（ベルゼバブ）ですが、それが巡り巡って日本の奈良の大仏＝毘盧舎那（びるしゃな）仏になったと考えられます。

ハリーの父ジェイムスの正体は、既に述べましたエジプトのオシリス、すなわちダヴィデのライヴァル＝イシュ・ボシェト（ポセイドン）だと考えられます。

サッカーのコロンビア代表で、ハメス・ロドリゲスというイケメンの選手が、スペインの名門クラブ＝レアル・マドリードに移籍しました（２０１４年）。しかし、このハメスのスペルがＪＡＭＥＳだと知って、あれまーと思った人がいると思います。

そうなのです。ハリーの父ジェイムスは、もとはハメスだったのです。

すなわち、エジプトでアハメスと呼ばれたファラオが、このジェイムスのルーツだったと考えられるのです。アハメスというのは、エジプト新王国第18王朝初代のファラオです（通説ＢＣ１５５０年頃、実際はＢＣ９００年代）。

先のイシュ・ボシェト（ポセイドン）の正体が、このアハメスです。

しかし、ジェイムズと音声的によく合うのは、北欧のミトガルドの蛇ことヨルムンガンドではないでしょうか。

この大蛇ヨルムンガンドの正体もまたイシュ・ボシェトです。

そのヨルムンガンドは、知られていませんが巡り巡って日本の皇祖神＝天照大神になりました。そして謎だったヤマトという語のルーツは、このヨルムンガンドだった、と自分は考えています（「大和」の項参照）。

自分は、結構この考え方が気に入っていて、日本の文化のルーツをユダヤに想定する日ユ同祖論以上に、うまく説明できると見ています。

そして、このハリー・ポッター（ホルス）の実体を、既に本書は突き止めています。

それは、エジプト新王国第18王朝のアメンホテプ1世（通説ＢＣ16世紀、実際はＢＣ10世紀）です。そして、その即位名＝デジェセルカラーを英語圏ではゾロアスターと呼び、ドイツ語圏ではツァラトゥストラと呼びました。

ハリー・ポッターはドイツのツァラトゥストラだったのです。

さらに、このゾロアスター（ザラシュトロ）に中国人は三蔵法師（サンザンファス）と当て字しました。

あまり知られていませんが、日本ではオオナムヂノカミ（大穴牟遅神）というのが該当しています。因幡の白うさぎに優しくアドヴァイスした神です。

ハリー・ポッターすなわちアメンホテプ1世のミイラは今でもエジプトのカイロ博物館に安置されています。ではなぜ、その歴史的価値がわからなくなったのでしょうか？

ホルスはギリシアでは、アポロンと呼ばれましたが、先ほどのデジェセルカラーは同じくデウカリオンと呼ばれたのです。

デウカリオンは盗火神プロメテウスの子孫で、大洪水を生き延びたと言われる伝説の人物です。

しかし、この洪水は本当にあったのでしょうか？

ギリシア神話では、クレタの工匠ダイダロスの息子イカロス（アブサロム、アポロン）が飛んで逃げる際に太陽に近づきすぎたために、墜落したという神話があります。

これを、巨大な彗星の墜落のことだったとする考えかたがあります。これが大洪水の原因になったのではないかというわけです。

他に、太陽神ヘリオスの息子パエトンが墜落した、というのや、ポセイドンがアッティカ（アテナイなどがある地域）を水浸しにした、という伝承もあります。

しかし、彼らの正体はいずれもイシュ・ボシェトで、彼はアブサロムの前王です。

さらに、北欧＝ゲルマン神話を原本としたワーグナーの楽劇《ニーベルングの指環》でも、英雄ジークムント（アブサロム）の後継者英雄ジークフリート（アドニヤ王子、アレス）の死と共に大火災と大洪水が発生しています（神々のたそがれ、北欧のラグナロク）。

同様にモーツァルトのオペラ《魔笛》では、高僧ザラストロ（アブサロム）の英知の神殿で、タミーノ王子（ソロモン、ヘルメス）とパミーナ姫（タマル姫、アルテミス）が火と水の試練の儀式に立ち会っています。

同様に、『ハリー・ポッター』でも、シリーズ中の「炎のゴブレット」では、3大魔術学校対抗のコンテストの場面で、飛行シーンと共に巨大な迷路を突破する水中シーンがありますが、ここには、大洪水を偲ばせるものがあります。

だから、大洪水が本当だったとすれば、彼の記録は、この時の地球規模の混乱によって失われたのではないかと考えられます。

しかし、先のデジェセルカラーという音声からはとてつもないスーパースターの名前が出現したのです。その心は？

ジーザズ・クライスト！　すなわち救世主です。キリスト教は、アブサロム兄さんをモデルとして捏造（ねつぞう）された公算が大きいと考えます。

キリスト教の洗礼は水（聖水）と切り離せません。これは先ほどの大洪水と関係があるように思われます。

映画のハリー・ポッターは、若いのに大いなる苦悩を背負った印象があり、あまりワイルドではなく、何かしら禁欲的とも言うべき精神の人物のように映ります。

「この青年どこかで見たことありまっせー」。

これは、我々のイメージする救世主像から外れていないように思われます。

それが大ヒットの潜在的な一因となったのではないでしょうか。

だから、『ハリー・ポッター』と向き合った世界中の人々は、イエスの別の側面を、知らず知らずのうちに観察していたということになるようです。

福音書（新約聖書）などによればイエスは、天の父から人の子として地上に遣わされ、不遜なローマの占領軍や話のわからないユダヤの民衆に対して虚しく孤軍奮闘を続けたあげく、少数派の弟子にも見放され、ニセ預言者として十字架にかけられ、人々の罪（原罪）を一身に引き受けつつ天に召された、と伝えられます。

しかしながら、これらの伝聞を伝えるのはほとんど福音書だけで、問題の紀元前後のパレスチナに、イエスという人物が実在したかどうか、他の文献や考古学で普遍的に（誰でもわかるように）裏付けられているわけではありません。

では、その福音書は何のために出現してきたのでしょうか？

福音書によれば、イエスを処刑したのは、占領側のローマの総督ピラトです。

しかし、イエスを神仏冒瀆（ぼうとく）のカドで拘束したのはそのピラトでなく、ユダヤの大祭司や長老や学者たちだった、となっていることを見逃してはいけません。

彼らは一応ユダヤの律法によってイエスに死刑を宣告しましたが、占領下で刑の執行権がなかったので、身柄をローマ側に引き渡した、とあります。

困ったのはピラトです。彼らにはイエスを罰する口実がありませんでした。「死刑にしろ」と叫ぶユダヤの民衆に対して、ピラトは渋々処刑を認め、「この責任は自分には一切無い」と言い放ちます。

それに対し暴動寸前だったユダヤの群衆が叫びます。

「自分たちの子孫にその血がふりかかってもかまわない」。

イエスを処刑した罪で福音書が断罪しようとしたのは、民族の敵ローマ人ではなく、名も無きユダヤの民衆です。

その前に、これとは別に、ユダヤ人の経典＝旧約聖書が断罪したのは、他でもない邪神バアル〈ダヴィデ王〉でした。

だから、それに対しダヴィデの崇拝者たちが、キリスト教を起こし、福音書によってユダヤ人を糾弾したと考えられます。

後にキリスト教はローマに受け入れられ、引き続きユダヤ人を迫害していきます。

キリスト教徒（ダヴィデ崇拝）対ユダヤ教徒（サウル崇拝）の対立はローマでも避けられなくなります。

福音書は、敵対するユダヤ人をば、キリスト教徒との来るべき未来の対立から逃れられないようにしたのです。

それが頂点に達したのが20世紀でした。ヨーロッパにおいて、ヒトラーとナチス・ドイツがユダヤ・ホロコーストを引き起こしたのです。数百万人のユダヤ人が惨殺されたとされます。ユダヤ人がイエスを死刑に追い込んだどころか、イエスが実在したかどうかすらはっきりしないのに、「ユダヤ人の子孫に血が降りかかった」のです。

福音書の予言は成就したことになります。

しかし前述のごとく、イエスにはエジプトのホルスというモデルがありました。

そして、この話の原神話では、ハリーの本当の父親は、原作にあるジェイムズでなく、ヴォルデモートすなわちダヴィデで、ハリーとヴォルデモートとの間の因縁浅からぬエピソードはそのことを示しているように思えます。

そして、原神話では、息子のアブサロム（ハリー）は父ダヴィテ（ヴォルデモート）に惨殺されるのです。

先ほどの「炎のゴブレット」の水中の迷路のシーンでは、そこからハリーらは墓場に飛ばされ、そこに出現したヴォルデモートによって、僚友のセドリック・ディゴリーが殺害されます。

このセドリック・ディゴリーは、ハリー・ポッターのダミー（身代わり）で、音声的にデジェセルカラー（アメンホテプ1世、アブサロム）の別名だと考えられます。

ですから、先ほど述べたように、この時本当は、ハリー・ポッターはヴォルデモートに抹殺されたと推定されます。

そのようなわけで、本来は極めて悲劇的な宿命を背負ったハリーは、太古エジプトのオシリス神話のホルスですが、北欧ではフレイ、ドイツではフロー、インドではクリュシュナと呼ばれました。

ちなみにフライデイ（金曜日、Ｆｒｉｄａｙ）の語源は、このフレイのように見えますが、北欧神話のフリッグ（オーディンの妻、ゲルマンのフリッカ）だそうです。

ハリー・ポッターという音声によく似ている例としては、ギリシアのアポロン・ポイボス（ポイボス・アポロン）、インドのカールティケーヤ（スカンダ、韋駄天）、映画『ロード・オブ・ザ・リング』のヒーロー＝フロド・バギンズなどがあります。

いずれも、ハリー・ポッターと同一神です。

ハリーには、それ以外にも様々な英雄のモデルがいました。トロイ戦争最強最速の英雄アキレウス、悲しみのオルフェウス、ワーグナーのオペラのヒーロー、ローエングリン、パルジファル、ジークムント、トリスタン、ドストエフスキーの『罪と罰』のラスコーリニコフなどなど。

これらの多彩な英雄たちの特徴は、すべからく救世主イエスに似ているように思われます。

だから少なくとも確かなのは、イエス（ハリー）が明日なき戦いを繰り広げた当の相手はローマ人でもユダヤ人でもない実の父（ヴォルデモート）で、そこには絶望のさなか青春を消耗し尽くして夭折していった1人の悲劇の王子がいたということだったようです。

その時期は紀元1世紀でなくBC10世紀のことでした。

しかし、欧米では、このように盛り上がったアブサロム王子ですが、日本ではそうではありませんでした。

アブサロムは、中国の『西遊記』でも、三蔵法師として大活躍したのに、日本ではと言えば、めぼしいものでは、わずかに文殊菩薩、大穴牟遅神ぐらいしか見当たりません。

弟のソロモンは大国主命や浦島太郎として有名なのに、文殊菩薩には、さほど華々しい印象はありません。

まして、大穴牟遅神は、大国主の若い頃の別名として誤認される程度で（それすらほとんど未知？）、大穴牟遅という名前自体もほとんど知られてないのではないでしょうか。

アブサロムの業績を考えれば、当然と言えば当然ですが、もう一人のあまりぱっとしない弟アドニヤでさえ、葦原醜男という名で知られていることを考えれば、あんまりではないですか。

アブサロムに対する日本人の対処のしかたは、欧米人とは正反対です。

キリスト教の原型はダヴィデ（ヴォルデモート）崇拝でした。

しかし、ダヴィデには最強なのは良いとしても、殺人とか近親相姦といった、いかにも人聞きの良くない側面が付きまとっていました。

そこで、これをローマで国教化するに当たっては、アブサロム（ハリー・ポッター）をモデルとした救世主像で表面を飾ったと考えられます。それが、今日まで続いています。

つまり、ダヴィデ漬けのキリスト教徒にとっては、アブサロム王子は、夭折した清廉潔白な王子として憧れの存在に見えたということでしょうか。

それに対して、大和民族はエジプトの死に神（オシリス）を皇祖神としています。このように極めてシリアス（この言葉のルーツもオシリス？）な性格の民族にとっては、アブサロムみたいに中途半端に潔白で不幸なのは、あまり新味がなかったのかもしれません。

さて、キリスト教が席捲する前のヨーロッパには、様々な神々が跳梁跋扈しており、それらのうち表沙汰にできないものは秘教の形をとっていました。

ローマ帝国は多神教で、表看板の主神はゼウス（ジュピター）で、秘教としては、ディオニュソス教とか、オルフェウス教とか、エレウシス教とか、ミトラス教その他がありました。このうちミトラス教などは各地に神殿を建てましたが、後のキリスト教徒によって破壊されました。

キリスト教は紀元1世紀の誕生後、様々な迫害に遭いましたが、313年に公認され（禁止を解かれ）、392年についにローマの国教になりました。

秘教の神々の正体がわからないのはある程度しかたないことです（本書ならわかりますが）。しかし現実は、公共の宗教であるキリスト教の本尊とそれ以前の最高神ゼウスの正体すら最早わからなくなっていたのです。

その原因としては例えば、先ほどのBC10世紀のデウカリオン（ハリー・ポッター）の洪水が考えられます。

地球的大混乱の結果、ゼウス（ヴォルデモート）もポセイドン（ジェイムズ・ポッター）もアポロン（ハリー・ポッター）もヘルメス（ヴィクトール・クラム）らの正体も何が何だかさっぱりわからなくなってしまったのです。

ギリシアの神々と旧約聖書の王たちと古代エジプトのファラオたちの繋がりはずたずたに切り裂かれてしまいました。

キリスト教徒はユダヤ教徒を迫害しましたが、迫害する方もされるほうも、お互い何を拝んでいるのか既にわからなかったのです。

そして、お互いの誤解が誤解をさらに増幅させるという悪循環に陥っていきました。

このような状態は千数百年続いてきました。

くすぶり続けてたまりにたまったエネルギーがついに爆発して、先の20世紀のユダヤ・ホロコーストのような悲劇が引き起こされたと考えられます。

そして、以上の謎に答えることができるのは本書だけなのです。

## ハン・ソロ（ソロモン、Hermes、映画『スター・ウォーズ』、密輸業者）

映画『スター・ウォーズ』の大詰めエピソード6で、ハリソン・フォード演じるハン・ソロは、ルーク・スカイウォーカーと協力しつつ、レイア姫を救い出します。

このハン・ソロにはいかがわしいところがあって、その生業は密輸業者だそうですが、これは嘘つきと盗人の神と言われたヘルメス（ソロモン王）に相通じるところがあります。

彼は炭素冷凍された後救出されて活躍しますが、これは五行山に閉じ込められた後大暴れする孫悟空と同じです。

その彼が宇宙一速いミレニアム・ファルコン号という貨物宇宙船をギャンブルで手に入れています。

ギャンブルと言えば、インドの叙事詩『マハーバーラタ』のユディシュトラという王子も賭博好きが災いして、土地や財産を失って、兄弟たちが追放される原因をつくっています。このユディシュトラの正体もソロモンです。

そして、ミレニアム・ファルコンは、孫悟空の觔斗雲（きんとうん）を思わせます。孫悟空の正体もソロモンでした。

ソロモン王にも空飛ぶ絨毯に乗ったという伝説があり、ギリシア神話の空飛ぶペルセウスの正体もソロモン王です。

すなわち、ハン・ソロの正体は、ヘルメス神であり、旧約聖書のソロモン王だったのです。

これは、トロイ戦争で智将オデュッセウスが最強のアキレウスと共に、ヘレネを救出する話や、モーツァルトのオペラ《魔笛》で、タミーノ王子が叡智の神殿の高僧ザラストロと共にパミーナ姫を救い出す話と同じ起源を有しています。

## パンドラ（ダヴィデ、Ｚｅｕｓ、ギリシア神話、禁断の箱を開けた原初の女）

よく「パンドラの箱を開ける」などと言います。タブーだったことが遂に破られることを意味していますが、パンドラはプロメテウス神話に原初の女として出てきます。

原初の神プロメテウスは人類に神々の火を与えたため、怒ったゼウスによって、カウカソス（コーカサス）山に鎖で繋がれ、大鷲に肝臓を食われるという体罰を受けます。しばらくすると体は回復するのですが、大鷲がまたやって来て同じところを食らうのです。

その後、プロメテウスはゼウスによって解放されたと言われます。

でも、これを真に受けてはいけません。女好きで人殺しのゼウスがそんなに親切なはずがあったでしょうか。

解放とは永眠のことだったのです。プロメテウスはお陀仏にされたのです。

問題のパンドラは、プロメテウスの弟エピメテウスに嫁ぎました。

ゼウスは彼女に変な箱を与えました。ゼウスの贈り物は受け付けるな、とプロメテウスが警告していたにもかかわらず、彼女は箱を開けてしまいます。

ありとあらゆる悪が世界中に飛び出し、箱に残ったのは希望だけでした。

ゼウスが実名で出ているので、この話はわかりやすいほうです。

ここで旧約聖書の出番です。ゼウスはもちろんダヴィデです。

大鷲もダヴィデのダミー（身代わり）です。ダミーを使ったのは、プロメテウスがゼウスに惨殺されたことを、あからさまにしたくなかったからでしょう。

なぜなら、プロメテウスの正体はサウル（クロノス）だからです。

エピメテウスはその弟となっていますが、状況的に、実際は息子の後継者イシュ・ボシェト（ポセイドン）だったと考えられます。

そして、問題のパンドラの正体は、女のゼウスだと考えられます。

なぜならポセイドンと一緒になっているからです。

ポセイドンと女ゼウスのペアはギリシア神話では珍しくなくて、ポセイドンと蛇髪の女怪メドゥーサから天馬ペガソスが生じています。

プロメテウスにはデウカリオンという息子がいて、大洪水を生き延びた人物として知られています。彼が、後にドイツで、ツァラトゥストラと呼ばれたことは知られていません（「デウカリオン」の項参照）。

しかし、デウカリオンは、プロメテウスの子ではなく、天馬ペガソスと同様に、ポセイドンすなわちエピメテウスと女ゼウスの息子だったと考えられます。

ここには、大洪水の後遺症だと思われる混乱が何カ所かに見受けられます。ですから、この神話は大洪水後に失われた記憶を再編成したものではないかと考えられます。

では、箱を開けたというのは何のことだったのでしょうか？

ここには、人類史上最大のタブーが秘められていると考えられます。それを女ゼウスのパンドラが破ったのです。

この話とよく似た話が日本昔話にもありませんか？　同じく禁断の箱を開けてしまう話です。ひょっとすると日本の話はパンドラがルーツかもしれません。

そうです。浦島太郎の話です。ここでは、玉手箱から出て来た白煙によって急に老け込んでしまう太郎の正体はソロモンという違いがありますが。

彼らは罰せられたのです。

ゼウスは何をしでかしたのでしょうか？　皆殺しの神ゼウスすなわちダヴィデ王はたくさんの人を殺したと思われます。

それらのうち、殺した相手が親・兄弟・息子の場合は特に罪が重いと思われますが、この件については、他の人でも多少なりとも犯している場合があったのではないでしょうか。

では何が最大の罪だったのでしょうか？　それは近親相姦しかないと思われます。

特にダヴィデ王朝をめちゃくちゃにしてしまう原因となった娘タマル姫（アルテミス）をレイプしたことです。

玉手箱の正体は音声的にもタマル姫だと思われ、この場合の「パンドラの箱」も同じタマルだったのではないかということです。

だから、パンドラのダヴィデは、実の娘のタマル姫を開けたのです。

パンドラという音声ですが、ダヴィデの実名の1つだと考えられるエジプト初期王朝期第2王朝のペルイブセン王が起源ではないでしょうか？

ゼウスは両性具有で、男女のゼウスが出ている例としては他に、インドの叙事詩『ラーマーヤナ』の羅刹ラーヴァナと魔女シュールパナカー、ワーグナーのオペラ《ローエングリン》の貴族テルラムントと魔女オルトルートの男女魔法使いペアなどがあげられます。

## 白蓮（タマル、Artemis、ビャクレン）

白蓮とは何だったのでしょうか？

一般的には、女性のアイドルとして劇画のヒロインになっているようですが、はっきりしたことはわかりません。

中国には白蓮教というのがありました。仏教の浄土教系の民間結社ですが、南宋の代の12世紀に誕生したようです。しかし白蓮という語はもっと古く、東晋の代402年にできたやはり浄土系の結社で白蓮社というのがありました。

歴史的には白蓮教は、しばしば民衆の反乱のよりどころとなり、権力者側から抑圧や禁止された経緯があります。

わずかなヒントとして、二十一世紀歌舞伎組の『西遊記』のパンフレット（2002年）には、白蓮は三蔵の妹とあります。

三蔵の正体は、旧約聖書のダヴィデ王朝のアブサロム王子（アポロン）です。そして、アブサロムの同腹の妹はタマル姫（アルテミス）です。

だから、謎の白蓮の正体はこのタマル姫だったと言えそうです。

しかし、ビャクレンという音声は、タマルともギリシアのアルテミスとも馴染まないようです。

しかし、タマル姫は伝説のトロイ戦争では、スパルタの王妃へレネとなりました。そこで、ビャクレンはこのへレネに対する当て字だったとは考えられないでしょうか？


**毘盧舎那（ダヴィデ、Zeus、びるしゃな、日本、奈良の大仏）**

奈良の大仏としてあまりにも有名ですが、正しくは毘盧舎那如来というそうです。他に、盧舎那仏とか舎那ともいうようです。

元の古代サンスクリット語（梵語）でもヴィルシャナといい、毘盧舎那と音写されたわけですが、光明照などと訳されています。

毘盧舎那というのは、太陽の別名だということですが、この仏については有名な阿弥陀如来ほどは情報がありません。

ヴィルシャナの別名は密教の大日如来で、この本尊は曼荼羅（マンダラ）のトップです。曼荼羅はギリシアのパンテオン（万神殿）のことで、その最高神はゼウスでした。

だから問題の毘盧舎那の正体として、自分はゼウス（ダヴィデ）を予想していました。

しかし、実のところ、自分はこの本尊の止体について長いこと結論が出ませんでした。見当としては、サウル（クロノス）あるいはソロモン（ヘルメス）などといったユダヤ教系の本尊も考えていました。

でも、ヴィルシャナという音声はどうあがいても彼らとは馴染みません。

しかし、エジプト初期王朝時代・第２王朝のペルイブセンというファラオに注目するようになってから、ようやく解答らしきものが見つかったのです。

謎だったヴィルシャナの音源はペルイブセンではなかったでしょうか？　なぜなら、このペルイブセンの正体はダヴィデ王（ゼウス）だったと考えられるからです。

ドイツ連邦の一つプロイセンの語源は、このペルイブセン王が有力だと、自分は考えています。なぜなら、ドイツはゼウスだらけの国だからです。他に、ドイツランド（ゼウスの国）、ベルリン（バアル）、バイエルン（バアル）、ミュンヘンとマンハイム（アメネムハト）、ザクセン（セト）、等々……。

ヴィルシャナとよく似た音声の言葉がいくつかあります。ブルゾン（ｂｌｏｕｓｏｎ、フランス語、ジャンパーのこと）とか、ブルーネット（ｂｒｕｎｅｔ、女性形はｂｒｕｎｅｔｔｅ、肌が浅黒い、髪が黒い）などです。いずれも、語源としてこのペルイブセンを考えてみる可能性が生じます。

パンチパーマの毘盧舎那、すなわちダヴィデ王の正体は、アフリカ出身のファラオです。だから、肌と髪が黒くても、何ら違和感がありません。さらに、ファラオはジャンパーのような上着を着ていたということでしょうか。

しかし、ヴィルシャナという音声がらみでは、次の例が決定的ではないでしょうか。

それは、プルート（Ｐｌｕｔｏ）です。これは、第９番惑星だった冥王星とか、核燃料のプルトニウム２３９の語源となりました。

プルートは、ギリシアではハデスと呼ばれた冥界の神で、日本では月読命に当たります。このプルートから派生したと考えられるのが、横笛のフルート（ｆｌｕｔｅ）です。ダヴィデは音楽が得意でした。

プルートは、ゼウスとポセイドンの兄弟ですが、その正体はゼウスの別名であることは知られていません。この点からも、毘盧舎那はゼウスです。

奈良の大仏は、ゼウスはゼウスでも冥界のゼウスだったようです。

他方、鎌倉の大仏は阿弥陀如来ですから、その正体はやはりゼウスです。

ですから、奈良の大仏は鎌倉の大仏と同じ本尊だったのです。

## プシュケ（ダヴィデ、Zeus、ローマ神話、エロスの妻）

人間の女プシュケは3人姉妹の末娘で、その中でもとりわけ美しかったといいます。

愛の神エロスを愛したプシュケは、官能の女神アフロディテ（ヴィーナス）の執拗ないじめに遭います。

この話は、ワーグナーのオペラ《タンホイザー》とよく似ています。ドイツ・チューリンゲンの伝説のエロ騎士＝タンホイザー（エロス）を救済するため殉死することになる淑女エリーザベト（プシュケ）の話がそれです。タンホイザーは愛欲の女神ヴェーヌス（アフロディテ）との愛欲三昧で、ふぬけになっていました。

因みに、タンホイザーは、中国の『西遊記』の大食らいの猟色漢＝猪八戒（ツーパーチェ）です。ツーパーチェとタンホイザー、音声が似ていませんか？

この神話にダヴィデ王朝の人物を当てはめてみましょう。

ダヴィデ王没後、ダヴィデの最後の美人妻アビシャグに執着したアドニヤ王子は、弟のソロモンに粛清されます。

エロスの正体は、アドニヤ（アレス）で、アフロディテは自動的にアビシャグです。

エロスを愛した問題のプシュケの正体は、状況的に、アドニヤの異母姉タマル姫（アルテミス）だと一応考えられます。

タマルはアブサロム王子（アドニヤの兄、アポロン）の同腹の妹です。ローマ神話で、プシュケに神託を下すのはアポロン神ですが、この神の正体がアブサロム王子です。

エロスはプシュケに、自分の正体を知ろうとしたり、姿を見ようとしたりしないように、釘を刺しています。

これは、両者間の近親相姦的タブーを暗示したものだったのではなかったでしょうか。

そのような話は他に、オルフェウスとエウリュディケ、ローエングリンとエルザ姫などの神話にも見られます。

タマル王女を、ダヴィデの最終妻アビシャグが迫害する話は旧約聖書にはありませんが、トロイ戦争にはそれらしき話を見出すことができます。

と、一応結論付けましたが、何かすっきりしません。拭い去りがたいモヤモヤのようなのが残っているかのようです。

プシュケは、心理学的に重要な人物で、サイク（ｐｓｙｃｈ、精神分析）とか、プッシー（ｐｕｓｓｙ、女陰）といった意味深な用語のルーツだったと考えられます。

しかし、このような大仕事はアルテミス女神（タマル姫）には荷が重すぎるのではないか、第一彼女は処女神です。

プシュケが人間の女性であるという前提は、彼女が文句なしの神としてはふさわしくない、という意味のよう思われます。

そこでもう一人候補がいたことがわかります。

ゼウスには、ヘラクレスとディオニュソスという、文句なしの神として認定されるにはやや難色のあるダミー（分身）がいました。

そこで、ここでは、女のゼウス（ダヴィデ）です。ゼウスは両性具有で、この場合、息子のアドニヤ王子を誘惑したことが想定されます。

ということは、先のエリーザベトも女ゼウスだったということになります。

プシュケに対するアフロディテの憎悪はすさまじく、いくつかの難題を押しつけてプシュケを苦しめます。ダヴィデ王が最終妻アビシャグに疎外されたという話も、旧約聖書にはありません。実は、ここには、さらに重大な理由があったのですが、本書では説明する余白がありません。

しかし、人間の女だったプシュケは最後には、永遠の女神となるのです。

アドニヤ王子（エロス）とアビシャグ元美人妻（アフロディテ）が一時の逢瀬を重ねている時、ダヴィデ王（プシュケ）は天に召された、ということだったようです。

## ヘカトンケイル（サウル、Ｃｒｏｎｏｓ、ギリシア神話１００手50頭の巨人、技術集団の民族名ですが元は人名）

ギリシア神話にはティタンノマキア（タイタン戦争）というのがあります。巨神族（タイタン）の大王クロノス（サウル）対息子のゼウス（ダヴィデ）兄弟の戦いのことです。

その時、破れたクロノスがタルタロスという暗所に閉じ込められた際に、牢番になったのがこのヘカトンケイルという集団です。

神話のルーツはエジプトです。だから、問題のタルタロスとは、大スフィンクスや大ピラミッドのあるエジプト＝ギザ（古代のロセタウ）のことだったと考えられます。なぜなら、大スフィンクスはサウル（クロノス）のシンボルだったからです。

したがって、これらの世界遺産を建設したのは、「タルタロスの牢番」すなわちヘカトンケイルだったという予想がつきます。

ではヘカトンケイルとは何者だったのでしょうか？

ヘカトンケイルとは、１００手と50頭の巨人だとされます。

旧約聖書によれば、武器製造のペリシテ人に対し、石造建築や航海術ではフェニキア人が突出していたということです。

フェニキア人（パレスチナ北部の地中海沿岸部の民族）であるツロの王＝ヒラムは、ダヴィデのために王宮を建て、次のソロモン（ヘルメス）にも、いろいろ用立てています。

結論として、ヘカトンケイルに当てはまる語としては、旧約聖書ではフェニキア人以外見あたりません。すなわち、１００手50頭とはハイテクや博識という意味ではなかったでしょうか。

さらに、フェニキアという語は元来は、言われているような民族名というよりは、クロノスすなわちサウル個人を意味していたと考えられるのです。例えば、フェニックス（不死鳥）のルーツはサウルです。

ヘカトンケイルはクロノス同様ウーラノスの子でした。因みに、このウーラノスの意味は、サウルの師で預言者のサムエルだったと考えられます。

## ヘブライ（ダヴィデ、Ｚｅｕｓ、旧約聖書、部族名とされますが元は人名）

ヘブライ人とは、通常イスラエル人の別称とされます。ヘブライ語は、現在のイスラエルの公用語ですが、古くは旧約聖書の言語でもありました。

ヘブライ人については次のような意見があります。

「ＢＣ９００年代のダヴィデ、ソロモンといったヘブライ人の王たちの痕跡はまるで見当たらない。彼らの記録は聖書以外にほとんど無く、歴史の盲点の中にいた。つまり一般的には知られていなかったか、無視されたのだ」。

ヘブライ語がいったん死語となったように、ヘブライ人の意味も忘れ去られてしまったようです。

では、ヘブライとは何だったのでしょうか？　イスラエル人とどう違うのでしょうか？

旧約聖書には次のような記事があります。

サウル（クロノス）に殺されそうになって絶体絶命になったダヴィデ（ゼウス）たちは、敵方のペリシテ人の王＝アキシュのところに投降します。

これが、結果論的に１つのいわゆる起死回生のチョイスになります。ダヴィデがアキシュに加勢したとは旧約聖書は言っていませんが、アキシュはサウルを自刃に追い込みます。

そして、状況的にこのアキシュの正体は、サウルの後継者＝イシュ・ボシェト（ポセイドン）で、ダヴィデは彼のおそらく奴隷だった、と考えられるのです。なぜならば、ギリシア神話にはそのようなエピソードがあるからです。

そしてその後、ダヴィデはこのイシュ・ボシェトも八つ裂きにしてしまうのです。

さて、ダヴィデがペリシテ人のもとに逃げ込んだ時、トラブルが発生します。すべてのペリシテ人が彼を受け入れたわけではなかったからです。ペリシテがサウルを敗北させる前の殺気だった状況で、彼らはダヴィデをスパイではないかと疑ったのです。

「このヘブライ人たちは何なんだ？」

ここに謎を解く鍵があります。

なぜ、ペリシテ人たちは、ダヴィデらを一般的なイスラエル人で呼ばずに、ヘブライ人という限定的な語を使ったのでしょうか？

考えられるチョイスの余地は他にありません。

ダヴィデたちがヘブライ人だったからではないでしょうか。

ヘブライ人とはダヴィデの一味あるいは一族郎党のことではなかったでしょうか。

ことの真相は、旧約聖書のダヴィデ、ソロモンという名はフェイク（勝手な呼び名）で、彼らの正体はエジプトのファラオでした。

旧約聖書は主にエジプト宮廷内の事件を記録しましたが、肝心のエジプトが大嫌いだったので、その痕跡を一掃したのです。

エジプト初期王朝時代、第2王朝の末期にペルイブセン、カセケム、カセケムイという3人のファラオがいますが、実は、これらはすべてダヴィデの別名だったと考えられるのです。そしてそのうちのペルイブセンがヘブライという語のルーツになったようです。

ペルイブセン↓（並べ替え）↓ペブルイセン↓ヘブライ（セン）。

こんなのをアナグラム（字謎）といいますが、実際にそのような現象が起きていたかどうか信じるか信じないかは、あなた次第です。

しかし、そう考えれば、すべてがすっきりします。それを知っていたギリシア人は、ヘブライ人をディオスクロイ（ゼウスの子孫、一族）と訳したと考えられます。

因みにペリシテ人という語も元来はポセイドンの民という意味で、ギリシア語ではキュクロプス（一つ目巨人）と言いました。

そして、フェニキア人はクロノスの民で、ギリシア語ではヘカトンケイル（100手50頭の巨人）です。

さて、日本の民話というよりは神話の猿蟹合戦は、悪役の猿を、蟹と牛糞と蜂・臼・栗が攻撃する話です。

そして、これらの登場人物（動物など）はすべて、旧約聖書のサウル王朝やダヴィデ王朝の人物で当てはめることが可能です。

まず、猿は音声的にもサウル（クロノス）です。

蟹は、ギリシア語ではカルキノスといいますが、この音声はペリシテという語とよく合います。だからその正体はポセイドンすなわちイシュ・ボシェトです。

牛糞は、音声的にイシュ・ボシェトだと思われます。

最後の蜂・臼・栗は難関です。ハチウスクリとは何のことでしょうか？　その答えはつい最近まで思いつきませんでした。

その答えとは、先のディオスクロイです。

ハチウスクリに一番近い音声は、今のところこのディオスクロイしかないと思われます。旧約聖書ははっきり記録しませんでしたが、ダヴィデがイシュ・ボシェトに加勢したことを、ギリシア神話は知っていたことになります。

## ポセイドン（イシュ・ボシェト、Poseidon、ギリシアNO・2の海神）

かつて、『ポセイドン・アドベンチャー』（1972年）という映画が大ヒットしました。大晦日の夜、ポセイドンという豪華客船が大津波で転覆して浸水し多数の犠牲者が発生します。そんな大パニックの中、数人の乗客が1人の牧師に命を託します。過酷なサヴァイヴァルで何人かの命が失われてしまった後、最終段階で熱湯の蒸気の噴き出しが彼らの行く手を阻みます。

フランク・スコット牧師（ジーン・ハックマン）は、噴き出しのコックを締めて乗客たちを救出しますが、自らの命は犠牲になってしまいます。

死ぬ直前、牧師は神に呪いの言葉を吐きます。「何人、人を殺したら気が済むんだ？」

自分は今でもこの言葉が忘れられません。

牧師はしもべ（僕）です。僕のあるじ（主）は神です。たとえ主がどれほど僕を虐げたとしても関係は変わらないはずです。そんな僕が主に食ってかかる。一体全体これはどういうことだったのか？　普通ならありえへんシーンです。

キリスト教の神とはデウスです。デウスの正体はゼウス（ダヴィデ）です。だから、牧師が噛みついた相手は天のゼウスだったのでしょうか？

それがどうも違っていたようなのです。ならば何に向かって彼は叫んでいたのでしょうか？

当時はそのからくりがわかりませんでした。しかし、今なら以前よりはわかります。答はこの項の最後で明かします。

ところで、ギリシア神話には、ポセイドンという神がいます。

ポセイドンはギリシアでは雷神ゼウスに次ぐナンバー2で、名前がそこそこ有名なわりには、その正体は今でも謎に包まれています。

BC5世紀の史家ヘロドトスは、ギリシアの神々のルーツはエジプトの神々だったと言っています。しかし、彼の時代には比較神話は混乱状態で、例えばギリシアの神ポセイドンのことをエジプト人は知らなかった、と伝えています。

そんなこと言ったら、それ以外の神々はわかっていたような印象を与えかねませんが、そんなに上等でなくて、例えば最強のゼウスの正体でさえ行方不明という体たらくでした。

それどころか、ギリシアの神々のルーツがエジプトの神々だったこと自体、人々は本気で相手にしない印象があって、この件は、ギリシア人にもエジプト人にも、はたまたその他の国々の人々にも忘れ去られていたのです。

こんなことを書くと、今ならわかっているような感じですが、実のところ、最近の2010

年まで比較神話の暗黒時代は続いていたのです。『ヤマト』(染谷くじゃく＝染谷朋蘭の旧ペンネーム、電子書籍、eブックランド、２０１０)が出るまでは。

　しかし、考えてみれば、太古においては確かに、ある傑出した1人の王がエジプトに実在し、それをポセイドンとギリシア人は呼んでいたはずです。実体の無い者にわざわざ名前を付けてしかもそれが残っているはずがありません。

　それにしても、三叉の矛を持ち不機嫌そうな神ポセイドンの正体は何だったのでしょうか？

　ところで、かつてのエジプトには、点燈祭(リュクノカイア)というのがあって、この大祭はエジプト全土にわたって燭台に火が灯された、とヘロドトスが伝えています。

　それは、オシリスという神のためのもので、多神教のエジプトにあって、この神は全国的に特別な神だったということです。

　オシリスは、邪神セトに八つ裂きにされたことで有名な神です。

　ところで、先の点燈祭は、日本のある風習を思い出させませんか？

　そうです、盆(盂蘭盆、うらぼん)です。盆は仏教の行事という印象ですが、必ずしもそれだけでは説明がつかないようです。そこで行き着くのが日本古来の神道です。

　そして、神道の最高神＝天照大神の正体はこのオシリスだったのです。知られていませんが、日本の神道はエジプトのオシリス崇拝を元にして導入された外来の信仰でした。

　だから、盆の風習には神道の影響があってのではないか、と考えた場合、そのルーツとしてエジプトの点燈祭が大いに注目されることになるのではないでしょうか。

そして、謎だったポセイドンの正体はそのオシリスでした。ギリシア人は当初、悲劇のオシリスをポセイドンと呼んでいたのです。すなわち天照大神はギリシアのポセイドンだったのです（染谷くじゃく『ヤマト』）。

しかし、これらの知識が失われたのは比較的早かったと思われます。その当時、あるいは次の世代に、大火とか大洪水が発生して世界は大混乱に陥ったと考えられるからです。

その原因としては、地球への彗星の接近あるいは落下が想像されます。

ところで、ヘロドトスはオシリスのことをディオニュソスと呼んでいました。

でも、ディオニュソスはゼウスの別称でその正体はやはりダヴィデです。すなわち、ギリシア人はポセイドンをゼウスと混同していたのです。

もっとも、それは言葉だけの話で、当人はオシリスもディオニュソスもその正体はさっぱりわかっていなかったので、厳密に言えば混同以前の段階で、単なる間違いです。

では、殺害者のセトは、ギリシアでは当初は何と呼ばれていたのでしょうか?

実は、セトをゼウスと呼んでいたのです。

だからポセイドンの正体は、旧約聖書においては、ダヴィデ（ゼウス）のライヴァル＝イシュ・ボシェトだったということになります。

イシュボシェト↓（並べ替え）↓ボシュシェイト↓ポスセイド↓ポセイドン。

このように、外来語が変化して自国語になるような現象をアナグラム（字謎）と言いますが、果たしてそのようなことが起こっていたかどうか神のみぞ知ることです。しかし、ポセイドンという音声の由来について、これ以上の説明は今のところ無いと思います。

さらに、イシュ・ボシェトの実体であるエジプト新王国第18王朝の初代アハメス（通説BC16世紀、実際はBC1000年頃）の即位名ネブペフティラーが、ポセイドンのラテン名ネプチュヌス（ネプチューン）に化けたと考えられます。さらに、これは想像ですが、ネプチュヌスという音声がニッポン（日本）になったのではないでしょうか。

さて前述のように、オシリスはセトに八つ裂きにされた、とエジプトは記録しました。しかし、イシュ・ボシェトがダヴィデに惨殺されたこと、すなわちポセイドンがゼウスに切り裂かれたことは、旧約聖書もギリシア神話もはっきり記録しませんでした。

そのゼウスはキリスト教の天帝ゼウスになりましたが、ポセイドンはゼウスの縄張りではほとんどシカトされました。だからますますこの神の正体は埋もれてしまったのです。

でも、ポセイドンとゼウスのダミー（身代わり）が、世界中の神話で、その事件を演じていました。

ポセイドンは、ペルシアのゾロアスター教の光明神アフラ・マズダとなって生き延び、前述のように極東の日本の皇祖神＝天照大神になったのでした。

さて、『ポセイドン・アドヴェンチャー』は、神話だったのでしょうか？　微妙なところですが、そうだった、と言いたいところです。

次はそのラスト・シーンです。

転覆した大型客船は船底が海上に露わになっています。

ヘリコプターで飛んで来た確か2人のレスキューによってくり抜かれた後部の船底から、先の数人の生存者が出て来ます。

よく似たシーンが過去に記録されていました。

旧約聖書では、イシュ・ボシェト（ポセイドン）も2人の護衛兵によって、下腹を切り裂かれています。

他方、トロイ戦争の大詰めでは、トロイの木馬（ポセイドン）の腹部が開いて、ギリシア兵が出てきました。

オシリスすなわちポセイドンは引き裂かれたのです。

問題のフランツ・スコット牧師。この音声を、バアル、あるいはベルゼバブの変化形だったと考えれば、彼の役割はダヴィデ（ゼウス）だったということになります。牧師を意味するプリースト（ｐｒｉｅｓｔ）という語の音声もベルゼバブを想わせます。

すなわちこの映画は、ギリシア神話や旧約聖書が隠したポセイドン対ゼウス、あるいはイシュ・ボシェト対ダヴィデの死闘だったことになりませんか?

対するポセイドンの役割を演じるのが豪華客船ポセイドンです。

このシーンは、モンスター同士の激戦として既に北欧神話に記録があります。

雷神トール（ゼウス）は魔法の鉄槌ミョルニルで大蛇ヨルムンガンド（ポセイドン）の頭部を打ち砕きます。

だが、そのまま大蛇は死なず、毒液を吐きかけます。その結果、両者は共倒れとなります。

転覆したポセイドン号（大蛇ヨルムンガンド）の中で、スコット牧師一行は、上へ上へ（船底へ）と辿って行きます。しかし、船の舳先（へさき、前部）つまり大蛇の鎌首は火災と浸水でだめだったので、やむなく艫（とも、後部）に逃げ込みます。

そこでは、前述のように熱湯の蒸気（毒液）が待ち受けていたので、牧師（雷神トール）はそれを止めて、自分も犠牲になったのでした。

ポセイドンとゼウスは共倒れになったのです。

そこで冒頭のシーンです。スコット牧師が文句を言った相手はゼウスだったのでしょうか？

答はそうでなくポセイドンでした。牧師が叫んでいた相手は豪華客船だったのです。

なぜなら、当のゼウスは既に牧師が演じていたからです。

†まみむめも

**マタドール（ソロモン、Hermes、闘牛士、スペイン）**

闘牛士を意味するマタドールという語の起源は知られているかどうかわかりませんが、1世紀後半から4世紀頃までにローマ全般に拡がったミトラス教と関係しています。

ミトラス教は後のキリスト教によって攻撃され駆逐されましたが、現在でも、スペイン、ポルトガル、西フランスの闘牛にその名残を見ることができます。

その起源は、遠く古代ペルシアのミトラ信仰にあります。ミトラとは雄牛を屠（ほふ）る謎の神です。

その正体は謎に閉ざされていましたが、その正体は、ダヴィデ王（ゼウス）をパージ（粛清）する息子のソロモン（ヘルメス）だったのです。このエピソードは旧約聖書では隠蔽されたようですが、他国の神話では秘密が暴かれています。

例えば、牛頭人身の怪物ミノタウロスを倒す英雄テーセウス。

蛇髪のゴルゴンのメドゥーサを倒すペルセウス。

インドの叙事詩『ラーマーヤナ』で悪鬼（ラーヴァナ）を倒す猿神ハヌマン。

『西遊記』で牛魔王と闘う孫悟空などです。日本では京都の広隆寺境内の牛祭りで牛に跨（またが）る神＝摩多羅がそれです。

注目すべきは、メドゥーサは女ダヴィデですが、これが、黒い聖母の伝説と重なっていることです。黒い聖母の伝説も、闘牛と同じスペイン、ポルトガル、西フランスに残されています。

**摩多羅（ソロモン、Ｈｅｒｍｅｓ、またら、日本の奇神）**

京都の太秦（うずまさ）には広隆寺というのがあり、その境内の大酒神社では牛祭り（10月12日）という京都3大奇祭の1つが催されています。

異様な面を付けた摩多羅神が牛に跨り、祖師堂の前で妙な節回しで祭文を読み上げ、参拝者たちがその悪口を言います。それが済むと摩多羅たちが堂内に飛び込むという訳のわからない祭りです。

この祭りが何を意味しているのか一般にはよくわかっていません。

しかし本書では、その起源を指し示すことができます。摩多羅とはマタドール（闘牛士）のことだと思われます。

すなわちこれは、極西ヨーロッパ（ポルトガル、スペイン、西フランス）の闘牛と同じ起源を有していたと考えられるのです。

旧約聖書にはそのルーツが載っていません。

その起源はソロモン王（ヘルメス）による父ダヴィデ（ゼウス）の抹殺だったと思われます。このエピソードは旧約聖書にはありませんが、他の国々の神話にはそれが記録されています。ソロモンは抹殺したのかしなかったのか、どちらが真相に近いのかわかりませんが、旧約聖書が真相を隠したことも考えられます。

ギリシア神話ではヘルメス神は、100の目を持つ巨人アルゴスを退治したので、別名アルゲイポンテスと呼ばれました。アルゴスの正体はダヴィデです。

## ミトラス（ソロモン、Hermes、ミトラス教）

キリスト教がローマ帝国で国教になったのが392年、テオドシウス1世の時でした。しかし、それ以前はどんな状態だったのでしょうか？

ミトラスというのは、雄牛を屠（ほふ）る謎の神ですが、キリスト教以前のローマにはびこっていた秘教の1つでした。ミトラスの神殿の遺跡がいくつか発掘されています。

起源はペルシアのミトラ崇拝で、これらは異教としてキリスト教に駆逐されましたが、極西ヨーロッパ（ポルトガル、スペイン、西フランス）の闘牛はその有形の痕跡だと考えられます。闘牛は古代ローマでも行われていました。

ローマの主神は、キリスト教以前の多神教時代ではダヴィデ（ゼウス）でしたが、キリスト教になってからもやはりダヴィデ（デウス）でした。

それに対するミトラスの正体は謎に包まれていますが、その正体は、雄牛のダヴィデを退治するソロモン（ヘルメス）だったと考えられます。

このエピソードは旧約聖書にはありません。ミトラス教とは、旧約聖書が封印した事件が、謎の宗教として実体化したものだと思われます。

この話は、闘牛以外にも、様々な神話や宗教的な儀式やオペラなどの芸術作品として遺されています。

しかしそれ以外にも、このペルシアのミトラ崇拝は近代の思想体系に重大な影響がありました。

それは分析心理のC・G・ユング（1875～1961）です。

この人は、人々の心には太古のできごとの記憶が宿っているとして、それを「集合的無意識」または「普遍的無意識」と呼びました。

この理論を提出するきっかけとなったのが、チューリッヒ大学病院付属精神病院（ブルクへルツリ）の患者が彼に示したイメージでした。

それによれば、太陽の真ん中からペニス（男根）がぶら下がっていて、その人が頭を振ると、ペニスが揺れて風が吹くというのです。

普通はごまかし笑いしておしまいにするところを、ユングはこの話に食いついたのです。精神病院の患者が言ったことを、大真面目に取り上げる。学者でなくとも相手にしないところです。そんなことに学者のユングは注目したのです。ここが他の学者とユングの違いです。

近代科学でも説明できないようなことを問題にする。

彼は、幽霊とかＵＦＯなどの超常現象でさえお払い箱にしなかったといいます。科学で説明つかないことでも、現象として実在するではないか。ならばとにかく、言わば見切り発車的に議論していく。

そのうち科学のほうでも追いついてきて、何らかの説明が出て来させー、てな按配でしょうか。そもそも科学の進化とは、科学で説明できないことを実現させて、それを後追い的に科学が説明していくというプロセスのことではなかったでしょうか。

そして遂に、似たような表現が古代のミトラ教の祈祷書に載っていることを、彼は突き止めたのでした。

太陽からぶら下がっている筒が西に傾くと東風が吹く。

先の患者の表現とよく似ています。もちろんその患者はミトラ教などとは無縁でした。

でも、この患者には、なぜか太古の記憶があるのではないか？

人の心の中には、意識と関係なく働く無意識の領域というのがあって、それが人に不可解な行動をさせるといいます。

その領域はさらに2つに分かれています。そのうちの1つを、個人的な体験から築かれる個人的無意識の領域と呼び、さらにその奥に、問題の集合的無意識の領域があるというのです。

むろんユングには、ミトラの正体が古代のソロモン王であること、さらに神話がすべてサウル王朝とダヴィデ王朝のごたごただったという本書のような概念もありませんでした。

しかし、各自の記憶に刻まれた（と考えられる）神話から人々が抱くイメージには共通したものがあり、それを彼は「原型」と名付けたのです。

そんなことがあって、ユングは「集合的無意識」という概念を確立しました。

集合的無意識については、「スメルジャコフ」、「ムイシュキン」などの項目でも議論します。

## ムイシュキン（イシュ・ボシエト、Poseidon、ドストエフスキー『白痴』の善良な主役、公爵）

黒澤明監督の映画で『白痴』（1951年）というのがありました。

原作はドストエフスキーの『白痴』をアレンジしたものです。訳ありげな美貌のナスターシャという不可解な女を巡って恋の駆け引きが繰り広げられます。

対立するのは、善良な主人公のムイシュキン公爵と浅黒くて胡散臭いロゴージンという男です。ロゴージンは同じ作家の『悪霊』に出てくる悪魔的な人物スタヴローギンをやや連想させます。

映画では、亀田欽司（ムイシュキン）を森雅之が演じました。赤間伝吉（ロゴージン）は三船敏郎、那須妙子（ナスターシャ）は原節子です。

ドストエフスキーの原作にある思想は、善悪二元論的な葛藤にあったと考えられますが、観客にわかりにくいのは、ナスターシャが善良なムイシュキンに好意を持ちつつも常に彼を裏切り、ちょい悪的なロゴージンのもとに行ってしまうことではないでしょうか。

彼女がただのズベ公だったとすれば、単なる三面記事になってしまいます。でも、解説によれば、彼女はたとえ肉体は売り渡しても魂はそうでない高ビーな女性とされ、我々もそのような先入観で観るのですが、彼女は考えていることとすることが別のようなのです。

ドストエフスキーは熱烈なクリスチャンだったとされますが、そこは世紀の大文豪で、盲目的に受け入れてしまうようなところはなくて、宗教に対しては常にシリアスな批判を怠らなかったようです。

主人公ムイシュキンはイエス・キリストがモデルだと言われていますが、ムイシュキンにてんかんの持病があるところはドストエフスキー自身と同じです。

とは言っても、当初は4時間25分もあったのが、松竹によって2時間46分に縮められたとはいえ、この作品は一般には、あまり気楽に楽しめそうな感じはしません。

実のところ、この物語には太古の宗教が深く関与していたと想像される根拠があります。そう考えればナスターシャの不可解な言動も後述のように説明がつきます。すなわち、この話の大元はペルシアのゾロアスター教の善悪二元論ではなかったかと考えられるのです。

周知のように、ユダヤ教やキリスト教は唯一神の形態をとり、いわゆる一神教と呼ばれています。しかし、その場合、神にとって都合の悪い面がカットされるので、ややきれいごとで嘘っぽい面が出て来て、異教徒が文句を言う際の口実を与えてしまいがちです。

それに対しゾロアスター教は、善なる主神に対して悪神も想定する特異なものです。

このアイデアに従うならば、『白痴』はキリスト教などの一神教と違い、ムイシュキンのルーツが光明神アフラ・マズダ、対するロゴージンは暗黒神アンラ・マンユと仮定することができます。この場合、この暗黒神も許容されるので、教義としては、きれいごとではなくなるというわけです。日本神道はこの系列なのです。

しかし、知られていませんがペルシアのこの古い宗教にはさらにルーツがあってそれは、エジプトの太古の神話オシリス対セトだったと考えられます。

太古のエジプト王オシリスは兄弟の邪神セトによって八つ裂きにされるのです。両者の対決は、神話や芸術作品において多数の名勝負を生み出しました。

古くはギリシア神話のエウリュステウス対ヘラクレス。

同じく、ミュケナイ神話のアトレウス対テュエステス。

怪物同士としては北欧のヨルムンガンド（ミドガルドの蛇）対雷神トール（実はフェンリル狼）。

日本の天照大神対素戔嗚尊、あるいは海幸彦対山幸彦。

近代のモーツァルトのオペラ《ドン・ジョヴァンニ》の従僕レポレルロ対漁色漢ドン・ジョヴァンニ。

ワーグナーの4部作の楽劇《ニーベルングの指環》におけるニーベルング族の大王アルベリヒ対ヴェルズング族の開祖ヴェルゼ（狼＝ヴォータン）。

同じく楽劇《パルジファル》の聖盃王アムフォルタス対魔法使いクリングゾルなどです。

『白痴』のムイシュキン対ロゴージンもそのような産物ではなかったでしょうか。

これらの元の話は、旧約聖書のイシュ・ボシェト（ポセイドン）対ダヴィデ（ゼウス）です。

そこで、ムイシュキンのもう一つの起源はイシュ・ボシェトで、ロゴージンは音声的にはジゴロ（いわゆるひも）の系列で、ダヴィデだったということになります。

先のエジプト神話で、オシリスはセトに八つ裂きにされます。

事実、ムイシュキン（オシリス）はロゴージン（セト）にあやうく殺されそうになっています。しかも、てんかん持ちのムイシュキンは、最後は恍惚の人となって物語を続行できなくなり、死んだも同然となってしまいます。

では悪女ナスターシャとは何者だったのでしょうか？

候補としては、ギリシア神話のアルテミス、アフロディテ、アテナ、女ゼウスがあげられます。

しかし、常にオシリスでなくセトを選んでいるという悪魔的な点で、彼女の正体はそれらのいずれでもなく、サウル（クロノス）の女性版ではなかったかと考えています。ナスターシャという音声はサタン（クロノス）の変形ではなかったでしょうか。

旧約聖書では、サウル（ナスターシャ）は常に嫡男のイシュ・ボシェト（ムイシュキン）と対立し、初めはサウルの部下だったのにその後敵に回ったダヴィデ（ロゴージン）に抹殺された痕跡が残されています。

ナスターシャもロゴージンに殺害されます。

ということであれば、これは日本の神話の猿蟹合戦と同じ話ということになります。

ナスターシャの猿は、ムイシュキンの蟹を遠ざけ（嫌がらせして）、遂にはこれを死に至らしめ、やがてロゴージンの蜂・臼・栗に殺されます。

ナスターシャの正体としてもう一人考えられるとするなら、それはヌート女神です。これは、クロノスの妻レアのエジプト名です。ヌートはヌードの語源ではないかと思われるほど、裸を売り物にした女神です。

天照大神が隠れた天岩屋の前で胸をさらけ出して踊ったという天宇受売命（あめのうずめのみこと）の正体はヌートです。ヌートとナスターシャは音声的にも似ています。

さて、いよいよムイシュキンという奇妙な音声のルーツです。この一風変わった音声はどこからやってきたのでしょうか？

筆者には心当たりがあります。ここで、イシュ・ボシェトとダヴィデの正体を探ります。

エジプト古王国より以前を初期王朝時代といいます。次が古王国第3王朝で階段ピラミッドのジョセル王などがいます。その次が第4王朝で大ピラミッドのクフ王などです。

その初期王朝時代、第2王朝の末期（通説BC2600年代）に、次の4つのファラオの名前があります。それは、セケムイブ、ペルイブセン、カセケム、カセケムイという名前です。最初の2名と残りの2名はそれぞれ同一人物ではないかと考えられているようです。しかしはっきりした根拠はありません。

しかし、自分の考えでは、最初のセケムイブは単独の1人、残りの3名が同一人物ではないかと考えます。

そして、このセケムイブが、イシュ・ボシェト（ポセイドン）の正体ではなかったかと考えられるのです。根拠としては、この時期にオシリス派に対するセト派のクーデターがあったとされ、次のペルイブセンというファラオがセトを標榜（自分の主義主張を公然とアピールすること）しているからです。

因みに、前述のように、このペルイブセンと次のカセケム、さらにその次のカセケムイの3名はすべてダヴィデ（ゼウス）の正体だったと考えられます。より正確に言うなら、ダヴィデには少なくともこの3つの名前があったということです。

しかし、ムイシュキンとセケムイブは直接的にどう繋がるのでしょうか？

セケムイブ↓（並べ替えます）↓ムイセケブ↓（送り母音を調整します）↓ムイスキブ↓ムイシュキン。

このように言葉が、特に外国に行って、変化するようなことをアナグラム（字謎）と言いますが、実際にそのようなことが起こっていたかどうかを証明するのは容易ではありません。

しかし自分は、起こっていてもおかしくないと考えています。そう考えなければ、世の中は偶然だらけで説明がつかないところがあるからです。同様にロゴージンのルーツはペルイブセンで、最初のp音が脱落してできた語ではなかったでしょうか。

さらに付け加えるならば、初期王朝のセケムイブは、新王国第18王朝初代のアハメス＝ネブペフティラー（通説BC1500年代、実際はBC1000年頃）と同一人物だったと考えています。そして、その即位名ネブ・ペフティ・ラーが、ポセイドンのラテン名ネプチュヌス（ネプチューン）になったようです。

だから、ムイシュキンすなわちイシュ・ボシェト（ポセイドン）の正体はこのアハメス王でもあったと考えます。

エジプトの（初期王朝＋）古王国対新王国の同時代性については、拙著『クフ王の正体』（新人物往来社、1990）で詳述しました。

同様にペルイブセンにも第12王朝のアメネムハト1世と第17王朝のカーメスというように、同一人物らしき王がいます。

しかしここに疑問が生じます。なぜ『白痴』の筋は、古代の神話などと細部において一致するのでしょうか？　偶然の一致（デジャヴュ）でしょうか。それともドストエフスキーは、神話や古代エジプト史を知っていたのでしょうか。それとも一致するように筆者が誘導したからでしょうか。

精神医学者C・G・ユングは次のように言っていました。民族（この場合キリスト教徒）には、古代にすり込まれた記憶（原型）が遺伝して刻まれている。

しかし、脳にはある種のロックがかけられ、通常それらは表に出てこないようです。

しかし、精神疾患のような何らかの異変によってそれが解除され、古代の記憶が蘇ることがあるようなのです。ユングは、そのような患者の言動から以上のような体験をしていました。

ドストエフスキーにもてんかんという精神疾患（？）の持病がありました。

すなわち、キリスト教徒のドストエフスキーは、たとえ神話とか古代エジプト史を後天的にマスターしなくとも、先天的な古代の知識を表出できた、とこの説は主張していることになるのです。

## 木馬（イシュ・ボシェト、Poseidon、トロイの木馬）

伝説のトロイ戦争はBC1200年頃、ミュケナイ＝ギリシアのアガメムノン王が、トロイ＝小アジアのプリアモス王を攻撃したとされる戦争です。

戦いは10年が経過しても終わりそうにありませんでした。

そこでギリシア（ダナオイ）方の智将オデュッセウス（ユリシーズ）が、巨大な中空の木馬を作り、中に決死隊をしのばせました。

それをトロイ人が贈り物と勘違いして城内に引き入れた際に、決死隊が城門を開きトロイを滅亡させたという神話です。

有名なトロイの木馬ですが、古い注釈者たちはこれをそのまま受け取らず、何かの例えと考えていたようです。例えば、城壁を破壊する時の兵器が馬の形をしていたとか、馬は騎兵のシンボルだったとか言う按配です。

しかし、ここにはさらに違う考えがあります。

この神話は舞台がエーゲ海の両側になっていますが、その起源は太古エジプトのオシリス神話だったと考えられる根拠があります。

オシリスが兄弟の邪神セトに引き裂かれたという有名な話です。これは、旧約聖書にも記録されました。ダヴィデ王朝の話です。

知られていませんが、旧約聖書は主にエジプト国内の動乱を記録したものだったと考えられます。だから、旧約聖書で活躍する王や王子たちはエジプト人です。しかし、彼らにはエジプト人の雰囲気がありません。

なぜなら、旧約聖書はエジプトが大嫌いだったので、それらの特徴を悉（ことごと）く拭い去ったからです。

ギリシア神話のトロイ戦争の原典は、エジプトのオシリス神話です。オシリスが邪神セトに引き裂かれたという例の話です。そして、オシリスがダヴィデのライヴァル＝イシュ・ボシェト（ポセイドン）で、セトはダヴィデ（ゼウス）になりました。

だから、トロイのプリアモスの正体はイシュ・ボシェト、ミュケナイのアガメムノンの正体はダヴィデです。そして問題のオデュッセウスは、ホメロスの『イーリアス』と『オデュッセウス』の中心的人物です。彼の正体は賢王と呼ばれたソロモン（ヘルメス）です。

さて、トロイの木馬に戻りますが、馬はポセイドンの神獣です。

ですから、木馬はイシュ・ボシェトすなわちトロイのプリアモス王のダミー（身代わり）だった、ととりあえず考えることができます。

イメージしてください。木馬がトロイの城内に引き入れられます。勝ったと勘違いしたトロイの人々は飲めや歌えのどんちゃん騒ぎです。後はお決まりの爆睡状態です。木馬の腹が開きます。

1人また1人、ギリシアの決死隊がロープを伝わって降りてきます。

では、旧約聖書のイシュ・ボシェトの死に様はどうだったでしょうか。彼は味方の略奪隊の2人に殺されています。

王は家の中にいます。王は昼寝をしています。家に入った2人が王の下腹を突き刺します。

（王の腹が開きます）。

木馬とイシュ・ボシェト。トロイの木馬のシーンは旧約聖書のイシュ・ボシェトの最終シーンがヒントになっていたと考えられないでしょうか？　ということは、トロイ戦争全体が旧約聖書のアレンジだった、ということになります。

木馬についてはそんなところですが、ここで問題なのは、イシュ・ボシェト（ポセイドン）のモデル＝エジプトのオシリスは、敵のセト（ゼウス）によって直（じか）に斬殺されていることです。こちらのイメージのほうが有名です。

では、トロイのプリアモス（イシュ・ボシェト）は、味方に殺されたのか、それとも敵のアガメムノン（ダヴィデ）に直に殺されたのでしょうか？

プリアモスは、トロイの落城と共に死んだことになっていますが、その死に様はあまりはっきりしません。

注目すべきは、ダヴィデ王にも味方に暗殺された記録が存することです。エジプト中王国第12王朝のアメネムハト1世は、夕方王宮の寝室で居眠りをしていたところを味方の護衛に暗殺されています。

アメネムハト1世は、敵のダヴィデ王の実体だと考えられます。旧約聖書はダヴィデが暗殺されたことを記録しませんでした。しかし、この原本のエジプトの記録以外にも、他国の神話は暗殺の事実を暴いているように見えます。おそらく旧約聖書には何か差し障りがあったのでしょう。

1つの考えかたとしておそらく、イシュ・ボシェトはダヴィデに直に斬殺されました。しかし、エジプトと違い旧約聖書はそのまま記録せず、イシュ・ボシェトの最期のシーンに、敵のダヴィデの実際の死に様を紛れ込ませた、そのように考えることもできます。

もう1つの考えかたは、エジプトのオシリス神話が誇大妄想で、旧約聖書のイシュ・ボシェトのほうが実体に近かったというものです。

**文殊菩薩（アブサロム、Apollo、もんじゅぼさつ、仏像、マンジュシュリー、ゲルマン神話の英雄ジークムント）**

3人寄れば文殊の知恵。

文殊は仏教界では、阿弥陀如来の息子だとされます。阿弥陀の正体は最強のゼウス（ダヴィデ）です。だから文殊はゼウスの息子ということになります。

そのルーツはインドの古代サンスクリットのマンジュシュリーです。

マンジュシュリー→並べ替え→ジューリマンシュ→送り母音変更→ズィールムンソ→変形→ジークムント。

あるいは、

モンジュ→並べ替え→ジュモン→変形→ジークムント。

ジークムントはゲルマン神話の悲劇の英雄で、父ヴォータン（ヴェルゼ）に抹殺されます。

ジークムントはギリシアのアポロンすなわち旧約聖書の王子アブサロムで、彼も父ダヴィデに逆らって憤死しています。

そして、ジークムントという音声はドイツ語のムズィーク（Ｍｕｓｉｋ、音楽）という語とも関連がありそうです。アポロンは音楽の神でもあるからです。

文殊の弟が普賢菩薩（ふげんぼさつ）で、音声からしても彼はゲルマン神話のハーゲンです。彼は、アブサロムと仲の良かった弟のソロモンで、復讐の権化となり、父ダヴィデをパージ（粛清）したと考えられます。

†やゆよ

八岐大蛇（イシュ・ボシエト、Ｐｏｓｅｉｄｏｎ、やまたのおろち、日本のモンスター）

出雲国の簸川（ひのかわ＝肥河）上流に、足名椎（あしなづち）というじいさんが住んでいました。彼の娘＝奇稲田（くしなだ）姫を狙ってやって来る大蛇が八岐大蛇です。目は真っ赤で、頭と尾がそれぞれ８つある怪物です。

日本人にとって、この八岐大蛇を素戔嗚尊が切り刻む神話はたいへん印象的だとは思いますが、相手がモンスターなので、それほど残酷には感じなかったのではないでしょうか。

この話の解釈として、簸川とは現在の島根県の斐伊川のことで、川の氾濫で美しい田（奇稲田）がだいなしになったとか、明治時代の説では、この地方における２つの集団が１人の美女をめぐって争ったというのもあったようです。

しかし、神話とはそれほどローカルなものだったのでしょうか。

ローカルな話をいちいち神話にしていたのでは、神話がいくつあっても足りないということにならないでしょうか？　自分はそのような説は採りません。

なぜなら旧約聖書にはそっくりな話が載っているからです。北欧神話などにもあります。

すなわち、世界中の神話とは１つの時間、１つの場所で起きた１つの出来事だったのです。

それはＢＣ10世紀のエジプトで起きました。

そのように考えなければ、膨大な全体がすっきりと説明がつかないのです。それともあなたは、神話全体をこれまでのように混沌としたまま放置しておきたいですか？

この話のもとは、エジプトのオシリス神話です。オシリスが兄弟の邪神セトに切り刻まれたという話です。長い間、この話の正体は行方不明になっていましたが、「エジプトのセトが、エルサレムを築いた」というプルタークが貴重な断片を遺していました。

エルサレムはダヴィデの町であり、その建設者はダヴィデ以外考えられません。鬼神セトは、旧約聖書ではダヴィデと呼ばれたということです。すなわちダヴィデ（ゼウス）がライヴァルのイシュ・ボシェト（ポセイドン）を抹殺したということだったのです。

この話は以下の話になりました。同じ旧約聖書のペリシテ人の巨漢ゴリアテをダヴィデがパチンコでしとめた話。さらに北欧のヨルムンガンド（ミドガルドの蛇）の頭部を雷神トールが叩き潰した話、これは日本の海幸彦を弟の山幸彦がとっちめた話になりました。

八岐大蛇は北欧の大蛇ヨルムンガンド、すなわちギリシアの神ポセイドンだったのです。

そして加えて言うならば、八岐大蛇の正体は皇祖神＝天照大神でもあったのです。

## 大和（イシュ・ボシエト、Poseidon、やまと、日本の古い国名）

大和（やまと）というのは日本の昔の国名です。日本人なら誰でも知っています。

しかし、ここに重大な問題があります。それは、この大和という漢字表記にあります。

大和はどう考えてもヤマトとは読めません。

なぜ、このような語が我々に遺されているのでしょうか？

そこで、一つの仮説を立ててみることにしましょう。

まず、読み方も意味もわかりませんが、漢字による大和という語がありました。

そして、それとは別に、これも意味がよくわかりませんが、音声で、ヤマトという語もありました。

そこで、この二つを合成して、大和を強引にヤマトと読ませた、ということだったのではないでしょうか？　でも、なぜ合成したのかという理由はわかりません。

それでは、漢字の「大和」、および音声の「ヤマト」にはそれぞれいかなる意味があったのでしょうか？　そして、それらは、なぜ、一つの語として合成されたのでしょうか？

さて、申すまでもなく、日本の皇祖神は天照大神と呼ばれる神です。

その天照大神に関して、日本の神話には、極めておどろおどろしいシーンがあります。

素戔嗚尊が逆剝ぎにした馬を機屋（はたや）の屋根から投げ込んだという話です。

驚いた天照大神は天の岩屋にお隠れになってしまいます。

この時、大神は亡くなったのだという説が出されています（「畦の糞」の項参照）。

（血だらけの）馬はポセイドンの神獣です。ですから、天照大神の正体はギリシアのポセイドンだったのではないか、と予想することができます。

そして、ポセイドンの正体はエジプト神話のオシリスです。だから、このエピソードは、エジプト神話で、オシリスが鬼神セトに惨殺された話にもマッチしています。

しかし、ギリシア神話のトロイ戦争にも同様なシーンがあることが見逃されてきました。

トロイ戦争はＢＣ12世紀にあったとされる伝説の大戦争です。ギリシアのミュケナイのアガメムノン王が大艦隊で押し寄せて、小アジアのトロイのプリアモス王を攻撃します。

トロイがなかなか落城しないことに業を煮やしたギリシア（アカイア）方は、巨大な空洞の木馬を造り、中に兵隊をしのばせて、城門の前に放置します。彼らは一旦退却したふりをします。知らぬが仏のトロイ人たちは、木馬を贈り物だと思い、勝ったと早とちりして、それを城内に引き入れます。

後は例によって飲めや歌えのあげく、彼らは爆睡に陥ります。

寝静まった城内ではやがて、木馬の下腹が開いて、怪しい影がロープを伝って降り立ってきます。一人また一人と。

城門が破られた後は、想像通りの阿鼻叫喚の地獄絵です。

トロイは滅亡してしまいます。

プリアモス王も殺されてしまいます。

さて、神話では、問題の木馬の奉納先はポセイドンとなっています。

旧約聖書では、ポセイドンはイシュ・ボシェトと呼ばれました。ポセイドン（ポセイダオン）という音声のルーツはこのイシュ・ボシェトだったと考えられます。

イシュ・ボシェトは、サウル王の後継者でしたが、そのサウル王と戦った後、ダヴィデ（ゼウス＝素戔嗚尊）と戦争状態になります。

ギリシアのアガメムノンはダヴィデで、トロイのプリアモスはイシュ・ボシェトです。

問題のイシュ・ボシェトは昼寝をしているところを味方の二人に腹を刺されて死んでいます。

イシュ・ボシェトの腹が割かれる。トロイ戦争では、木馬の下腹が開く。

木馬の正体はイシュ・ボシェト（ポセイドン）の例えだったようです。

でも、以上のシーンはわかりにくい。少なくとも、一見してこれがオシリスのバラバラ事件だとは想像がつきません。

そこで、北欧神話の出番となります。

ギリシアのポセイドンやゼウスの父は、巨神（タイタン）族の王クロノスです。

このクロノスは北欧神話の火の神ロキ（ゲルマン神話のローゲ）に該当しています。

ロキの頭からは毒蛇が突き出ているということですが、そのルーツがエジプトだということがすぐわかります。なぜなら、一般にファラオ（エジプト王）が被る王冠からもコブラが突き出ているからです。

ロキは3匹（人）のモンスターの父です。その3人とは、フェンリル狼、ヨルムンガンド（またの名をミドガルド蛇＝ミドガルズオルム）、そして死の女神ヘルです。

これらは、旧約聖書「創世記」のセム、ハム、ヤペテ、およびギリシア神話のゼウス、ポセイドン、ハデスと相似形です。

セム、ハム、ヤペテは、大洪水で有名なノアの子です。ゼウス、ポセイドン、ハデスは、さきほどのクロノスの子です。

北欧の大蛇ヨルムンガンドについては、第一印象的に、ゼウスの印象を抱きがちだと思います。しかし、後述しますが、謎めいた大蛇の正体は「創世記」のハムであり、ギリシア神話のポセイドンであり、エジプトのオシリスなのです。

ハムは、前述のように、大洪水伝説で有名なノアの子の一人で、エジプト人の開祖だとされます。

北欧組の残りのフェンリル狼と死の女神ヘルはいずれもゼウスということになります。

ではなぜ、ヨルムンガンドがポセイドンだとわかるのでしょうか?

それは、まず大蛇の住んでいるところが、人間の世界ミドガルドを取り囲んでいる氷の海だとされるからです。だから、別名ミドガルド蛇と言うそうですが、他方ポセイドンも海神として知られています。

次にこの大蛇が雷神トールと死闘を繰り広げるからです。雷神の正体はゼウスです。

トールはミョルニル（稲妻ハンマー）で大蛇の頭を砕きます。

ゼウスはエジプトの鬼神セトです。だから、ミドガルズオルムは、セトではなく、セトにやられたオシリスだったことになります。

つまりこれは、ゼウスのバトル2＝ゼウス対ポセイドンです。

その結果、日本神話の中から、同じ素戔嗚尊がらみで、エジプト神話のクライマックス＝オシリスの惨殺事件が浮かび上がってきます。

素戔嗚尊による八岐大蛇退治です。八つの頭と八つの尾がある怪物をスサノヲはずたずたにします（八つ裂きのルーツ?!）。

日本のヤマタノオロチはエジプトのオシリスだったようです。エジプト最大のイヴェントはやはり日本の神話でも隠せなかったのです。

同様に、旧約聖書の中からも同様な事件が明るみに出て来ます。ダヴィデの出世物語です。ペリシテ人の巨漢ゴリアテとの一騎討ちです。ゴリアテに投石で対決するダヴィデの勇姿は、ミケランジェロやベルニーニ（イタリア・バロックの彫刻家・建築家）によって大理石に刻まれました。ダヴィデは巨人をパチンコで倒し、首を切り落とし、武具を奪います。日本のスサノヲもオロチの尾から草薙の剣（くさなぎのつるぎ）を得ています。ダヴィデはサウル王（クロノス）の王女をもらっています。スサノヲもクシナダヒメを得ています。

もっとも、旧約聖書では、ゴリアテは「大男」とはあっても、「王」とはなっていません。しかし、ゴリアテの惨殺事件が日本のオロチ退治に該当し、ゴリアテの属する民族名ペリシテが元はポセイドンを意味していたこと。さらに、この事件がエジプトのオシリスの悲劇ではないかと見当を付けていましたが、なかなか断定するまでには至りませんでした。それが、北欧の大蛇のおかげで、ゴリアテの正体はオシリスだったと了承するに至ったというわけです。

しかしこの話はこれで終わりではありません。我々の日本の神話にとってさらにゆゆしき問題が持ち上がってくるのです。あたかも大蛇がその鎌首を擡（もた）げるがごとく。

日本の神話によれば、開祖イザナギノミコト（伊弉諾尊）の子は、スサノヲノミコトと天照大神とツクヨミノミコト（月読命）です。

イザナギはギリシアのクロノスですから、この表現は、先のクロノスの子、ゼウス、ポセイドン、ハデス、およびノアの子、セム、ハム、ヤペテ、さらに北欧神話のロキの子、フェンリル狼、ヨルムンガンド、ヘルと同じ表現になります。

ここで以下の作業を施します。各々3人の子らのうち2人はゼウスですから、各々から2人ずつ消去していきます。

例えば日本の場合は、スサノヲとツクヨミがいずれもゼウスなので、消去します。

すると、日本の天照大神、旧約聖書・創世記のハム、ギリシアのポセイドン、北欧のヨルムンガンドが残ります。彼らはすべて同一神仏だったと考えられます。

すなわち天照大神の正体は、ギリシアのポセイドンであり、エジプトのオシリスでした。

それ以上に天照大神は、北欧のヨルムンガンドでした。

そして、謎のヤマタノオロチの正体もヨルムンガンドだったことになります。

そして、ヤマタノオロチという音声のルーツが謎でした。この時、ヤマタノオロチの音声のルーツとして北欧のヨルムンガントが考えられるようになります。

ヨルムンガンド↓並べ替え↓ヨムドンンルガ↓ヨムドヌヌルガ↓送り母音調整↓

↓ヤマダノノロギ↓ヤマタノノロキ↓ヤマタノオロチ。

ちょっと苦しいですが、こういうのをアナグラム（字謎）と言うようです。このようなことが起こっていたかどうか、否定も肯定もできません。しかし、今のところ、これ以外の説明が見つかりません。

では、ニッポン（日本）という国名についてはどうでしょうか？

そもそも、ニッポンという音声はどこからやってきたのでしょうか？

広辞苑によれば、日本は古くは自国を「やまと」とか「おほやま」と呼び、中国では「倭」と記されました。

そして、日本は中国の東に位置することにより、大化の改新（645年）頃、自国を日本（ひのもと）と書いて「やまと」と読み、奈良時代以降、ニホンあるいはニッポンと呼ぶようになったということです。

この説によれば、少なくともヤマトという音声は、古くからあったように受け取れます。

しかし、ニッポンという漢音的な音声も、問題の奈良町以前からあった可能性も考えられます。

なぜなら、漢字は1世紀頃には既に日本に入っていたとされ、大化の改新の時期（奈良町以前）から、日本をニッポンと読もうと思えば読めたはずだからです。

このあたりには、663年に、朝鮮半島の白村江で唐（中国）によって日本が、半島の百済共々敗れた後の圧力（漢音を強制される）も関係しているように思われます。

そこで、日本と書いてニッポンとも発音した。しかし本当でしょうか？

それとは逆に、漢字の「日本」以前からニッポンという語が別にあって、その音声に日本と当て字したという可能性は考えられないでしょうか？　もしそうだったとしたら、このニッポンという音声は何のことだったのでしょうか？

その場合、ニッポンの音源として、ポセイドンのラテン名ネプトゥヌス（ネプチューン）が考えられないでしょうか？　ネプトゥヌスとニッポン、この古いラテン語が当時の日本で知られていた可能性はないでしょうか？

スサノヲノミコトが後に住むことになる地域は、根の堅洲国（ねのかたすくに）だったということです。根の堅洲国、意味がわかりません。

単なる当て字でしょうか？

ねぷとぅぬす。ねのかたすくに。何となく似ていませんか？

ねぷとぅぬす↓スペルの入れ替え↓ねぷとぅすぬ↓送り母音の調整↓ねぱたすに↓文字を追加↓ねノぱたすクに。つまり、ねのかたすくに。

当時の日本人には、「ねぷとぅぬす」が「ねのかたすくに」のように聞こえた、とは考えられないでしょうか？

ちょっと苦しいですが、既に述べましたように、このように外来語が、自国語のように化けて、わからなくなってしまう現象をアナグラム（字謎）といいます。

かのヒトラーはこのような現象を嫌い、外来語は外来語だとわかるようにそのまま表記するべきだと考えていました。

この場合、「ねのかたすくに」が「ネプトゥヌス」のことだったとは断定できないまでも、可能性を探って論じる価値はあると思います。

スサノヲが後で住んでいた場所は、「ねぷとぅぬすの国」つまり天照大神の国だったのではないでしょうか？

　元々スサノヲもここに住んでいたはずですが、両者の仲が悪くなった後はそこから出て行ったと考えられます。

　だが、彼はその後、戻って来ました。

　その真相は？　スサノヲが天照大神を殺害し、領地を乗っ取ったということではなかったでしょうか。

　他に、天照大神が関わったという葦原の中つ国（あしわらのなかつくに）の「なかつくに」という音声も「ねぷとぅぬす」すなわちニッポンを想わせます。

　しかし、いずれにせよ、ニッポン以前の日本は自国を「やまと」、「おほやま」、「わ」と呼んでいたという件がそのままです。

「やまと」と「わ」では発音が違いすぎます。

　もっとも、「わ」のほうは、当時の日本の国名についての日本式の発声を、中国側が「倭」と表記したのを、再度日本式に読んだもので、日本側の実際の発音とはずれているかもしれませんが、一応このまま進めていきます。

「やまと」と「わ」という音声はどこから来たのでしょうか？

　さらに、最初に述べましたが、「やまと」は大和と書きますが、この漢字表記はどこから来たのでしょうか？　普通大和はどう考えてもヤマトとは読めません。

　まず音声の「やまと」ですが、実はこの音声の出所はよくわかっていません。奈良が山処

（やまと）だったとか、旧邪馬台国のことだとか言われていますが、決定的ではありません。

しかし、天照大神の今までの推論の中にそのヒントがありませんでしたか？

「やまと」という音声のルーツについては、既にそのヒントがあります。

「やまと」とは先の「やまたのおろち」の略だったのではないでしょうか？

これは誰でも思いつきそうな考えですが、このように言えそうで言えなかったのは、ヤマタノオロチの正体がさっぱりわからなかったからです。

すなわち、北欧の謎のモンスター「よるむんがんど」を「やまと」ないしは「おほやま」と日本式に発声したのではないでしょうか。

因みに、ヨルムンガンドとは古ノルド語で「中央の住む場所」という意味だそうです。

だから、先の「中つ国」は、意味的にはヨルムンガンドだったことになります。

さらに、ヨルムンガンドあるいはミドガルズオルムがヤマタノオロチに聞こえた。さらに、ミドガルズオルムはアマテラスオオミカミのようにも聞こえたので、八岐大蛇や天照大神と当て字しました。

そして別の音声「わ」も、同じ大蛇のことだったと考えられます。

なぜなら、この大蛇は回りの海中で自身の尾をくわえ、人間界のミドガルド（中つ国）を取り囲むようにして、「輪」のような状態にあるとされるからです。

因みに日本には、「わ」が含まれるうってつけの言葉があります。

すなわち、海神を「わだつみ」、大蛇や大酒飲みのことを「うわばみ」と称します。

先の中国の「倭」も日本語の「輪」のことだったのでしょうか？

日本はヤマトという大蛇に巻き付かれた島国だった!?

そして、取り囲まれた「みどがるど（やまと）」を、高天原（たかまがはら＝天照大神の本拠地）とも呼んだ!?

日本では重大事を行う前に、海や川で身の汚れを清める風習があり、これを「みそぎ（禊ぎ）」と称します。では、この「みそぎ」という音声はどこから来たのでしょうか？

これもこれまで知る由がありませんでしたが、既にヒントか出ています。

その語源は「みどがるど」だったとは考えられないでしょうか？　なぜならそれは海で囲まれているからです。

さらに、「みかど（帝）」という音声もあります。もちろん、語源も元の意味もわかっていません。この語の語源も同様に「みどがるど」が考えられます。だとすれば、「みかど」とは、海神ポセイドンのことだったことになります。

そして、「まほろば」という語もあります。大和は国のまほろば（『古事記』）。麗しき土地という意味だそうです。この「まほろば」あるいは「まほら」のルーツとしても、この「みどがるど」が候補です。北欧の大蛇のオンパレードです。

さらに、先の「みそぎ」とよく結びつきそうなものとして、青森の「ねぶた」という有名な夏祭りがあげられます。巨大な武者の絵（扇形）や人形からなる灯籠を乗せた山車（だし）が街に繰り出され、人々は「ラッセ」とか「ラッセラー」と掛け声を発します。

ラッセラー、ラッセラー、ラセラセ、ラッセラー。

「ねぶた」という音声のルーツは、いろいろあって、「ねむのき」、「たなばた」、「にふだ（荷札）」などがあったそうですが、現在では「ねぶ（眠）たし」だそうです。

しかし、「ねぶた」という風習のルーツはよくわかっていません。

起源の一つとして、791年に蝦夷（えみし）を鎮圧して征夷大将軍となった坂上田村麻呂（さかのうえのたむらまろ）の事件も出ているようですが決定的とはされていません。

現在では、神道の禊祓（みそぎはらえ）が有力なようです。

この禊ぎと祓えは元来別々の行事でしたが、いずれも罪を取り除き心身を清める行為を指します。またしても「みそぎ」です。

しかし、この高名な祭りに灯籠が使われることは見逃せないと思います。

すなわちこれは、死者に対する鎮魂の風習だったと考えられるのです。

昔は、ねぶた祭りでも川や海で、灯籠を洗ったり水に流したりしていたということです。

つまり、ここには、盆の灯籠流しのようなところがありました。

さらに、この灯籠流しというのは送り火の変化したものだとされます。

送り火と言えば、古代エジプトには、リュクノカイア（点燈祭）というのがあって、塩と油を入れた燭台が、全土にわたって火が点ぜられたということです。そのように前5世紀のギリシアの歴史家ヘロドトスは伝えています。（『歴史』2―6―2）。

これはオシリスの死を悼む風習でした。

先の「眠たし」との関係はよくわかりません。しかし、流れとして、青森のこのお祭りも、やや飛躍しますが、元は古代エジプト起源だったとは考えられませんか？

そこで、「ねぶた」は、オシリスのラテン名「ねぷとぅぬす」のことだった可能性はないでしょうか？「ねぶた」は弘前方面では「ねぷた」とも言うそうですから。

先の「ラッセ」とか「ラッセラー」という掛け声もオシリスを思わせませんか？

さて、日本では天皇のことを「すめらみこと（皇尊）」とも言います。

この音声はどこから来たのでしょうか？

みとがるずおるむ↓文字の入れ替え↓ずむおるるむがど↓一字削除↓ずむおるるむがど↓ずむぉるむがど↓送り母音調整↓ずむぇらみごど↓すめらみこと。

こういうのをアナグラム（字謎）だと説明しました。しかし果たしてそのような現象が起きたかどうかは、神のみぞ知るです。

読者の判断次第ですが、今のところ「すめらみこと」の説明としては、こういうのしか出せません。

さて日本には、海幸山幸という神話があります。弟の山幸彦が兄の海幸彦をとっちめる話ですが、これもゼウスがポセイドンを抹殺するバトル２の話に該当しています。

そして、先に出て来た北欧のフェンリル狼という怪物は、同じく雷神トールと同じく、その正体はゼウスでした。ゼウスも雷神として知られています。ですから、トール対ミドガルド蛇の死闘は、フェンリル狼対ミドガルド蛇の激突でもあったのです。

ゼウスである山幸の別名は、ホオリノミコトです。フェンリルオオカミと音声が似ていませんか？

他方、ミドガルドへビです。

ミドガルドヘビ↓文字の入れ替え↓ヘドルビミガド↓送り母音の調整↓ホデリボミゴド↓ホデリホミコト↓ホデリノミコト。

海幸の別名です。またしてもアナグラムが起きていたかどうかは、厳密には証明できませんが。

しかし、海幸山幸の別名の由来については、他に適当なのがありません。それともあなたはもっと説得力のある説を御存知でしょうか？

いずれにせよ、この話は、海幸の天照大神が、ゼウスの山幸にやられてしまったという、日本人にとってはあまりありがたくない神話です。

さて、読み方は別にして、「大和」という表記はどこから来たのでしょうか？　大きな和、ここでは文字の「和」に秘密があるようです。

広辞苑によれば、仮名の「ワ」は、「和」という漢字の旁（つくり＝右半分）、つまり「口」が転じたとあります。さらに、一説によれば、「輪」を表す象形文字○が転じたとあります。

さらに「和」の偏（左半分）の「禾」という文字は、クヮと読むそうですが、一説には「クヮ」という音声は丸い粒のことで、「禾」は穂の丸い粒のことだそうです（小学館、漢和辞典）。クヮいい。かわいい。かわいいのは丸くて小さかったからでしょうか。

またしても丸です。

つまり「和」は、真ん中で切り分けて、左右どちらを見ても丸のようです。

さらに平仮名の「わ」は「和」をくずしてできたということです。

日の丸にしても、日だけでも十分丸いのに、さらにわざわざ丸を追加したのは、輪という意味を強調したかったからではないでしょうか。

すなわち「大和」とは元来「大輪」のことだった!?

どうですか。音声の「わ」と「やまと」、文字の「わ」と「ワ」、熟語の「大和」らは、丸い輪ないしは大きな輪だった公算が濃厚ではありませんか。

そしてその起源としては、北欧のリング状の大蛇＝ヨルムンガンドが最有力の候補となります。

聖徳太子が十七条憲法で示した「和をもって貴しとなす」とは、「ミドガルドの蛇を敬え」のことだった、というのは考え過ぎでしょうか？

そういえば西欧では、ワーグナーの楽劇4部作《ニーベルングの指環》、トールキンの『指輪物語』、アーサー王の円卓の騎士、イエス・キリストの聖盃など、輪や丸に類するシンボルが何かと多いようです。これらはかつてのオシリスの栄光を象徴していたのでしょうか？

でも今の日本では、和という文字から、丸とか輪といったニュアンスは薄れてしまいました。

しかし、そんな日本でも、天守閣のある区域を本丸と称し、その回りを堀で囲み、さらにその外側の環状の陸地部分を二の丸、さらに環状の堀、以降の陸地部分を三の丸、四の丸（これは実際にあったかどうか）と呼んだのは、和の名残だったのではないでしょうか。

リング状の水蛇が幾重にも取り囲んでいる！

神前のしめ縄。ここから縄張りという語ができました。丸い土俵（昔は二重になっていました）、横綱（輪になっています）、大団円などゆかりのある言葉や物が思い浮かびませんか？

東京の由緒ある区域＝丸の内は、内堀と外堀の間にありました。すなわち、ミドガルド蛇の内側にあったということです。

北大西洋にあったという有名なアトランティス島の伝説でも、幾重にも互い違いになった環状の陸地部分と環状の堀からなる島の様子が伝わってきます（日本の大阪城に似ていませんか?!）。ここで見逃せないのが、アトラスという王の父親がポセイドンだったと言われていることです。

日本では、船舶に対して、何とか丸と名付けていました。

さらに、日本ではかつて男子の幼名に何とか丸と名付ける習慣がありました。なぜ、童子の名が船の名前と一緒だったのでしょうか？

何しろ「丸」は、日本を取り囲んでいる大蛇ですから、荒れ狂ったらたいへんです。さらに、「丸」とは守護神の天照大神のことだったので、日本人と切っても切り離せなかったのです。

そして、日本の武士が重大な過失の責任取る時の究極の解決手段「切腹」。これは、12世紀の平安末期あたりから武士の間に広まっていったとあります。

しかもこれは、打ち首などと違って、名誉ある行為とみなされていました。

しかし、死ぬだけでも耐え難い苦しみでしょうに、なぜさらに自らのハラワタを切り裂くなどという地獄のような行為が加えられたのでしょうか？

これについては、外国人には決して理解できないどころか、当の日本人にすらうまく説明できなかったことではないでしょうか。

あえてここで言い訳するとすれば、これは日本の守護神天照大神（ポセイドン）が八つ裂きにされたことにあやかっているのではないでしょうか。

覚えていますか？　旧約聖書のイシュ・ボシェト（ポセイドン）は腹を割かれて殺されました。ギリシア神話のトロイの木馬（ポセイドン）も腹が開いて、兵士が降りて来ました。

切腹はそれらの名残である?!　例えばそれは大和民族の脳の無意識領域に太古の守護神の記憶が残っているのです。そのようなことをC・G・ユングは主張し、それらの意識されない記憶を原型と名付けたようです。

守護神の最期にあやかることが恥であるはずがありません。むしろそうしないほうが恥です。神道では知ってか知らずか、天照大神を男神なのに女神のように偽装し、さらにきしょいオオゲツヒメノカミ（ウケモチノカミ）とか、臭い畦の糞とか、恐ろしい逆剝ぎの馬とかグロテスクなヤマタノオロチに例えました。

しかしこれが結果的に、天照大神の悲劇的な真相を隠すことにもなりましたが、天照大神は都合4回にわたっていずれもスサノヲノミコトに殺されたことになります。

ここにはオシリスの受難の影響があったと考えられます。オシリスはセトによって一度殺されましたが、オシリスの妻イシスによって遺体を回収されました。しかし、さらにセトによって切り刻まれてエジプト中に遺体をばらまかれています。

そして、アマテラスという音声は、オシリスの実体である（もちろん通説にはありません）エジプト新王国第18王朝の初代アハメス（イァフメス）＝ネブペフティラーに由来している考えます。

王の誕生名アハメスがアマテラスになり、即位名ネブペフティラーがネブトゥヌスになったのではないでしょうか。

さて、日本神道の本丸はオシリスでした。

日本はポセイドンの国でした。でもあまりというか全然聞いたことないですか？

それもそのはずで、これは当店だけのスペシャル・メニューだからです。

エジプトの古い神、オシリスとセト。現代のエジプトでは、もはや一般的には信仰の対象ではありません。しかし、かつてのエジプトではどちらも華々しく信仰された時がありました。

セトは、旧約聖書ではダヴィデと呼ばれ、先代のサウルを自殺に追い込みました（旧約聖書にはダヴィデがやったとは、はっきり記されていませんが）。

サウルはやがてユダヤ教の見えない本尊ヤハウェになります。

オシリスを引き裂いたセトは、エジプトのテーベで神々の王アモンと呼ばれて崇拝された後、ローマ帝国の主神ゼウスとなり、その後キリスト教の天帝デウスになりました。

それがインドに渡って、アミターバ（無量光）とかアミターユス（無量寿）という昔の名前（アモン）で出ることになって、それが日本への仏教伝来で（神道の後）再入国して阿弥陀如来と呼ばれたのです。

阿弥陀様の本来の西方浄土とは、エジプトとかパレスチナのことだったことになります。

阿弥陀如来像は日本で一番多いそうですが、中でも代表的なのが、鎌倉の露坐の大仏、京都・宇治の平等院鳳凰堂のそれ、義経が落ち延びた奥州平泉の中尊寺金色堂のそれなどが有名です。


他方、地上から抹殺されたように見えるオシリスも、北欧やゲルマニアでは悪役として虚仮にされた上、インドでは敵役（かたきやく）に抜擢されたりシカトされたりしました。

それでもオシリスは、謎のアッシリアの守護神アッシュールを経て、ペルシア帝国では光明神アフラ・マズダ（阿修羅）として優遇された後、はるか極東の日本を取り囲む守護蛇となって、正体が埋もれたまま、天照大神という名で生き延びてきたというわけです。

因みに、トラブル・メーカーのセトは、西洋でもインドでも中国でも、持ち上げられたかと想えば、叩きのめされたりしています。

一般論として、以上の三つの神々の性格は、それらに付き従う各民族の性格に反映しているように思われます。

†らりるれろ

**ラスコーリニコフ（アブサロム、Apollo、＝ロジオン・ロマーヌイチ・ラスコーリニコフ、ドストエフスキー『罪と罰』の主人公）**

『罪と罰』は『カラマーゾフの兄弟』と共にドストエフスキーの代表作とされます。本作は19世紀ロシアのサスペンスですが多分に神経症的なところがある小説でもあります。

主人公のラスコーリニコフは法学関係の落ちこぼれ青年ですが、何事も許される万能の神のまねをして破滅します。

イケメンですが、未熟で思い上がった主人公は、自らを「選ばれし者」と思い詰め、遂にある一線を越えてしまいます。彼は神に成り代わって、高利貸しの老婆とその妹を斧で殺害します。しかし、案の定というか、言わんこっちゃないというか、彼は神でもなければ英雄でもありませんでした。意識外に押し込めていた良心の呵責の虫が騒ぎ出します。事件後彼は寝込んだり言動もおかしくなっていきます。

そんな頭でっかちの青年ですが、何でも話せる相手が1人だけいました。それが娼婦のソーニャです。理論武装でがちがちな彼に比べて正反対の彼女はそれらを解放させる女性でした。そこに彼は救いを見出します。苦しくなっていたラスコーリニコフは彼女に罪を告白します。

しかし、そんな両者にも共通点があったと考えられます。それは、世間一般の常識に縛られないことでした。

彼女の内心の心の輝きのようなものに照らされて、彼の心は霧が晴れるように整理がついて行きます。

彼は罪を受け入れる心の準備ができるに至ります。

ところで、この名作を神話だとみなす人がいるとは考えにくいことでしょう。

しかし、それがいるのです。それが自分です。

自分は、少なくとも『罪と罰』『白痴』『カラマーゾフの兄弟』の3作品は神話をもとに書かれたと考えています。

『カラマーゾフの兄弟』にも、マインドを酷使気味でやや強迫観念がかった人物が出て来ませんでしたか?

そうです。二男のイワンです。すなわち、この2人は同じ人で、2つの作品は同じ話だったのです。

高利貸しの老婆のような理不尽な存在をラスコーリニコフは受け入れられません。同様な傾向はイワンにもあります。それは、無神論と呼ぶべきものです。

多くの善男善女が生活に苦労している一方で、悪徳高利貸しみたいなのがいる。

神がいるならば、このような不条理がはびこることはないはずだ。でも世の中は不条理だらけだ。だから、神はいないに違いない。

程度の差こそあれ、(神は不在だから)恐れを知らない彼らの意志が、待ち受けている破滅から逃れることを困難にしています。

それにしても作者はどこで神話のことを知ったのでしょうか？

近代精神医学の大物C・G・ユングによれば、人々の記憶には、太古の記録が遺伝して刻み込まれているといいます。それを集合的無意識とか普遍的無意識というそうですが、何らかの脳の異常事態の時にそれらの記憶が噴出してくるようなのです。

ドストエフスキーはてんかん持ちでしたから、それが脳に何らかの作用をしたことが考えられます。彼は意識するしないにかかわらず、結果として同じ神話から2つの作品を書いた公算があります。

そこで、ダヴィデ王朝の人々の登場です。

ラスコーリニコフの正体はすぐわかります。彼にはとびきりきれいなドゥーニャという妹がいるからです。

だからラスコーリニコフと妹ドゥーニャの正体は、アブサロム王子（アポロン）とタマル姫（アルテミス）のペアで決まりです。

つまりこの話はこの兄妹神を中心にした話だったのです。

アブサロムが主に戦った相手は1人だけです。それは父のダヴィデ王（ゼウス）です。だから、ラスコーリニコフを追い詰めるポルフィーリーという予審判事の正体はダヴィデです。

ポルフィーリーという音声は、ダヴィデの本名の1つだったと考えられるエジプト初期王朝期第2王朝の王ペルイブセンがルーツのように思います。

さて、アブサロムがダヴィデと戦ったのは、ダヴィデがタマル姫をレイプしたからでした。

ここに、清純なドゥーニャを誘惑しようとしてうまくいかず自殺してしまうスヴィドリガイロフという裕福なおじさんがいます。だからこのおじさんの正体もダヴィデです。

このスヴィドリガイロフという変わった音声は、ダヴィデの本名の1つであるエジプト中王国第12王朝のアメネムハト1世の即位名セヘテプイブラーに由来しているように思います。

スヴィドリガイロフ↑スピトリアイボフ↑送り母音調整↑セプテラアイブへ↑並べ替え↑セヘテプイブラア↑セヘテプイブラー。

こういうのをアナグラム（字謎）といいますが、はたしてこのような現象が起きていたのかどうかわかりません。しかし、はっきり否定することも同様にできません。

さて、ダヴィデ関連の配役はこれだけではなくて、同じく妹ドゥーニャと結婚しようとして、ラスコーリニコフに妨げられるルージンという弁護士がそうです。

それから娼婦ソーニャの父親で飲んだくれのマルメラードフという不幸の源泉男もそうです。酒の神バッコスはダヴィデ（ゼウス）の別名です。家計が破綻したのでソーニャは娼婦になっていたのでした。

それから、主人公に惨殺される高利貸しの老婆アリョーナの義理の妹リザベータというのは女のダヴィデだったと思われます。リザベータ（エリザベート）はダヴィデの女形の名前です。ダヴィデは両性でした。彼女は、『カラマーゾフの兄弟』にも足の悪いリーザという地味な配役として出てきます。

これで、ダヴィデ関連の配役だけで少なくとも5人です。ダヴィデ（ゼウス）がいかに複雑怪奇な人物だったかがわかろうというものです。

問題のソーニャ（ソーネチカ）の正体はダヴィデの最終美人妻アビシャグだと考えられます。アビシャグはギリシアでは愛と官能の女神アフロディテ（ヴィーナス）と呼ばれました。

ソーニャの本名はソフィですが、彼女はリヒャルト・シュトラウスの楽劇《ばらの騎士》にもゾフィとして出てきます。

そしてこのアビシャグの配役は今のところソーニャ1人だけのように見えますが、はたしてそうだったのでしょうか？

ソーニャの父親は先ほど申しましたように、自堕落なマルメラードフすなわちダヴィデです。旧約聖書では最終妻アビシャグの出自は不明ですが、ダヴィデの娘だったとドストエフスキーは言っていることになります。

すなわち、ダヴィデが自分の娘を妻にしたということを旧約聖書は封印したのではないかという疑いが出てくるのです。

つまり、このアビシャグ（ヴィーナス）の正体はタマル姫（アルテミス）だったのではないかということです。

アビシャグとアブサロムの接点は旧約聖書にはありませんが、これなら問題ないわけです。だから、予想される旧約聖書の本来の筋は次のようになります。

ダヴィデが王子アブサロムの妹タマルをレイプします。その事実も旧約聖書は封印したらしく、実行犯をアムノンという長兄のせいにしています。激怒したアブサロムが父ダヴイデに反逆して憤死してしまいます。

息子を愛していた泣き泣きのダヴィデは娘のタマルを最後の妻にします。それを旧約聖書はひた隠して、タマルを素性不明のアビシャグと呼んだのではないでしょうか？

だから、娼婦ソーニャはラスコーリニコフの妹ドゥーニャの分身だったということが言えそうなのです。

さらに、アビシャグはアブサロムという音声とよく似ています。さらにそれらのギリシア名のアフロディテもアポロンとよく似ています。

このことも、アビシャグが実はアブサロムの妹だったのではないかという暗示のように思われるのです。

ラスコーリニコフの数少ない友人ラズミーヒン、彼のファーストネームはドミートリィですが、彼は「カラマーゾフの兄弟」にも、長男ドミートリィとして出て来ますが、どちらもその正体はアブサロムの弟アドニヤ（アレス）のようです。

同様に、マルメラードフの2人目の妻はカテリーナといいますが、彼女も『カラマーゾフの兄弟』ではカチェリーナ（カーチャ）というお騒がせな女性として出てきます。その正体はどちらもダヴィデの後妻バテ・シバ（アテナ女神）です。そこでは、長男ドミートリィと父親フョードル（ダヴィデ）が、グルーシェンカという美人を巡って争いますが、この美人が先の娼婦ソーニャに該当しています。

さらに、心を病んだラスコーリニコフを診察するゾシーモフという医者の正体は、音声からしてアブサロムとアドニヤの弟ソロモン（ヘルメス）だと考えられます。

最後に、高利貸しの老婆アリョーナは、妹がダヴィデ（ゼウス）なので、その正体は、イシュ・ボシェト（ポセイドン）の女形ではなかったでしょうか？

## ルーク・スカイウォーカー（アブサロム、Appolo、映画『スター・ウォーズ』の勇士、ダース・ヴェイダーの子）

映画『スター・ウォーズエピソード6／ジェダイの帰還』（1983年公開）、最後のクライマックスです。

銀河帝国軍と反乱同盟軍の死闘は大詰めを迎え、前者の最強のダース・ヴェイダーに対し後者の救いの星ルーク・スカイウォーカーが死闘を繰り広げます。

既に、ルークの大先輩オビ＝ワン・ケノービはダース・ヴェイダーに殺され、自分の父が恐ろしいダース・ヴェイダーだったことを、オビ＝ワンの亡霊によってルークは知らされていました。

死闘の末、瀕死となったダース・ヴェイダーはマスクをはずして、初めて息子に父親らしい言葉を語りかけます。

ここにおいて『スター・ウォーズ』は完結するのですが、実際の神話では、生死が逆になっています。

旧約聖書では、息子のアブサロム王子に反逆され、心ならずもそれを滅ぼしてしまったダヴィデは痛恨の涙を流すことになります。

ルークの正体はアブサロム（アポロン）で、ダース・ヴェイダーはダヴィデ（ゼウス＝ディオニュソス）です。

だから本当は、先に死ぬのはルークのほうなのです。

## ロキ（サウル、Ｃｒｏｎｏｓ、北欧の火の神、ゲルマンのローゲ）

北欧の謎の火の神＝ロキは神々の相談役で、その魔法によって神々に様々な武器をもたらしましたが、別名トリックスター（いたずら者）とも呼ばれました。

ロキはゲルマン神話ではローゲと呼ばれました。そして、北欧＝ゲルマン神話のルーツは旧約聖書です。

ワーグナーの４部作楽劇《ニーベルングの指環》の第１作《ラインの黄金》で、ローゲは最高神ヴォータンに助言して、青春の女神フライアを巨人族から取り返してやります。

ヴォータンの正体はダヴィデ（ゼウス）で、フライアはダヴィデの娘タマル姫（アルテミス）です。

ローゲとヴォータンの関係は微妙なものがあり、両者に殺し合いがあったかどうかは、神話からはあまりはっきりしません。

しかしロキは、神々の一族とは別枠という点では、ギリシア神話のクロノスと同じです。

《指環》の残りの３作のそれぞれのラスト・シーンで、ローゲは炎として出てきますが姿は見せません。

その真相は、ローゲは、クロノスと同じくヴォータンたちに殺されたのです。

それらの炎は「送り火」だったのです。

ですから、ロキは、旧約聖書のユダヤ唯一神ヤハウェ、盗火神プロメテウス、フェニックス（不死鳥）、怪鳥ロック（アラビアン・ナイト）らと同類の火の神で、その正体はサウル王（クロノス）だとすぐわかります。

映画『十戒』で、イスラエルの指導者＝モーセに十戒を授けるヤハウェは、空中の炎で表されました。

そして、サウルの正体は古代エジプトのファラオです。

ロキの頭に毒蛇が据え付けられるシーンがありますが、これなどは、この神がもともとエジプトのファラオだったことが見え見えになっています。

なぜなら、ファラオは、額からコブラの突き出た冠をかぶっているからです。


**ロック（サウル、Ｃｒｏｎｏｓ、＝ルフ、アラビアン・ナイトの巨鳥）**

船乗りシンドバッドは２回目の航海で、緑豊かな無人島に上陸します。やがて、夕方でもないのに、あたりが暗くなってきます。

巨鳥ロックがやって来たのです。

シンドバッドはターバンをほどいてつくった縄で自分を巨鳥の足に縛り付けて島を脱出します。

アラビアは海を挟んでパレスチナの東側に位置します。だから、アラビアン・ナイトの話も旧約聖書がルーツだったと考えられます。

シンドバッドの正体は栄華のソロモン王（ヘルメス）で、ロックは2世代前のイスラエルの開祖サウル王（クロノス）です。

ロックは、北欧神話ではロキ、ゲルマン神話では火の神ローゲ、日本では猿とか鶴になりました。

サウルは、エジプトの大スフィンクスとなり、後に偶像崇拝の禁止によって姿を消され、ユダヤ唯一神ヤハウェとなったのです。

そのユダヤ教が大々的に確立されたのはBC10世紀のソロモン王の時代だとされます。

†改訂増補部分

## アイゲウス（イシュ・ボシェト、Poseidon、テーセウス神話、アテナイ王）

地中海のクレタ島には、ラビュリントス（迷宮）というのがあります。そこに潜んでいるのが、ミノタウロスというお化けです。

彼は牛頭人身の文字通りモンスターです。同類としては、モーツァルトのオペラ《魔笛》のモノスタトス、日本の因幡（いなば）の白うさぎ神話のワニ（鮫）がいます。

彼らは、かどわかします。若いおなごを。

対して、ミノさんはボリボリ喰らうのです。アテナイ直送の善男善女を。

困り果てたアテナイ王アイゲウスは、英雄テーセウスをクレタに派遣します。

その結果、怪物退治はうまくいったのですが、アテナイに帰還する時、英雄は誤って、黒い帆を張ってしまったのです。白い帆にすべきところを。

英雄が死んだと早とちりした王は、海に身投げしてしまいます。

ボッチャーン。

どうもギリシア神話には、この種の奇天烈なエピソードが多いようですな。

身投げしたエーゲ海は、アイゲウスの海という意味だそうです。

これは、牛を屠殺するいわゆるミトラス教と同類です。

この神話には、痕跡が残されています。ポルトガル、スペイン、西フランス、すなわち極西ヨーロッパに今も残る闘牛です。その他、メキシコでもまだやっているようです。

この話には、以下が隠されているのです。女たらしで皆殺しのヘラクレス（ダヴィデ）がパージ（粛清）されたことが。盗人の神ヘルメス（ソロモン）によって。

隠したのは旧約聖書です。

ミノタウロスはダヴィデ、テーセウスはソロモンですが、ここでわかりにくいのは、アイゲウスです。

このアイゲウスのことをダヴィデだと、自分はずっと思っていました。しかし、ダヴィデがだぶって死ぬというのはおかしい。海を挟んで、クレタとアテナイの両方で。

それで、よくよく考えてみると、分かったのです。この音声には聞き覚えがあるぞと。

それは、アウゲイアス。

ヘラクレス12の難行のうち、5番目の家畜小屋（ヘラクレスが掃除する）の主です。

自分は、彼をイシュ・ボシェト（ポセイドン）と査定しました。

アウゲイアスとアイゲウス。似ています。同一人物なのか？

さらに、思い出しました。ダヴィデがサウル（嫉妬に狂った）に追われて、袋のネズミ状態になった時、死に物狂いで逃げ込んだ先は、アキシュというペリシテ王でした。

自分は了承しています。サウルとダヴィデが共に敵対していた相手ペリシテというのは、イシュ・ボシェト（ポセイドン）のことです。

だから、アキシュというのはイシュ・ボシェトのことだ、と。

アキシュとアイゲウス。やや似ています。

もっとぴったりなのがいました。それは、日本の大気都比売神（オオゲツヒメノカミ）です。

女神は斬り殺されています。兄弟の素戔嗚尊（スサノヲノミコト）によって。

女神の正体はイシュ・ボシェトです。彼女は、あまりにも酷い待遇をしたからです。逃げ込んできて奴隷となったスサノヲに対して。スサノヲはダヴィデ王です。

オオゲツヒメとアイゲウス。ビンゴ！

似た話があって、保食神（ウケモチノカミ）というのがいて、やはり月読尊（ツクヨミノミコト）によって斬り殺されています。

同じように、あるまじきもてなしをしたからです。

ツクヨミは、音声的にもトトメス（1世）、つまりヘラクレス＝ダヴィデ王です。

ウケモチとアキシュ。そこそこ似ています。

それよりウケモチとは、イシュ・ボシェトの本名、アハメス（イアフメス）＝エジプト新王国第18王朝初代、ではなかったでしょうか。

分かりにくいアイゲウスはイシュ・ボシェト（ポセイドン）だったのです。

この闘牛話は、次のオペラを産み出しました。

先のモーツァルト《魔笛》。ビゼー《カルメン》。リヒャルト・シュトラウス《エレクトラ》。同じく《ばらの騎士》。

最初の3つは神話だとある程度見当がつきます。

最後の《ばらの騎士》はマリア・テレジア時代のウィーンの優雅な宮廷の話になっています。でも、ホフマンスタールの台本は神話です。優雅なオクタヴィアン伯爵がソロモン。好色なオックス男爵がミノタウロスのダヴィデです。

第2幕で、愛しのゾフィー（アリアドネ＝テーセウスを助けた王女）に、伯爵は銀のバラを差し出します。

これが神話なのは、最後のシーンで分かります。

黒人の少年が拾って消え去るのです。白いハンカチを。

テーセウス神話以外ありません。
黒い帆を張ったこと。白い帆の代わりに。
観客にはさっぱり分かりません。
ボッチャーン、という音もしないので。

## アキレウス（アブサロム＝Apollo、&ヨアブ＝Herakles、トロイ戦争、最速最強のギリシアの勇士）

アキレス腱で有名なアキレウスです。ブラッド・ピットがアキレウスを演じた『トロイ』（２００４）が話題になりました。

トロイ戦争は、トロイ＝小アジア（トルコ）が滅亡したという伝説の大戦争です。艦隊で押し寄せたギリシアの連合軍によって。

神話のクライマックスは、以下が一騎打ちで死ぬところです。ヘクトール＝トロイ方最強の戦士が、アキレウスによって。

アキレウスは両軍を通じて最強最速の英雄です。

しかしその前に彼は総大将のアガメムノンと、険悪な仲になります。

その後、アキレウスが、ふてくされて戦線から離脱したので、トロイ落城が遅れて、両軍の犠牲者が増え続ける原因になってしまいます。

諍（いさか）いの原因は、彼の戦利品の女ブリーセイスが、アガメムノンに強奪されて、アキレウスが怒り狂ったからです。

トロイ戦争を叙事詩にしたホメロス作『イーリアス』は、この仲違いで開始され、ヘクトールの葬儀の場面で終了しています。

最初の争いのパターンは、ギリシア対トロイという国同士でなく、アガメムノン対アキレウスというギリシア側の内乱です。その原因はブリーセイスです。

一般にトロイ戦争は、BC12世紀の、ギリシア〜小アジア（トルコ）間の実際の事件だと思われているようです。しかし、同じような題材の神話は世界中にあります。

現代では、映画『スター・ウォーズ』で、レイア姫が拉致され、父＝ダース・ヴェイダーによって、自白強要剤を注射されています。

古くはワーグナーの4部作楽劇《ニーベルングの指環》。インドの2つの叙事詩『マハーバーラタ』と『ラーマーヤナ』などです。

文学としては、ドストエフスキー『カラマーゾフの兄弟』『罪し罰』などもそうです。

いずれも、チョイ悪おやじ対いけめん青年というパターンで、争いに絡んでいるのが、1人の美女です。

実は、これらはすべて同じ話だったと考えられるのです。

そして、旧約聖書＝サムエル記にも同様な話があります。

やはり、殺し合いになっています。ダヴィデ王とアブサロム王子が、タマル姫の件で（『サムエル記下』18―6）。

発端は、レイプ事件でした。タマル姫＝アブサロムの美しい妹が、ダビデの長子アムノンに。弟のアブサロムによって、アムノンは殺されます。

しかし、ここには大きな謎があります。事件はここで終わらずに、その後、アブサロムはヘブロン（テーベ＝ルクソール？）で即位し、敵対していく相手が父ダヴィデになったことです。

当時ダヴィデは、エルサレム（オン＝ヘリオポリス？）にあって、ユダとイスラエル含む全イスラエルの王でした。

なぜ、弟と父が兄の悪事のことで、殺し合わなければならなかったのか？

他国の神話は、きっかけをダヴィデだとしています。

アムノンはダミー（替え玉）だったのではないか。ダヴィデの尊厳を守るための。

アムノンとアモン（エジプトでのダヴィデの神としての名）。似ています。

自分はそう思います。その後の一連の事件を考えるにつけ、ここは、ダヴィデ本人がやっちまったようなのです。

ダヴィデ（ゼウス）がレイプしました。タマル（アルテミス）を、そこで、兄アブサロムが怒ったという話。

この話は巡り巡って、日本の意外な神話になっています。

お馴染みの因幡（いなば）の白うさぎの話です。ワニ（鮫・さめ）を騙（だま）した白うさぎが、ワニにボコボコにされます。

白うさぎがタマル姫で、ワニがダヴィデ王です。ここでは、隠されています。姫がレイプされたことが。

白うさぎを介抱するのは、大国主命（オオクニヌシノミコト、＝ソロモン）とされます。

しかし、実は大国主命の別名（実は兄）大穴牟遅神（オオナムヂノカミ）です。

オオナムヂがアブサロムです。

ちなみに、「いなば」は鳥取県東部の地名だとされます。しかし元来は人名で、古代エジプトに実在した豪族イバナで、犬神アヌビスになりました。

さらに、このアヌビス（いなば）が、同じ日本の稲荷（いなり）信仰になったと思われます。

イナバは、旧約聖書にも出てきます。それは、アブネル＝イスラエルの最強の軍師で、彼は、サウル王（ダヴィデのご主人様）の従兄弟に当たります。

この犬神は、インドの大叙事詩『マハーバーラタ』では、以下のように呼ばれました。

カウラヴァ側のボス＝ドゥリヨーダナ、あるいは軍神ドローナと。これが、ドラゴン＝竜のルーツになった、と思われます。

ヘクトールの説明としては、こんなところです。

以上はギリシア側の内乱ですが、以下は国同士の話です。

トロイ戦争のそもそもの原因は、以下が誘拐されたからです。スパルタの王妃で絶世の美女＝ヘレネが、トロイのアレクサンドロス＝パリス王子によって。

怒ったスパルタ王メネラオスが、兄のミュケナイ王アガメムノンと共に大挙してトロイに押し寄せてきたというわけです。

ここには、2つの対立があります。

まず、内乱。アガメムノン対アキレウス。きっかけはブリーセイス。

次に、国対国の戦争。メネラオス対パリス＝アレクサンドロス。きっかけはヘレネ。

しかし両方とも、元ネタはダヴィデ対アブサロムだった、と考えられます。

このようにトロイ戦争は、同じ話のヴァリエーション（変形）のオンパレードで、ごちゃごちゃになっているのです。

てゆーか、世界中の神話がこのようにつくられているということです。

だから、以下の2組はいずれも同一人物ということになります。アガメムノンとメネラオス。それらに対するアキレウスとパリス＝アレクサンドロス。

しかし、アキレウスとパリス王子は一見同じような役に見えて、かなり違いがあります。

たとえば、王者アガメムノンに対するアキレウスの対立の激しさ。パリス王子もメネラオスに対立しましたが、逃げの一手という感じです。

それ以上に、アキレウスがヘクトールを仕留めたこと（ドラゴンを退治したこと）。

このような側面は、パリス王子にも、アブサロムにもまるで見当たりません。

この役を「サムエル記」でやっているのは誰か？

それは、ヨアブという男です。彼は、ダヴィデの甥（ダヴィデの姉ツェルヤの子）です。

彼は極めて凶暴な男です。仕留めることになるのが、アブネルだけでなく、アブサロムも、だからです。ここに、比較神話の闇がありそうです。

実はこのヨアブは、かのヘラクレスを想像させるのです。

## アッシュール（イシュ・ボシェト、Poseidon、アッシリアの最高神、天照大神）

古代アッシリア王国は、メソポタミアの両河＝チグリス・ユーフラテスの上流にありました。南東の下流には有名なバビロニアが位置しています。

アッシリアの南にシリア、さらに南にパレスチナ、さらにその南にあるのが大国＝エジプトというわけです。

好戦的で残虐なアッシリアは、ただならぬ恐怖を呼び覚まし、パレスチナ諸国や南の盟主＝エジプトにきわめて深刻な影響を与えたのです。

抵抗した町の住民を串刺しにしたり、その生皮を剥いで城壁に貼り付けたりした、といいます。

ＢＣ８００年代、ＢＣ７００年代は特に深刻で、遂にＢＣ７２２（またはＢＣ７２３）年、北イスラエル王国のサマリヤは、滅亡に追い込まれます。

人々は拉致されたり、四散したといわれ、いまだに議論が続いています。北イスラエルの子孫がどこへ行ったのか、が。

そのアッシリアの最高神がアッシュールという神でした。この名前はアッシリアだけでなく、シリアなどの国名の由来になったとされます。

では、この神の正体は何だったのでしょうか？

その前のＢＣ８００年代、アッシリア王シャルマネセル３世（在位ＢＣ８５９年頃～ＢＣ８

24年頃）の時代も、シリア・パレスチナ・エジプトは侵略の恐怖にさらされていました。

この時、エジプトでは世にも奇妙なことが進展していたのです。そのことについて説明していきましょう。

この時代のシリア・パレスチナの地中海沿岸の北部、ウガリト（ラスシャムラ）やその南のフェニキアは、シャルマネセル3世に強襲され滅亡してしまいます。

船で海に逃れたフェニキア人たちは、北アフリカ沿岸（現チュニジア）にカルタゴを建設します。まったく傍（はた）迷惑どころではないですな。

沿岸諸国のSOSがこだまするなか、エジプトはアッシリアとの直接対決を避け、以下を鎮圧します。どさくさに紛れて反乱してきたシリアやモアブ（死海の東側）を。

しかし悪いことばかりでなく、混乱の中、独立した国もあります。

エドム（死海とアカバ湾の間）、リブナ（ヨルダン川の向こう側、あるいはモアブの地、あるいはシナイ地方、諸説あります）などです。彼らは南ユダ王国（下エジプト）から解放されました。

さらに、アッシリアは虎視眈々と狙いを定めていました。裕福な南国エジプトの富を奪わんがために。シャルマネセル3世と同時代の北イスラエルの王たちは、旧約聖書・列王記よれば、アハブ、ヨラム、エヒウという面々でした。

アメリカ映画『白鯨』（1956）に出てくる狂気の船長（グレゴリー・ペック）は、片足が食いちぎられています。モービー・ディックと呼ばれる白いマッコウクジラに。

彼の名前エイハブというのは、列王記のアハブのことだと思われます。アハブ、ヨラム、エヒウ、の3人はシャルマネセルの脅威の中、なんとか生き延びた王たちということで知られていますが、彼らの側面はそれだけではありません。

この当時、北イスラエルでは、バアルという邪神の崇拝がはびこり、これを旧約聖書は厳しく糾弾しています。

特に、アハブまではその傾向が続いたとして、彼はつるし上げにあっています。しかし、次のヨラムから情勢が微妙に変わっていくのです。ヨラムは以下を取り除いたとあります。先代のアハブのバアルの柱を。バアルとはダヴィデ王のことです。

バアルの柱の正体は、エジプトのオベリスクのことだと思います。

オベリスクについては、よく分かっていませんが、ダヴィデすなわちアモンのシンボルだったことになります。

その次のエヒウは、こてこてのヤハウェ崇拝者となって、バアルの関係者をパージ（粛清）していきます。すなわちこの時代は、バウルからヤハウェへの宗教革命があったことになります。

常識的な古代イスラエル史では、ここまでしか示せません。だからこれ以降は、ここだけの話になります。

旧約聖書のこの部分を、古代エジプトの同じBC800年代と照合しても、うまくいきません。古代エジプトの年代がずれているようなのです。

ところで、この3人のファラオには、今だ知られざる裏の顔があったのです。

ツタンカーメンの時代のエジプトについてある程度クールな知識のある人なら、即座にピンとくるものがあるはずです。彼の2代前に、アモンからアトンへの宗教改革があったからです。しかし通説では、彼らの時代は、BC1300年代です。これを約500年ほど現代に近づけて比べれば、驚くほど、古代エジプトと北イスラエルが嚙み合うようになります。

ツタンカーメンの直前の2人のファラオ、アクナトンとセメンクカラーは、アトンに執着し、全盛期のアモンおよびそれ以外の神々をないがしろにしました。

この時、世界史上初めての一神教が誕生したと、言われています。

対して、先のヨラムとエヒウは、ヤハウェを崇拝し、邪神バアルを取り除いた、とあります。だから、ヤハウェ（サウル）はエジプトのアトン（太陽神）で、バアル（ダヴィデ）は同じくアモンではないか、という想定ができます。

しかし、2人の宗教改革は失敗しました。後を引き継いだツタンカーメンは、改名しました。ツタンカーテン（元の名）から、今では有名なツタンカーメンに。

テーベのカルナック・アメン大神殿も復旧しました。でも、これらの大騒動の原因は、解明されていません。すぐわかりますけど。

アメンホテプ4世（アクナトン）は、シャルマネセル3世に莫大な貢ぎ物を送ったのだ（ヴェリコフスキー『混沌時代』第8章、エル・アマルナの手紙、終章）。

ヴェリコフスキーは、以下を発見した大功労者です。彼ら古代エジプト新王国第18王朝のファラオたちが、シャルマネセル3世と同時代であることを。

しかし、ヴェリコフスキーの業績はここまでで（それでもたいへんな功績ですが）、彼は思っていませんでした。列王記の王たち、アハブ、ヨラム、エヒウの正体がエジプトのファラオたちであるとは。

すなわち、アハブはアメンホテプ3世、ヨラムはアメンホテプ4世＝後のアクナトン（アクエンアトン）、エヒウはセメンクカラーだということです。

エジプトで奇妙なことが続くというのは、この後です。

明らかになっていませんが、アメンホテプ3世、アメンホテプ4世、セメンクカラーというのは、さらに、以下に一致するのです。

同じエジプト古王国第4王朝の、スネフル、クフ、カフラーに（染谷俊二郎＝染谷くじゃくの本名『クフ王の正体』1990、新人物往来社）。

王たちが1人でいくつも持っていた名が、時代の異なる別人として誤解された結果です。大洪水や大火などの天変地異によって、年代が混乱した結果。

この時期は、巨大なピラミッド建設のピークでした。

スネフル（アハブ）は造りました。ダハシュールに、赤ピラミッドと屈折ピラミッドをペアで。クフ（ヨラム）はギザに大ピラミッドを。カフラー（エヒウ）は同じくギザに第2ピラミッドを、です。

すなわち、北方アッシリアの主神＝アッシュールの恐怖の中、アハブ、ヨラム、エヒウの3人は、巨大なピラミッド建造に何年もかけて、あくせくと専念しまくっていたということになります。3人のファラオが侵略を予想して軍備を増強したとか、積極的に戦ったという話もありません。

彼らの遺したピラミッド4基は、そのまま巨大ピラミッドのベスト4です。

ピラミッドは王の墓でなく、ファラオの魂が、死後舞い戻ってくるための神殿だということです。

それはよいとして、ベスト4を形成するような巨大なピラミッドが集中したのが、なぜよりによってこの時期だったのでしょうか？

ヘロドトス（BC5世紀ギリシアの史家）は、呼んでいます。スネフルのことをランプシニトスと。この王は莫大な銀を所持していて（以降の王たちがとても及ばないような）、彼の代まではエジプトでは善政がなされていた、といいます。

だから、極端に急進的だったのは、次のクフとカフラーの2人だけだったということです。

クフとカフラーの2人は、死ぬほど憎まれ、憎悪のあまり、本名で呼ばれることすら嫌がれたといいます。強制労働にかり出された人たちによって（ヘロドトス『歴史Ⅱ』—128）。

2人の王を、これほど狂気に駆り立てたのは何だったのか？　宗旨変えして、巨大なピラミッドを無理に造らせてまでして。

アッシリアしかないじゃないの。命の危険があるのは。

そうじゃなかったら、強行するわけがありません。わざわざこの立て込んでいる時に。

金もかかるし、民衆からは嫌われるし。

では、その守護神＝アッシュールの正体は？

先ほどの拙著『クフ王の正体』の中で、筆者は述べています。

ギザの大スフィンクス（参道で第2ピラミッドと繋がっている）と密接な関係にあったのがアトン神だと。ここでも、アトンが出てきます。

そしてここが肝心ですが、ピラミッドは神殿です。ファラオたちが死後オシリス神となって復活するための。結果的に、これらの主張は今でも使えそうです。

それを裏付けるように近年、オシリス・シャフトというのが注目され、ギザのピラミッド群が冥界のオシリスと関係あるのではないかと考えられつつあります。

オシリス・シャフトというのは、大スフィンクスと第2ピラミッドの中間あたりで発見された縦坑で（1945年）、最低部は地下40メートルに達しています。

オシリスの根拠としては、オシリスが描かれた陶片が発見されたからです。オシリス・シャフトの最下層の部屋で、水で囲まれた黒色玄武岩の巨大な石棺の中から。

なぜ、オシリスのための神殿だったのでしょう？　当時全盛だったアモンでなく。彼ら2人のファラオが焦って造らせたのが。

アモンはセトです。セトはかつて、アッシリアの地を侵略してきたダヴィデです。

だから、アッシュールがセトだったとは考えにくいでしょう。

そのセト（アモン）にかつて、切り刻まれたのがオシリスです。

だから、アッシュールがオシリスだとしたら、まだ辻褄が合います。

そうとでも考えないと、うまく説明が付きません。

上エジプトのテーベ（ルクソール）では、アモンのための大神殿が増築中でした。トトトメス1世（ダヴィデ＝ヘラクレス）に始まり、ハトシェプスト女王（シバの女王）、トトメス3世（ヤラブアム）…、アメンホテプ3世（アハブ）など有力なファラオたちによって。この大神殿（カルナック・アメン大神殿）を、アッシリアの王に見られたら、どう申し開きするのか。

列王記の王たちは、シャルマネセル3世を非常に恐れていました。

特に2人の王、ヨラム（クフ）とエヒウ（カフラー）は、憎まれつつ民衆をピラミッド建造に強行しました。おそらく、アッシュールのためにアッシリアに恭順の意を示して。

理由は、ただ単に怖かったからなのか、戦って勝つ自信がなかったからか、大戦争をする勇気がなかったからか、それはわかりません。

日本にも同様な例があります。徳川最後の将軍第15代慶喜（よしのぶ）です。

1868年の戊辰（ぼしん）戦争で、彼は強力な海軍を有していたにもかかわらず（新政府軍に勝てる見込みがあったという評価もあります）、大坂城にあって、部下たちはやる気満々だったのにもかかわらず、攻撃の命令を出しませんでした。

江戸に逃げ帰っても、ひたすら恭順の殻に閉じこもり、ただただ生き延びることに賭けた生き様を、彼は示しました。

戦争が避けられない時代に、生まれつき戦争ができない支配者がいたということです。

だったら、将軍職なんか最初っから断れつーの。引き受けても、戦争になったら、とんずらだよって。

決定的なアッシリアの記念碑が大英博物館にあります。

黒色オベリスクという貴重な石碑で、シャルマネセル3世に北イスラエルのエヒウ（イエフ）が土下座して、貢ぎ物を献上する様とそのリストが、そこには刻まれています。

エヒウは第2ピラミッドのカフラー（セメンクカラー）です。

「ギザに第2ピラミッドを急いで造らせています。アッシュール様のための神殿です。

簡単に壊すことはできません。

民衆が苦しもうが、反感を持とうが知ったこっちゃありません。

宗教チェンジも断行させていただきました。シェーシェー。

あなた様（シャルマネセル3世）が嫌悪するバアルからアトンにです。シェー。

アトンというのはアッシュール大明神ではございませんが、その先代で、やはりバアルの敵ですので、何とぞご容赦ください」と、エヒウは言っているように見えます。

既に、述べましたが、第2ピラミットと参道で繋がっている大スフィンクスは、アトンの像です。

アッシュールの正体ですが実は、はっきり断定できるほど、材料が揃っていません。

一般に言われているのは、以下の通りです。

日本の阿修羅（あしゅら）の起源として、インドのアスラ、ペルシアの光明神＝アフラ・マズダ、旧約聖書のアシェラなどを経て、アッシリアのアッシュールにたどり着くのではないかということです。

阿修羅の正体は、明かされていませんが、阿弥陀（セト）と対極にある性格からして、エジプトの太古の神オシリスだと思われます。

アッシュール＝オシリスは現状では、以下のように裏付けられます。

南メソポタミアのバビロニアの創世神話『エヌマ・エリシュ』には、出エジプトを想わせるシーンがあります。

ここでは、天命の粘土板（トゥプシマティ）というのがあって、最高神には必携だというのです。キングーという支配者がそれを持っています。

戦闘神マルドゥクが戦って勝ち、粘土板を奪ったといいます。

キングーは処刑されます。エア（エンキ）によって。

マルドゥクは、粘土板に自分の印を押し、胸の上に固定しました。

そして、マルドゥクが地上の支配者になります。最高神エンリルの代わりに。

粘土板は、出エジプトの十戒の碑板に当たります。それを奪われたキングーの正体は、サウル（後のヤハウェ）です。

奪ったマルドゥクはモーセ（ヘラクレス）です。

モーセは、天のヤハウェから石の碑板を授かったようになっています。

しかし本当は地上のサウルを抹殺して、それを奪ったのです。

キングーを処刑したエアはダヴィデ（モーセ）です。

問題はエンリルですが、長い髭の短気な激情家という以外に、冥界の神の側面がある彼は、アロン（オシリス、モーセの兄）以外ありません。

つまり、アロンは本来はヤハウェ（キングー）の後継者だったのに、彼も抹殺されたということです。モーセによって。

これらは、出エジプト記ではわかりません。

そして通説として、アッシュールをエンリル（アロン）と同一視する見方があるのです。

アロンはオシリスですから、この点でも、アッシュールはオシリスです。

南メソポタミアの北半分をアッカド（南半分はシュメール）といいます。そのアッカドには、『イシュタル賛歌』というのが伝わっています。

それによれば、アッシュールの配偶神は女神イシュタルで、イシュタルは一般に、金星の女神ヴィーナスだとされます。

しかし、有名な『ギルガメシュ叙事詩』で、ギルガメシュと死闘を演じるこの女神は、とてもそんな甘いものではなく、以下のような査定になります。

ギルガメシュはソロモン（ヘルメス）。彼の友人で、先に死んでしまうエンキドゥがアブサロム（アポロ）。そして問題のイシュタルは女のダヴィデということになります。

つまり、これはペルセウスによる妖怪退治神話と同等です。だから、イシュタル（牛の♀ダヴィデ）は、蛇髪の女怪メドゥーサというわけです。

だから、イシュタルの夫アッシュールは少なくとも、ダヴィデではありません。

アッシュール&イシュタルのペアの正体として、公算が高そうなのが、ポセイドン&ゼウスということになります。ゼウスは両性の神です。

そして、このカップルの例は、ギリシア神話では珍しくなくて、天馬ペガソスの両親=ポセイドン&メドゥーサのようなのがあります。

日本では、かぐや姫の両親と考えられる三室戸斎部の秋田（みむろといむべのあきた）&讃岐造（さぬきのみやつこ）というのがそれです。

両者のうち、ダヴィデのバアル（アモン）は、エジプト、インド、欧米、中国などで、最強神になりました。

他方、イシュ・ボシェトのアシェラはひっそりと、アフラ・マズダ=アンチ・ギリシアのアケメネス朝ペルシア、を経て、天照大神=日本の皇祖神になったことは、あまり知られていません。

アッシリアはエジプトのセト（アモン）に対抗して、オシリスを採択したのです。

エジプトからペルシアに飛ぶ橋渡しをしたのが、このアッシリアだったというわけです。

でも内弁慶エヒウは、国内ではわかりやすい急進派でした。

先のエヒウは、アハブ（アメンホテプ3世）の王子70人を皆殺しにします。

さらに、イゼベル=アハブの妻を建物から突き落とさせ、馬で踏み潰しています。

「人々が、彼女を葬ろうとして行くと、頭蓋骨、両足、両手首しかなかった（『旧約聖書、列王記下』9―35)」。

イゼベルはエリヤに非難されています。夫アハブにバアル信仰をたきつけたとして。エリヤというのは、有名なヤハウェの預言者です。アハブの代に出現しました。

イゼベルの正体は、ティイ(アメンホテプ3世の妻)で、かつ古王国第4王朝のヘテプヘレス(スネフルの王妃)です。

イゼベルは以下の娘で、アハブとは政略結婚したのです。ツロ=ティーレとシドン(いずれもフェニキア)の王エテバアルの。

エテバアルの正体は、ユヤです。アメンホテプ3世時代の外国人貴族で、彼のミイラも遺されています。ティイはユヤの娘ですから、つじつまは合っています。

その後エヒウは、サマリアで、以下を皆殺しにしました。アハブの一族とバアル教(アモン)の関係者を。その後、バアルの神殿を破壊し便所にしてしまった、とあります。

さらに彼は抹殺しました。アハズヤ(エホアハズ)を。南ユダ王国のヨラムとアタルヤの末子です。

アハズヤの正体は、ジェドエフラー(第4王朝、エジプト古王国)だと思われます。アブ・ロアシュにある崩壊したピラミッドの主です。

エヒウはシャルマネセル3世にひれ伏した借りを国内で取り返したことになります。

列王記によれば、ヨラムは北イスラエルと南ユダに2人いたことになります。

南ユダのヨラムが即位したのは、北イスラエルのヨラムの治世第5年だった(『列王記下』8

―16)。

アメンホテプ4世は改名しました。アクナトンと。その第5年に。

北のヨラムはアメンホテプ4世、南のヨラムはアクナトン。両者は同一人物だったということです。

4世は遷都しました。王が名付けたアケタトン（アマルナ）に。ナイル・デルタと南のテーベの間の。

アメンホテプ4世が遷都した理由は、今でも説得力のある説明がありません。

彼は、シャルマネセル3世が怖くて仕方がなかったのです。

だから、大ピラミッドの建造を無理強いしただけでなく、首都機能も移したのです。ナイル・デルタのオン（エルサレム、ヘリオポリス）は危険なので、南の荒涼としたアケタトンに。

アクナトンは王子や王女の名の末尾に、アテンと名付けました。

当時、ファラオたちが誇示するのは、戦場での勇姿などが一般的でした。

しかし、アケタトンで発見されたレリーフ（浮き彫り）には、刻まれています。王と王妃と王女たちとアトン（太陽の円盤）の、異様にアットホームな風景が。

アタルヤはネフェルティティです。ベルリンの見事な胸像で、世界的に有名です。

生き残ったアタルヤ（ネフェルティティ）は、アハズヤの子たちを、ほとんど抹殺した後、南ユダ王国の王として、6年間君臨したとあります。

この場合の南王国の首都も、オン（ヘリオポリス）ではなくアケタトンではないかと思われます。

その痕跡は遺されています。中王国第12王朝最後の女王セベクネフェルウ、として。

ネフェルティティが王位に就いたという情報はこれまでなくもなかったのですが、はっきりしなかったのです。

この時かろうじて何を逃れて赤ん坊が、後に南ユダで即位するヨアシュ、です。

その正体は、かの有名なツタンカーメンです。そのはるか後の１９２２年の黄金マスクの発見で一大センセイションを、彼は引き起こしました。

さらに彼は、ギザの第3ピラミッドの主メンカウラーに一致します。

これだけの一致があってもなお、あなたは信じられませんか？

北イスラエル王国はエジプト新王国第18王朝のことだった、ということを。以上はすべて、偶然の一致ですか？

| | | | | |
|---|---|---|---|---|
| ＢＣ８００年代 | | | | |
| 列王記＝ | アハブ | ヨラム | エヒウ | ヨアシュ |
| 旧約聖書 | ♀イゼベル | ♀アタルヤ | | |
| （アクナトン） | | | | |
| エジプト新王 | アメンホテプ3世 | アメンホテプ4世 | セメンクカラー | ツタンカーメン |

| | | | | |
|---|---|---|---|---|
| 国第18王朝 | ♀ティイ | ♀ネフェルティティ | | |
| エジプト中王国第12王朝 | アメネムハト3世 | アメネムハト4世 | ♀セベクネフェルウ（終了） | |
| エジプト古王国第4王朝 | スネフル | クフ | カフラー | メンカウラー |
| （エジプト中王国第12王朝） | ♀ヘテプヘレス | ♀セベクネフェルウ？ | | |
| 『歴史』＝ヘロドトス | ランプシニトス | ケオプス | ケフレン | ミュケリノス |
| ピラミッド | 赤ピラミッド　屈折ピラミッド（ダハシュール） | 大ピラミッド（ギザ） | 第2ピラミッド（ギザ） | 第3ピラミッド（ギザ） |

右の表で、横方向は同一人物です。

そうなると、以下の仮説が生じます。セベクネフェルウという女王＝エジプト中王国第12王朝、の正体は、セメンクカラー＝新王国第18王朝、およびカフラー＝古王国第4王朝に一致するのではないか、という。

ここでは、セベクネフェルウの正体は、第18王朝の王妃ネフェルティティです。

そのネフェルティティをセメンクカラーと同一視する説は、一般にもしばしば論じられてきました。

なので、ここで壮大な仮説が立ち上がるのです。

第2ピラミッドのカフラーは、♀ネフェルティティだったんじゃないですくぁー？

## 臼・蜂・栗（ダヴィデ、Zeus、ウスハチクリ、猿蟹合戦、出エジプト記）

日本昔話の猿蟹合戦では、臼・蜂・栗が大活躍します。でもこれは神話なのです。

世界神話には当然、始まりと終わりの部分があります。

日本の場合は、始まりはこの猿蟹合戦です。

では、終わりの部分はあるのか？　それが、かの浦島太郎の話です。

浦島話には、臼・蜂・栗の3匹もでています。昔の名前ではありませんが。

浦島は竜宮城に行きます。亀（悪ガキにいじめられていたのを助けた）に乗って。

乙姫の竜宮城で、浦島はくつろぎます。鯛やヒラメの舞い踊り…。

次のように変化したのです。

臼↓ヒラメまたは亀　蜂↓鯛　栗↓乙姫

亀と乙姫を同一視する話（亀姫）もあるので、臼、ヒラメ、亀、蜂、鯛、栗、乙姫、たちはすべて同一人物で、その正体はダヴィデ、しかも両性だった、と一応考えられます。

竜宮城はエルサレムです。厳密に言うならば、ここは以下のようになっているのです。

ダヴィデが後にエルサレムと呼ばれる都市の下地を造ったということです。

後継のソロモンがそこに神殿（ソロモン神殿＝ヘリオポリスの太陽神殿）を築くことになります。

ダヴィデは、次のように名前が変わります。

臼　　　　　　蜂　　栗
亀またはヒラメ　鯛　　♀乙姫
モーセ　　　　ホセア　ヨシュア

モーセの後継者ヨシュアは、カナン（パレスチナ）で大暴れします。その正体はヘラクレスです。ホセアは、ヨシュアの前の名です。

すべてをゼウスつまりダヴィデ王、またはヘラクレスと総称できます。

猿蟹合戦は、旧約聖書の出エジプト記に該当していることになります。

モーセたち一行が荒野をさまよったのが40年（『出エジプト記』16―35）。他方、ダヴィデが統治した期間も40年（『サムエル記下』5―4）ということで一致しています。

しかし、『出エジプト記』で、モーセは唯一神ヤハウェにヘイコラしています。しかし、実態は隠されています。つまり、モーセの敬虔さを損なわないようにしているのです。

猿蟹合戦では、臼・蜂・栗と共闘した蟹によって、猿がボコボコにされます。

出エジプト記が隠したのはここです。

その前に、蟹（猿にいたぶられたは）誰で、最後はどうなっちゃうのでしょうか？

問題の蟹はアロン＝モーセの兄です。次に、猿の正体はサウル王（ダヴィデの先代、後のヤハウェ）です。

出エジプト記はサウル（猿）がパージ（粛清）されたことを隠しました。モーセ（臼）と兄アロン（蟹）によって。そして、サウルが後の唯一神＝ヤハウェになったことを。

出エジプト記に、生きたサウルは出てきません。そんなことしたら、わかっちゃうので。

モーセがダヴィデ（ヘラクレス）だと。もう分かっちゃってるけど。

エジプトを出発したモーセ一行は、３ヶ月目にシナイ山に到着します。モーセは山に登っていきます。有名な十戒を授かるシーンです。

①神は一人だけで、他の神を拝むな
②偶像をつくるな

③神の名前をみだりに呼ぶな
④神聖な安息日に働くな
⑤父と母をうやまえ
⑥殺すな
⑦姦淫するな
⑧盗むな
⑨隣人を偽証するな
⑩隣人の家やものを欲するな

①は、神が複数だと困難になるからだと考えられます。大衆の考えをワンパターン化して支配するのが。

②と③は、守らせないと、ばれてしまうからです。ヤハウェの正体がサウルだったのが。もうばれとるけど。

④は、休日出勤できないじゃないの。

⑤〜⑩は、わざわざ神様が言うまでもないことです。殺してもいいですよとか、姦淫をお勧めしますとか、隣の家を欲しがりなさいとか、普通、考えますか？

では、なぜ言ったのか？

それは、目の前にいた人たちが、よっぽどだったからです。

すなわち、彼らご一行様、特に旗振りのモーセさんが、際立って危ない人だったからです。何せモーセはヘラクレスだったのですから。

以上も、出エジプト記からはわかりません。

さて、蟹のアロンの結末は？

兄のアロンはというと、次の「民数記」で、山の上で祭服を息子に譲って、息を引き取ります。（同、20―22～）。

以降、イラエルの祭司職は、アロンの子孫が担ったということです。

ここには、厳粛さこそあれ、どこにも血生臭さは見当たりません。

でも、エジプトのオシリス神話が黙っていませんでした。ここでのオシリスはアロン、セトはモーセです。

アロンのオシリスは、モーセのセトによって八つ裂きにされています。

王位に就いていたオシリスが、セトをはじき出したからです。

このオシリス（ポセイドン）が、後の日本の天照大神になりました。

惨劇の原因らしきものが、ギリシア神話にあります。

先にミュケナイ（メンフィス？）の王位に就いたのは、弟テュエステス（セト）でした。彼の兄はアトレウス（オシリス）です。

しかしその後、兄弟は交わします。もし太陽が逆行したら、兄アトレウスが王位に就くという協約を。はたして太陽は東に沈みました。そこで、兄が即位します。

しかも兄は、食わせたのです。殺害した弟の子3人の肉を、宴会で弟に。でも、おいしかったみたいですよ、弟は。満腹になったといいますから。

こんな兄が、伊勢神宮の祭神でおわすのです。ギリシア神話はまだあっけらかんとしているからいいようなものの、日本の神話では、ほとんど実態はわかりません。厳粛だけど。

だから皆さん、気をつけた方がいいですよ。神々はかなり胡散臭いものだということを。ほえづらをかかないために。

兄は弟を追放します。（アポロドロス『ギリシア神話』摘要Ⅱ―14）。

あまりのおぞましさに、天変地異は本当に起こったのでしょうか？

ところで、以下のように仮定することもできます。ここでの太陽は、サウルのことだ、と。

サウルは死後、太陽神ヤハウェになりました。その太陽が東に沈んだ。

だからこの時、サウルがお陀仏になったと考えられなくもありません。息子2人（イシュ・ボシェトとダヴィデ）によって。

いずれにせよ、ヤハウェ（サウル）もアロンも、殺されるのです。出エジプト記ではわかりませんけど。

生き残ったモーセ（臼）はどうなったのか？　乙姫様（栗）のその後は、浦島太郎の話ではわかりません。やっぱり殺されちゃったのでしょうか？

それは、その元ネタのペルセウス神話で確認できます。ここでは乙姫は、蛇髪の女怪＝メドゥーサです。日本とギリシア、えれー違いです。

哀れメドゥーサは首をチョン切られてしまいます。やって来たペルセウスによって。

ペルセウスは浦島太郎であり、旧約聖書のソロモン王です。

これは、ダヴィデがソロモンにパージ（粛清）されたことを意味しています。

でも、旧約聖書は一言もそんなこと言ってません。身内を庇（かば）っている？

だから言わんこっちゃない。それ見たことか。

せっかく十戒であれほど殺すなと言ったのに、何にもならなかったじゃないの。


**エウリュステウス（イシュ・ボシェト、Poseidon、ギリシア神話、ミュケナイの王、ヘラクレスのライヴァル、天照大神）**

ステネロスの子エウリュステウスは、剛勇ヘラクレスのライヴァルで、アルゴリスの王です。

アルゴリスは、ミュケナイやアルゴスやティリュンスなどのあるギリシアの地方です。

エウリュステウスが誰だかは、すぐわかります。ヘラクレスの正体が、ダヴィデ（ゼウス）以外考えられないからです。

だから、エウリュステウスは、イシュ・ボシェト（ポセイドン）＝ダヴィデのライヴァル、で決まりです。

栄光のゼウスの息子ヘラクレスの誕生に際しては、それを歓迎しない神々もいたということです。

ゼウスでさえ躊躇（ちゅうちょ）するようなことを、ヘラクレスさんはやらかしたので、致し方ないことだったでしょう。

そんなこともあって、ほぼ同時に誕生する予定だったのに、エウリュステウスのほうが先に生まれることになったということです。

他方、ヘラクレスは遅れて、テーバイで生まれています。

以上の事件は、創世記＝旧約聖書の次の箇所に対応しています。

リベカ＝イサクの妻、の出産記録。

彼女の出産の日が満ちた。はたして、体内に双子がいた。最初に生まれた子は赤くて、全身が毛衣のようであった。両親は彼をエサウと名付けた。

その後、弟が生まれ出たが、その手はエサウのかかとをつかんでいた。彼女は彼をヤコブと名付けた。

ステネロス＝イサク（サウル）。エウリュステウス＝エサウ（イシュ・ボシェト）。

ヘラクレス＝ヤコブ（ダヴィデ）です。後に、ヤコブはイスラエルと呼ばれます。そして、イスラエルのギリシア語訳がヘラクレスです。

その後、ヤコブはたくらんで奪っています。長子権を、兄のエサウから（岩波書店『創世記』25―24～）。

サムエル記では、ダヴィデの生い立ちはよくわかりません。ですから、不満な人は、創世記を読めばよいと言うことです。

ヘラクレスは、宿命的な妻子殺しの罰として奴隷奉公せざるを得なくなります。

そこで彼はいわゆる12の難行を強行します。

これらのネタ元が、サムエル記にあります。

嫉妬深いサウルに指名手配されたダヴィデは、進退窮まってアキシュ王のところに逃げ込みます。最後の手段として。

アキシュは敵対するペリシテ人の王です。八方塞がりのダヴィデは、それでも抜け目なく天秤にかけたのです。

アキシュにも殺される公算があるが、サウルよりは危険は少ないだろう。サウルも敵地には容易に進入できないだろう、と。

謎のペリシテというのは、ポセイドンつまりイシュ・ボシェトという意味です。

ですから、世界は気付いていません。ペリシテ王アキシュというのは、イシュ・ボシェトのことだということに。

つまり、ダヴィデは敢えてイシュ・ボシェトの奴隷になったのです。

ヘラクレスもエウリュステウスの奴隷になりました。同じ意味です。

モーセがアロン兄さんの奴隷になった？　これは、出エジプト記では分かりません。

ヘラクレスの有名な12の難行の1番目は、ネメアというところにいる獅子の皮を剥いでくることでした。

洞窟の中で、うまいこと獅子を絞め殺した剛勇は運んできます。仕留めた獅子を、エウリュステウスのいるミュケナイに。

しかし、王様は奴隷がしたことにすっかりびびってしまいます。

そこで、剛勇が市内に入れないようにしたり、避難用の青銅の甕（かめ）を地下に用意したりする始末です。

しかし、何か意味がはっきりしません。

エウリュステウスは音声的に、太古のエジプトの神オシリスです。

オシリスは邪神セトに引き裂かれます。ここでの獅子も、説明は省きますが、スフィンクスでなく、イシュ・ボシェトのオシリスです。

ここは、エウリュステウスが地下の甕棺（かめかん）に埋葬されたということです。

ヘラクレスに惨殺されて。

これは、イシュ・ボシェト＝イスラエル王国が破れたことを、意味しています。ダヴィデのユダ王国に。そして、統一イスラエルが誕生するのです。

その実体は、エジプト国内で、オシリス（北のメンフィス、ミュケナイ）破れた戦争ではなかったでしょうか。セト（南のテーベ＝ルクソール出身）に。

その後、セト（ダヴィデ）は聖都エルサレムの基礎を築き、そこからエジプトを支配したのが、真相です。

プルタークはこの邪神セトのことをダヴィデとわざわざ呼んでいます。

しかし、この時のエルサレムは、現在のパレスチナのエルサレムとは、一致しません。

当時のエルサレムは、太陽の都オンのことでした。それはエジプトのナイル・デルタにありました。

オンは「シオンの丘」でも分かるように、その後ヤハウェの聖都になりました。

ヤハウェは、元はサウル王のことで、エジプトでは太陽神アトンと言われました。

イスラエル人は呼びました。オンをエルサレムと。

それを、ギリシア人は訳しました。ヘリオポリスと。

マハナイム（ヨルダン川の東にあったとされますが、実際はナイル・デルタのメンフィス？）で、イシュ・ボシェトを絞（し）めたダヴィデ。

ギリシアで、彼はミュケナイの大王アガメムノンと呼ばれたのです。

ポセイドンがゼウスに惨殺されたという直接的な描写はありません。しかし、これをルーツとするギリシア神話はごろごろしていて、例えば、ミュケナイ王位を巡る、アトレウス対テュエステスのえげつない闘争などが有名です。

日本では、海幸・山幸の話が分かりやすく、ドストエフスキーの『白痴』のムイシュキン対ロゴージンなどもそんな分類だと思われます。

エウリュステウスは、印欧ではあまり受けませんでした（当然でしょうな）。

彼は、北欧ではニョルズ、ゲルマンでは、アルベリヒとかアムフォルタスなどと呼ばれました。

アッシリアのアッシュユール（阿修羅）、ペルシアのゾロアスター教の光明神アフラ・マズダになったことも、その後のことも、彼は、ほとんど知られていません。

日本の有名な神＝天照大神になったことも。

## エレクトラ（タマル、Artemis、ミュケナイ神話、アガメムオン王の娘）

心理学用語のエレクトラ・コンプレックスで有名な、ミュケナイ＝ギリシアの王女エレクトラです。

彼女が出てくるのは、以下の作品です。アイスキュロスの『オレスティア3部作』、ソフォクレスの『エレクトラ』、エウリピデスの『オレステス』、リヒャルト・シュトラウスの楽劇《エレクトラ》などです。

トロイ戦争を終えたアガメムノン王がミュケナイに凱旋します。捕虜のトロイの王女カッサンドラを連れて。この後は、ギリシア神話特有の殺しのドミノ倒しです。

まず、アガメムノンとカッサンドラの2人が、謀殺されます。クリュタイムネストラ＝アガメムノンの妻、とアイギストス＝クリュタイムネストラの愛人＝アガメムノンの甥、に。

さらに、この下手人の2人も殺されます。父王思いの王女エレクトラと、その弟の王子オレステスに。原本というべきサムエル記＝旧約聖書には次のような話が伝わっています。

ダヴィデ王には晩年、イスラエル一の美人妻アビシャグが残されていました。

ダヴィデ＝アガメムノン、アビシャグ＝カッサンドラです。

その後、ダヴィデの後継を巡って、王子アドニヤとその弟ソロモンが争います。

アドニヤは拘束され、よせばいいのに、よりによってアビシャグを欲したので、パージ（粛清）されてしまいます。激怒したソロモン＝オレステスです。

アドニヤ＝アイギストス、ソロモン＝オレステスです。

ダヴィデはどうなったのか？　エレクトラはどう関わっているのでしょうか？

エレクトラの正体は、トロイ戦争の原因になったヘレネです。それは、タマル姫＝ダヴィデの娘、に一致しています。この事件はダヴィデ王朝を震撼させました。

サムエル記＝旧約聖書では、タマル姫はアビシャグが出現する頃は消えてしまいます。

ここでは、カッサンドラ（アビシャグ）が消えて、エレクトラ（タマル姫）が残っています。

ということは、以下を示していると考えられます。

すなわち、アビシャグの正体は、タマル姫だったのではないかという。

同じようなことが、ダヴィデにも言えます。

まず、王妃クリュタイムネストラとは何か？　ムネストラはモンスター。

クリュタイはクレタの。ユーガット！　クレタのモンスター。ミノタウロス。

クレタの牛頭人身の怪物です。その正体はダヴィデです。

ここでは女形なので、蛇髪の女怪メドゥーサに一致します。

すなわち、アガメムノンがクリュタイムネストラに変わった。つまり、ダヴィデが女に変わり、バッサリやられたということです。ソロモンとタマル姫に。

ミノタウロスを仕留めるテーセウス、メドゥーサの首をちょん切るペルセウス、いずれもソロモン王です。

ダヴィデが女に変性（へんじょう）したのは、アドニヤ王子（アイギストス））の攻勢のせいだったのでしょうか？

エレクトラとオレステスがポツンと残りました。実はここには大きな闇が潜んでいるのです。

**オシリス（イシュ・ボシェト、Poseidon、エジプト神話の善王、天照大神）**

太古エジプトの有名な神ですが、実体はさっぱり謎でした。

オシリスは殺されて兄弟のセトによって遺体が海に流されます。

妻のイシスがそれを回収します。

ところがセトは、再びオシリスの遺体を見つけて切り刻みばらまきます。

それでも、その断片を妻は拾い集めます。

エジプトは邪神セトによって侵略の脅威にさらされます。

オシリスの子ホルスが、セトと戦ってエジプトを救済します。

この話は、あまりにも有名ですが、いくつかの点が明らかになっていませんでした。

まず、オシリスとセトの正体を問う前に、セトはどこからやって来たのでしょうか？

オシリスと戦う前に。

最終的に、ホルスはセトに勝ったのでしょうか？

長いこと自分にとってオシリス神話は、始まりと終わりがぼやけていて、捕らえどころのない神話のひとつでした。

これらの謎に一発で答えてくれたのが、プルターク（46頃～120頃）『エジプト神オシリスとイシスの伝説について』です。そのなかで、彼は断言しています。

エルサレムを建設してユダ王国を築いたのはセトである、と。

あたりがぱーと明るくなった瞬間です。

なぜなら、エルサレムやユダ王国を築いたのは、ダヴィデしかいません。だから、旧約聖書特有のダヴィデ王の正体は、エジプトのセトだったのです。

すなわち、正体不明のダヴィデ（旧約聖書以外手がかりがない）はエジプト王だった。

そこから、セトと戦ったオシリスの正体として、旧約聖書のイシュ・ボシェト（ダヴィデのライヴァル）が導かれます。

さらに、エジプトを守ったホルスというのは、イシュ・ボシェトやダヴィデの後を継いだソロモンということになります。

つまり、ダヴィデ王朝の動乱の舞台は実は、パレスチナでなくエジプトで、我々はエジプトのファラオの王名リストを調べさえすればよくなったのです。

その結果、旧約聖書の事件の実体を、突き止められるようになった、というわけです。

旧約聖書とギリシア神話との比較で、自分はわかっていました。ゼウス＝ダヴィデ、ポセイドン＝イシュ・ボシェト、クロノス＝サウル、などが。

これらの知識によってエジプトのファラオたちを特定していったというわけです。

もっとも、旧約聖書には記述がありません。ダヴィデによって、イシュ・ボシェト（オシリス）が切り刻まれたということが。

イシュ・ボシェトの最期は、昼寝しているところを、味方の2人によって殺されています（『サムエル記下』4）。

ここは、エジプト神話とサムエル記のどちらが正しいのか謎ですが、自分は、サムエル記が真相を隠したのではないか、と疑っています。ダヴィデを貶（おとし）めないために（今さら、無駄だけど）。

さて、このオシリスの死の年を計算した人がいます。

アイザック・ニュートン（１６４２〜１７２７）です。

言うまでもなく、万有引力や微積分で知られる近代科学の巨人ですが、それ以上に熱心だったのが、錬金術や古代史だったということです。

彼は調べていたようです。「列王記」＝旧約聖書なども。

さて、地球から太陽を観測した場合、例えば春分から春分に至る1年間のうちに、太陽は12獣帯（黄道12宮、12星座、ゾディアック）を一周して、同じところに戻ってくるはずです。

その向きは、北側から見て反時計回りです。

以上は、傾斜している地軸の向きが一定だったならば、という場合です。

しかし実際は、地球の地軸の向きが実は一定ではなく、回転するコマがふらつくように、極めてゆっくり揺らいでいるからです（自転とは別です）。これを歳差といいます。

その向きは北側から見て時計回りです。

したがって、つぎの春分点の獣帯上の位置は、ピンポイント的に毎年、(時計回り方向に、公転の向きとは逆に) 微妙にずれてくるのです。

その周期は25920年です。つまり、25920年かけて地軸の向きは、極めてゆるやかに変化しつつ、1周して元の位置に戻ってくるわけです。

だから、太陽の位置は、地球から眺めて、1年につき360／25920(度) だけ、逆方向にずれていきます (ここは少々難解ですが)。

つまり72年で1度ずつずれることになります。

ここは、後でゆっくり考えることにして先に進みましょう (もう考えたくもないでしょうけど)。

残された神話の、夏至の太陽の位置の観測記録によって、ニュートンは算出したのです。ギリシア神話のイアソンたちのアルゴー船の出帆の年をBC936年、さらにエジプト神話のオシリスがセト殺された年を、BC956年と (ユルギス・バルトルシャイティス『イシス探求』第7章、東インドのエジプト)。

オシリスは旧約聖書のイシュ・ボシェトです。

ダヴィデが、イシュ・ボシェトを抹殺して、エルサレムで全イスラエルの王として、君臨し始めたのは、BC1004年頃だとされます。

BC956年との差は48年ほどになります。

さらに、イアソンの正体は、次のソロモン王です。その統治はＢＣ９７１～ＢＣ９３１年頃の40年間だとされます。

イアソンのＢＣ９３６年という年号は、一応この範囲に収まっています。

現状では、オシリスの死の年がソロモンの代に食い込んでしまっています。

しかし、ニュートンが算定したことは、先のプルターク共々、たいへんな偉業だと思います。

オシリスの年代をＢＣ９００年代の前半に、イアソンの業績の年度をＢＣ９００年代の後半に。

謎だったギリシア神話が旧約聖書や古代エジプト史と繋がったからです。

## トトメス１世（ダヴィデ、Ｚｅｕｓ＝Ｈｅｒａｋｌｅｓ、ソロモンは間違い、エジプト新王国第18王朝＝３番目のファラオ、ミイラあり）

このトトメス１世のことを、長いこと自分は、ソロモン王だと思っていました。
ソロモン王は、本書ではギリシアのヘルメス神（マーキュリー）に該当します。
エジプト新王国第18王朝はそのまま、古代イスラエルの建国史が当てはまります。
初代アハメス（イアフメス１世、ポセイドン、イシュ・ボシェト＝サウルの嫡男）
第２代アメンホテプ１世（アポロ、アブサロム＝実はダヴィデの子）
第３代トトメス１世（ヘルメス?、ソロモン？）

イシュ・ボシェト〜アブサロム〜ソロモン?。

順番的に、至極もっともに見えます。トトメス1世を、ソロモンと査定するのは。

しかし、トトメス1世の次はトトメス2世（アレス、アドニヤ＝アブサロムの弟）。その次は、有名なハトシェプスト女王です。

しかし通説では女王は、トトメス1世の娘とされております。そうなると、ハトシェプストはソロモンの娘ということになってしまいます。

しかし本書はみなしています、女王をダヴィデの娘だと。ここは、かなり譲れないところです。これが大きなネックになっていたのです。自分は長いこと、この状態から抜け出せませんでした。

トトメス1世がダヴィデだったら万事うまくいく。しかしその場合、父ダヴィデが息子アブサロムの後になってしまいます。

そういう考えの誘惑がないこともなかったのですが、なかなか踏み出せませんでした。

それというのも、世の中には「トート＝ヘルメス」という金言があったからです。

これは、ギリシア人の広く行き渡った概念で、うまくマッチしていました。先の、アメンホテプ1世〜トトメス1世が、アブサロム〜ソロモンとなる構図に。

だから、自分はこれ以上、疑うことができなかったのです。

エジプトには、モーセと同時代に、生きた魔術師トートというのがいて、何万冊もの膨大な書物を書いたというのです。

書物自体は残っていませんが、ギリシア人はこれをヘルメス文書と呼びました。

ヘルメスの正体は、賢人ソロモンなので、トート＝ヘルメスは一見もっともらしい。

しかし他方、モーセと同時代のトート。モーセの正体はダヴィデ。

神秘のトート、すなわちトトメス1世の正体はダヴィデしかありえないんじゃないの。

ギリシア人は間違ったのです。でも、これは間違いやすい間違いでした。

真相は、トート＝ゼウスまたはトート＝ヘラクレスだったのです。

自分は確信しました。以下を、トートのエジプト名から。トートはギリシア音で、エジプトでは、Ｄｊｅｈｕｔｉというスペルになります。

音声ははっきりしませんが、ジェフウティなどとなるようです。ここから、導かれたのではないか。ゼウス、ジュピター、ヤペテ（ノアの子、創世記）、ダヴィデなどの音声が。

さらに、その即位名アアケペルカラーは、イスラエルさらに、ヘラクレスで決まり。

ダヴィデがパージ（粛清）します。息子アブサロム（アメンホテプ1世）を（サムエル記＝旧約聖書）。

その後、ダヴィデはあらためてトトメス1世として即位しました。そのまま息子に替わって北イスラエル王国（新王国第18王朝）でも。

その前に彼は、既にエルサレムを拠点とする、北イスラエルと南ユダの大王（アメネムハト1世、エジプト中王国、第12王朝初代）でした。

テーベ（ルクソール）の世界遺産カルナック・アメン大神殿は、トトメス1世の代に建造が開始されました。

さらに、ナイル西岸の王家の谷の南西のはずれにあるKV38号王墓は、トトメス1世のものと確認され、おそらく最古のものだと考えられています。

つまりテーベでは、神殿も墓もトトメス1世が開祖でした。これだけの大王が結果的に、ツタンカーメンやラムセス2世などより見過ごされてきたのです。

すなわち、謎だったテーベの神ゼウス＝アモンとは彼のことだったのです。

トトメス1世こそは、世界古代史上最強の王だったのです。

## ヘラクレス（ダヴィデ、Zeus、最強の剛雄、ギリシア神話）

ヘラクレスですが、古くからエジプトとの因縁は浅くありません。

「ヘラクレスはエジプトの古い神だった」などと、ヘロドトスも伝えていますし（『歴史』Ⅱ―43）、ヘラクレオポリスという都市がエジプトにはありました。

つかみどころのないヒーローですが、意外にモーセとの共通点があります。
①2人とも大事業を成し遂げるきっかけが殺人だったこと。
ヘラクレスは、誤って自分の子供を3人も殺（あや）めてしまいます。

モーセは、エジプト人を1人殺して、逃亡しています。
②それらの罪を償（つぐな）うため、ヘラクレスは奴隷になっています。
モーセが率いたのは、イスラエル人たちの奴隷の集団でした。

③ヘラクレスには、エウリュステウスというご奉公先がありました。ご主人様は迷惑がっていました。危ないヘラクレスを。

モーセには、兄アロンという表向きの協力者がいました。しかし、裏では2人は犬猿状態でした。ここだけの話、エウリュステウスとアロン、同一人物です。

④ヘラクレスは、させられる羽目に陥っています。有名な12の難行というのを。

他方、モーセは授かっています。十戒を。ヘラクレスのも当初は10のはずでした。

ギリシア人がぱくったのだと思います。出エジプト記を。

⑤しかし、何よりもかによりも注目すべきは、両者の背後を脅（おびや）かす天変地異、というべきものの存在です。

ヘラクレスの誕生に際して、ゼウスは細工しています。夜の長さを3倍に（アポロドロス『ギリシア神話』2—4—8）。

他方、イスラエル人たちが出て行くことをファラオが許さないので、モーセは天に向けて手を伸ばします。すると3日間、エジプト全土が真っ暗になったとあります。人々は互いに見ることも、立ち上がることもできませんでした（『出エジプト記』10—21〜）。

ヘラクレスは参戦しています。タイタン戦争（ティタンノマキア）というのに。これはモーセの出エジプトのことで、日本では猿蟹合戦になります。

ことの真相は、クロノス（タイタン＝巨神族の長、サウルつまりヤハウェ）らを、ゼウスがボコる戦いです。

その時、ゼウスは禁じます。曙（あけぼの、夜明けの太陽）と月と太陽が現れることを（アポロドロス『ギリシア神話』1―6―1）。

他方、モーセの後継者でヨシュアという男が、戦いをし続けている際に、人々の前でヤハウェに対して言います。

ヨシュアの前の名はホセアといいます。つまり、モーセ、ホセア、ヨシュアで、臼、蜂、栗＝猿蟹合戦、です。全体でダヴィデです。

「太陽よ、ギブオンの上に留まれ。月よ、アヤロンの谷に留まれ」。

すると太陽は留まり、月は止まった。民がその敵に報復するまで…。

太陽はまる1日、天の中空に留まり、急いで没することがなかった。

この日のようにヤハウェが人の声を聞かれたことは、後にも先にもなかった。ヤハウェがイスラエルのために戦ったからである（岩波書店『ヨシュア記』10―12～14）。

このような天空の異常は本当に起きたのでしょうか？　しかし、これは次のように考えられなくもありません。

ダヴィデの先代＝サウル王は、後の唯一神＝ヤハウェ、エジプトの太陽神アトン、ギリシアのヘリオスです。

天の太陽＝サウルと見なせば、くだんの太陽の静止は、ボコられたクロノス（サウル）が動かなくなっちゃった、すなわちご臨終を迎えたということになりませんか？

でも、文字通り天の異常も起きたのではないか、とも考えます。

でないとあなた、一個人が憤死した際に、いちいち神様にしてた日にゃ、そこらじゅう太陽神だらけになってしまうでしょうが。別にいーけど。

菅原道真（みちざね、８４５—９０３）がそうです。天神祭という夏祭りのことです。その場所は、大阪市北区の天満宮で、毎年7月25日に、開かれます。

祇園祭＝京都と規模は並ぶそうです。

天満宮は、全国に多数あります。北野天満宮＝京都や太宰府天満宮＝福岡県などです。すべて、道真公ただ一人のためのものです。一個人が神になった日本の例です。

ですが、最初から決まっていたわけではありません。

右大臣になった道真は、太宰府（だざいふ＝筑紫・つくし）に飛ばされます。藤原時平＝左大臣と争って破れたので（９０１年）。

ホームシックに陥った道真は、その2年後にこの地で没します（９０３年）。

おのれ時平、祟（たた）らでおくかは。時平は、９０９年に頓死します。

ところがこの頃から、貴族たちが次々と亡くなり、異常気象が続くようになります。長雨、洪水、干ばつ、疫病などです。

そして、運命の９３０年、内裏の清涼殿では、雨乞いのための儀式をする予定でした。

その時、怪しげな雲がむくむくと湧いてきたのです。雨乞いは、もういーや。

そしたら、ドッカーン。ものすごい落雷が直撃して、7名が惨死したのです。多くは炎によるものでした。雷はゼウスの特徴です。

「祟りじゃ祟りじゃー」。震え上がった都の人々は、祀（まつ）ることにしたのです。道真を怨霊（おんりょう）として。その後、学問の神様＝天神様として（嫌だけどな）。

ツクツクボウシの2段鳴き。筑筑筑筑……、惜ーしい筑々、惜ーしい筑々、惜ーしい筑々…、悔やしーいス、悔やしーいス、悔やしーいス……。

なぜ神になったのか？ 毎日退屈な運行を、飽くことなく繰り返す太陽、とサウル王が。

そこには、想像をかき立てるものがありそうです。何らかの太陽の異変の。

それらを人々は、ボコられて死んだサウルの祟りだと思って恐れた。

そして、サウルは死後、太陽神ヤハウェになった。

ヤハウェのためのソロモン神殿も結界を敷いて、ヤハウェの祟りを封じ込めるためだったのではないでしょうか。

タイタンとタタリ（祟り）、音声が似ていませんか？
⑥さて、先のヘラクレス12の難行のうち5番目に、アウゲイアスの家畜小屋の掃除というのがあります。
家畜とあるだけで、牛なのか馬なのかわかりません。電気うなぎではないと思います。

豪傑は、小屋の土台に穴を開け、さらにそれとは別に流出口を作り、川の流れを引いてきて、これを解決します（アポロドロス『ギリシア神話』2―5―5）。

それだけなので、わざわざヘラクレス様が自ら行くほどのこともないように思いますが。

これについては、たとえば不満分子みたいのを一掃したのではないか、などという予想ができます。それらしき話がモーセ側にもあります。

モーセは、十戒を得るために、山に2度登っています。1度目の時、それは起こります。麓（ふもと）では、アロンがいるにもかかわらず、モーセの神を疑った連中が金の雄牛を鋳像して、大騒ぎです。偶像崇拝はタブーです。

降りてきたモーセは怒り狂い（ヘラクレスだから）、2枚の石版（神から与えられた）を砕きます。

さらに金の雄牛を、彼は焼き、粉砕し、水にばらまき、イスラエルの人々に飲ませます。彼は家畜小屋の家畜を、川の水で掃除したのです。

その後は、モーセ＝ヘラクレスの本性が爆発、得意の阿鼻叫喚。約３０００人の男が剣に倒れたとあります（『出エジプト記』32―28）。

アロンがいてもこの体たらくということは、アロンも相当怪しい、ということでしょう。

モーセはアロンにすっぽかされたのです。

アウゲイアスは、太陽神（ヘリオス）の子とも、ポセイドンの子とも（アポロドロス、同）言われています。

その正体は、サウル（太陽神、後のヤハウェ）の子イシュ・ボシェト（ポセイドン）、つまり、アハメス＝エジプト新王国第18王朝初代、すなわちアロンだったと思われます。

この時、ヘラクレスは、ケンタウロスの1人をどさくさで殺しています。ケンタウロスは人頭馬身の怪物ですが、その正体サウル王です。

やはり、サウル王は最早、過去の人になっていたようです。

ここで特筆すべきは、アポロドロスには記されてないのですが、他のいくつかの書物には、アウゲイアスの家畜の種類と数が、「3000頭の牛」とあることです。ウィキペディアにも3000頭の牛、と明記されています。

「掃除された3000頭の牛」対「殺された3000人」。

「3000頭の牛」はいったい、どこから湧（わ）いてきたのか？ 絶賛注目中です。

出エジプト記の「3000人」しかないんじゃないの？

やはり、ぱくられたということではないでしょうか。出エジプト記がギリシアによって。

## モーセ（ダヴィデ、Herakles＝Zeus、古代イスラエルの指導者、出エジプト記＝旧約聖書）

彼は、旧約聖書の超有名人ですが、多くの謎に包まれてもいます。

実は、モーセ（BC1500年頃）は以下の2人に一致します。ダヴィデ（BC1000年頃）および、創世記のヤコブ（イサクの子、BC1800年頃）です。

ヤコブの出世名＝イスラエルというのは、ヘラクレスのギリシア語訳です。

なぜこのように、時代が分かれてしまったのでしょうか？

考えられることは、記録が分業でなされ、ダヴィデの若いころは、ヤコブ（創世記）で、青年になってからの波乱万丈は、通称のダヴィデ（サムエル記）で、と。

そして、ヤハウェ崇拝の煩雑な取り決めとか手続きの指導は、モーセ（出エジプト記他）で、ということになったのではないでしょうか？　知らんけど。

事実、ヤコブとモーセは、よく似ています。

ヤコブは若い頃、逃れて子供をつくったりしています。叔父のラバンのところで、彼の娘たちと。

逃げたのは、怒りを買ったからです。長子権で兄エサウを出し抜いて。

他方、モーセは、逃れて子供をつくっています。舅（しゅうと）イェトロ＝ミィディアンの祭司のところで、その娘と。やはりエジプト人を殺っちまったからです。

ヤコブとモーセは共に、その時、ヤハウェの降臨を受け、お告げを授かっています。

さらに、2人は再会しています。ヤコブは兄エサウと。モーセは兄アロンと。

しかし、モーセはダヴィデとも当然ながらよく似ています。

モーセがエジプトに帰る途中なのか、帰ってからなのかよくわかりませんが、彼が野営していると、突然ヤハウェに殺されそうになっています（『出エジプト記』4―24）。

モーセが何をしたって言うの！　この前ぶれも何もない唐突な豹変には、全く「ドッキリ」かよと思ってしまいます。

でも、種明かしはありません。その直前の部分は、ヤハウェがモーセに、エジプトに帰ってからのことを穏やかに説明しているだけです。

まったく、祟（たた）りの神様＝菅原道真も真っ青です。

よくこんなの我慢していられるな、と思ってしまいます。モーさんは。

しかし彼は、本当は憎んでいたのに、ヤハウェから実は逃げたくとも逃げられなかったーとは考えられないでしょうか？

それがどうも、そうらしいのです。ダヴィデにも似たような話があります。

嫉妬に狂ったサウルが、情報管制を敷いて、ダヴィデを追い詰めた時、ダヴィデは遂に逃げ込みます。敵のペリシテ王アキシュのところに（『サムエル記上』27）。

先の部分の直後に、モーセもアロンと会っています。

サウルは、ヤハウェが生きていた頃の名前です。

ペリシテは、ポセイドン、つまり、イシュ・ボシェト。すなわちペリシテのアキシュはアロンです。これらは同じ話で、涼しげなアロン兄ちゃんは本当は敵なのです。

モーセが、敬愛するなんてことがありえるでしょうか？　こんなヤハウェを。

「サムエル記」は盛んに持ち上げさせていますが。サウルを、ダヴィデによって。

さてこの後、モーセどうするのでしょうか？

もちろん、エジプトからずらかるのです。

なぜ、逃げるのでしょうか？

ファラオ＝エジプトは敵だからです。ではなぜ今まで一緒にいたのか？

サウルに追われていたからです。ではなぜ逃げるのが、今なのか？

その答えは、アロンと一緒にいる意味がなくなったからです。

サウルは死んだのです！

モーセがエジプトに逃げ込んだ時は、生きていたでしょうから、その後です。

でも、どうやら、モーセは出エジプト記の頭からエジプトに逃げ込んでいたようです。

先のように、彼は子供を授かっています。ミディアンの祭司の娘との間に。

そして、多くの年月が経って、エジプトの王が死んだとき、イスラエルの人々は、労働に苦しんでいた（『出エジプト記』2―33）とあります。

このエジプト王は誰か？

この直後に、ホレブ山で炎となったヤハウェが降臨し、モーセに、出エジプトのお告げを託しています。

エジプト王（サウル）が死んでヤハウェになったのは、この時期に特定できます。

それにしても、ヤハウェは親切すぎるのではないでしょうか？　お告げどころか、生前のサウルは、ダヴィデを殺してやろうと追いかけ回していたからです。

先の、野営のモーセを突然襲った、訳がわからないヤハウェというのは、やはり、サウルの霊魂だったということになります。

こんな時に、生前の地を出さなくてもいいでしょうに。

この後が、出エジプト最大のスペクタクル・シーン、海が割れる場面です。

モーセが海の上に手を伸ばすと、夜の間中、ヤハウェの東風で、海が割れた。

露出した陸地の部分をイスラエルの子らは渡って行った。

他方、エジプト軍の戦車と騎兵たちも、後を追っていった…。

モーセが再び手を海の上に伸ばした。

すると、夜明け前に、海は元の場所に戻った。エジプト軍はそれに飲み込まれ、1人も助からなかった。

イスラエルの子らは、その前にそこを通り抜けていて無事だった（『出エジプト記』14）。

本当にこんな奇跡が起きたのでしょうか？

これに対応するような部分が、ヘラクレス12難行、第10番目の、ゲリュオネスの牛群を連れて来ること、です。
①彼は、ジブラルタル海峡（地中海の西端）に来て、2本の柱を築いた。
②その間中、太陽神（ヘリオス）が照りつけたので、彼は弓を引き絞った。
③太陽神は、感嘆して黄金の杯を賜った…。
④彼は、まず殺した。双頭の番犬オルトロスを。
⑤次に、牛飼いのエウリュティオンを。最後に、彼は射殺した。当のゲリュオネスを（アポロドロス『ギリシア神話』2―5―10～）。
①は、モーセでは、海が2つに割れたこと。
②は、夜の間中、ヤハウェが東風を吹かせた。そして、モーセが海の上に手を伸ばしたこと。
ヤハウェはギリシアの太陽神＝ヘリオスです。ギリシアでは、ヘリオスのランクは、下だとい

うことです。ヘラクレス＝モーセより。

ヤハウェに対してとてもじゃないけど、モーセはこんなことはできません。
③は、後の契約の箱の制作に、部分的に金をもちいたことが、関係している、と思います。
④番犬オルトロスは、以下と同じです。ヘラクレス第12の難行、冥界の番犬ケルベロスと。
番犬は、犬の隊長と呼ばれ、イスラエル最強の軍師アブネルで、エジプトの実在の豪族イバナです。彼は犬神アヌビスとなり、日本の稲荷（いなり）になりました。
⑤問題は、ゲリュオネスです。
ゲリュオネスは、3人の男の体が腹で1つになっていて、脇腹とは太腿は3つに分かれていた（アポロドロス、同）。

興福寺＝奈良の有名な阿修羅像（上半身が3人分）を想わせますが、阿修羅の正体はイシュ・ボシェトです。

これまで、自分はこのゲリュオネスのことをイシュ・ボシェトだと思っていました。

でも間違いだったようです。ゲリュオネスの正体は以下のようになります。この音声は、ドラゴン＝竜に近似です。分類としては、インドの大叙事詩『マハーバーラタ』の悪役ドゥリヨーダナや軍神ドローナです。

さらに、ゲリュオネスという響きは聞いたことがあります。ゴリアテ！

ダヴィデの出世話で、彼が倒したペリシテ人の巨人です。これは、サウルが存命中の話なので、時期的にずれがありますが、日本では八岐大蛇（ヤマタノオロチ）になります。素戔嗚尊

（スサノオノミコト、ダヴィデ）に退治された。

つまり、彼は番犬オルトロスと同類だと考えられます。

彼の死によって、イシュ・ボシェトは、ぼっちとなり希望を無くしたとあります。

残りの牛飼いエウリュティオンは、音声的にエウリュステウスですから、イシュ・ボシェト。

ぼっちとなった彼は、やがて滅亡します。

一般的に、出エジプト時のファラオはラムセス2世、ないしは次のメレネプタフ（どちらも新王国第19王朝）だとされますが、この説では、旧約聖書の話とうまく噛み合わず、リアリティがありません。

海が2つに分かれた。最大の難問です。本当にこんなことが起きたのでしょうか。

しかし、ヤハウェが太陽神であるように、海も誰かの例えではなかったでしょうか？

海といえば、海神ポセイドン。すなわち、イシュ・ボシェト。すなわちオシリス。

海が分かれた。すなわち、セトのモーセにオシリスが引き裂かれた。

これも、オシリス神話だった！

ここには隠されているようです。この時、兄のアロンがモーセによって八つ裂きにされたことが。


**ヤコブ（ダヴィデ＝イスラエル、イスラエル12部族の祖、Ｚｅｕｓ＝Ｈｅｒａｋｌｅｓ）**

ヤコブはＢＣ１８００年頃の人だとされますが、その正体は、ダヴィデ王（ＢＣ１０００年頃）に一致すると思われます。

ヤコブの出世名イスラエルは、ギリシア訳ではヘラクレスです。ヘラクレスは、ゼウスがえげつないことをする時の名前です。ゼウスはダヴィデのことです。

ダヴィデは若い頃、何処で何していたかがよく分かりません。

それに対してこのヤコブの話は、生い立ちと若い頃のことが主で、後半生が霞んでいます。その代わり、その後半生は、埋められています。エジプトに売られた優しい息子ヨセフの話で。

このヨセフというのは、以下のことだと思われます。アブサロム＝ダヴィデの最美の自慢の息子。

つまり、ヤコブとダヴィデは、お互いの欠落部分を互いに補い合っているのです。

しかし、このような結論に至ったのは、不覚にも比較的最近のことです。

自分は長いこと、ヤコブのことをソロモンだと考えていました。

でも、その一方で、ヨセフはアブサロムに似ているな、と薄々感じていました。

アブサロムは、ソロモンの兄です。だから、ソロモンの兄が、ソロモンの息子、というとち狂った仮説と付き合い続けることになったのです。

それを、考え直すようになったのは、なぜでしょうか？　ヤコブが実はダヴィデだと。

ヤコブには12人の息子（イスラエル12部族と呼ばれることになる）がいます。

そのうち６人は、レア（ヤコブがそれほど気に入っていなかった）による子たちです。

ルベン、シメオン、レビ、ユダ、イッサカル、ゼブルン。

彼らには何かが隠されているような気がしたからです。

その頃、自分は臼・蜂・栗（猿蟹合戦）のことをよく考えるようになっていました。

日本の昔話はあなどれんぞ、と。

臼・蜂・栗は3匹とも、ダヴィデの別名で、3匹にやられる猿はサウル王のことだと。

他方、ダヴィデには、アサエル、アビシャイ、ヨアブという軍師がいました。あまり話題になりませんが。彼らは、ダヴィデの姉ツェルヤの子ら、つまり甥たちということでした。ツェルヤとレア、似ていませんか？

しかし特に、ヨアブの蛮行を見るにつけ、考えるようになっのです。彼こそが、ヘラクレス（栗）＝ダヴィデのえげつなさ代行する分身、ではなかったか、と。

そして、この3人が、臼・蜂・栗の原型ではなかっただろうか、と。

アサエル　アビシャイ　ヨアブ

臼　　　蜂　　　栗

そして、ダヴィデの本名として自分は、古代エジプトの次の3人を見繕っていました。

（個人名＝即位名）
カーメス＝ワジケペルラー（第17王朝最後）太字が亀と臼
アメネムハト1世＝セヘテプイブラー（第12王朝初代）太字（2カ所）が蜂
トトメス1世＝アアケペルカラー（第18王朝3人目）太字（ケペルとカラ）が栗（ヘラクレス）

時代が、まちまちですが、彼らは同一人物だったと考えます。専門家は猛反発するか無視するでしょうが。しかし、諸氏らは44年前の思考レヴェルなのです。

カーメスは、ダヴィデの、在ヘブロン（テーベ、7年6月）でのユダの王に一致します。

アメネムハト1世は、ダヴィデの、在エルサレム（実はオン＝ヘリオポリス、33年）でのユダとイスラエルの王に一致します。

彼は、上エジプトから下エジプトに侵攻したファラオです。

トトメス1世（ヘラクレス）は、アメネムハト1世の在テーベでの別名で、アメネムハト1世最後の約12年と重なっていた、と考えます。

彼は、以下を抹殺した後、テーベを踏襲したのです。アメンホテプ1世（第18王朝2人目、アブサロム）を。

彼は、下エジプトからパレスチナ（カナン）に侵攻した王です。

その即位名アアケペルカラーがヘラクレスとかイスラエルに化けたのです。

さらに、トトは、エジプトでは、朱鷺（とき）とか狒狒（ひひ）で表される知恵の神で、スペルはｄｈｗｔｙとかｄｊｅｈｕｔｉなどです。

発音は正確にはわかっていませんが、ジェフウティという音に近いのではないかと考えられています。トトメス＝ジェフウティメス。

これが、以下に化けたようです。ダヴィデ、ゼウス、ジュピター、ヤペテ（創世記、ノアの息子の1人）、ハデス（ゼウスの兄弟）、オトヒメ（乙姫）などに。

さて、先ほどの、ルベン、シメオン云々です。

| | | |
|---|---|---|
| ルベン | レビ | イッサカル（イスラエル？） |
| シメオン | ユダ | ゼブルン |
| ＝ワジケペルラー | ＝セヘテプイブラー | ＝アアケペルカラー（＝即位名） |
| カーメス | アメネムハト1世 | ジェフウティメス（トトメス1世） |
| ＝臼 | ＝蜂 | ＝栗・ヘラクレス |
| 亀 | 蜂 | 乙姫・ダヴィデ・ゼウス・ジュピター |
| モーセ | ホセア | ヨシュア |

（ヨシュアの前の名）

というわけで、考えたわけです。この6人も、ダヴィデの別名ではなかっただろうか、と。

だから、今はヤコブの正体はダヴィデ、ということで収まっています。

## ユダヤ人（民族名、世界的にあまりにも有名だがその分謎も多い）

ユダヤ人のイメージは一般にあまりよくありません。

シェイクスピアの『ヴェニスの商人』。

それは、劇中のユダヤ人悪徳高利貸し＝シャイロックだけのせいでもないようです。

ユダヤ人は、古くはヘブライ人とかイスラエル人などともいいました。

ヘブライは言語の名称にもなっています。他方、イスラエルは国名でもあります。

ユダヤ、ヘブライ、イスラエル。しかし失礼ながら、そもそもユダヤ人は、わかっているのでしょうか？　これらの意味が。わかっていたらごめんなさい。

しかし、私には到底思えないのです。ユダヤ人が自国の名前を深く認識しているとは。

わかっていたら、こんな名を名乗ることなどできるとは、あまり思えないからです。

私にはわかったのです。以上の3語が。

謎だったヘブライとは、ダヴィデのことで、インドのインドラ＝神々の王（ヒンドゥー教の帝釈天）が該当しています。

ヘブライはギリシアでは最強神ゼウスとみなされ、「ヘブライ人」のギリシア語訳はディオスクロイ（ゼウスの子孫、あるいはその一族郎党）になります。

イスラエルの出自は知られていません。旧約聖書＝創世記、イサクの子ヤコブの改名です。そして、このイスラエルのギリシア語訳がヘラクレスになったのです。ヘラクレスは、表向きはゼウスの子。でも、おそらくゼウスと同一人物だったと考えられます。ゼウスの正体はダヴィデです。

ユダヤのユダも、詳細は省きますがダヴィデのことです。

福音書には、有名なイスカリオテのユダというのが出てきます。イエスの12使徒の1人で会計係の彼は、銀30枚でイエスを敵に売り渡したとされます。

この話のモデルと考えられるアブサロム王子（ダヴィデの子）も、ダヴィデ（ユダ）に敵対して木の枝に宙づりになって殺されています。（『サムエル記下』18—9、旧約聖書）。

イスカリオテという響きも、以下を想起させます。イッサカル（ヤコブの子、実はヤコブの一側面）、つまりイスラエル（ヘラクレス）を。

アブサロムの心臓を突き刺したのは、ヨアブ（ダヴィデの甥、実はヘラクレス）です（同18—14）。

さらに、現イスラエルの国旗も6芒星＝ダヴィデの星です。

どこもかしこもダヴィデだらけじゃないの。

おそらくユダヤ人は、伝説のダヴィデ王を、国の誇りに思っているのでしょう。

ここで大問題を、提示したいと思います。

ユダヤ人の神は、ヤハウェといいます。それ以外の神々の崇拝は許されませんでした（モーセの十戒、その1）。

さらに、唯一神の偶像を描いたり彫像を彫ったり、それらを拝んだりすることも厳しく禁じられました（同、その2）。

神の名前を呼ぶことすら禁じました（同、その3）。日本人が山で「やっほー」と叫ぶのはその名残だという説があります。ヤハウェは山の神でした。でも、姿形も分からなくて、名前も呼べないいんじゃ、わからないいんじゃないの？　拝んでるのが何なのか。

でもこれらは考えてみれば、奇妙な事ではないでしょうか。

神を描いたり彫ったり呼んだりすることは、神を敬うことこそあれ、けしてないがしろにすることではない、という気がするからです。

ではなぜ禁止したのか。

それは、支配者たちが極度に恐れたからだと考えられます。顔とか姿形、それ以上に名前が分かってしまうことを。もともと、ヤハウェというのも本名ではありません。

もし、神の正体がどこの何処ノ誰平だと分かったら、馬鹿らしくなった民衆が何をするかわかったものではありませんから。

日本でも、似たようなことが起きています。やや中途半端ですが。たとえば天皇の姓は明かされていません。藤原とか、秦とか、平とか、明石家とか、元はあったはずです。

でも素性がわかってしまうと、個人を史家に特定されてしまいます。そうなると、天皇は神ではなくなってしまうのです。なぜなら日本では神は天から降臨するものだからです。

でも歴代天皇の姿形が描かれて伝わっているのは、不徹底ですが。

もともと、古代のユダヤ人は今のインドみたいな多神教の国だったのだと思います。それらのうち、ダヴィデが最高神であったという。

それがなぜ、凝り固まるようになったのでしょうか？　一神教、しかもダヴィデではなくヤハウェに。

ＢＣ９６０年頃、絶頂期のソロモン王は、ヤハウェのための神殿を建てます（第１神殿）。でもこの頃、イスラエルはまだ多神教だったのです。

ここでの注意は、この時の建設地＝エルサレムは、今のパレスチナのエルサレムではありません。

当時のエルサレムは、下エジプトのオンで、太陽神＝アトンの聖地でした。ユダヤ人はアトンをヤハウェと呼びました。

他方、ギリシア人はそれをヘリオス（太陽神）と呼び、エルサレムをヘリオポリスと呼んだたのです。

ＢＣ９３１年頃、ソロモン没後、北のイスラエルと南のユダに、統一イスラエル王国は分裂します。

その後、ＢＣ７２２年、アッシリアのサルゴン２世の猛攻によって、北イスラエル王国は滅亡します。

ＢＣ５８６年、エルサレムのある南ユダ王国も、バビロニアのネブカドネザル王によって占領されます。ソロモンの神殿も破壊されます。ゼデキア王は目を潰され、多くの人々共々虜囚として、バビロンに連行されてしまいます。

この後、ユダの人々の数十年の異国での艱難辛苦が、彼らの復讐心を募らせ、より頑固な一神教に凝り固まっていったと考えられています。

しかし、その気配はソロモンの没後しばらくして既に訪れていたのです。

ソロモン王の正体は、センウセレト1世（エジプト中王国第12王朝2番目）です。

北イスラエルで即位したのは、ヤラブアム（実はトトメス３世＝エジプト新王国第18王朝、エジプトのナポレオン）。

他方、南ユダで即位したのは、レハブアム（ソロモンの子、実はアメネムハト２世＝エジプト中王国第12王朝）です。問題はこの後です。

その頃、南ユダのレハブアムのところに北イスラエルのヤハウェの祭司たちがやって来た、とあります。（旧約聖書、歴代誌下11―13～）。

彼らは、ヤラブアムによってクビになったからでした。

北イスラエル王国の正体はエジプト第18王朝であり、その帝都＝テーベでは、アモンつまりダヴィデの崇拝が吹き荒れていくのです。

ヤラブアムによって、北イスラエルのアモンからはじき出されたヤハウェの祭司たちの怨念。

この後、南ユダでそれらが煮詰まっていったと考えられます。

南ユダはダヴィデが建てた王国ですから、民衆は元々ダヴィデの民、つまりヘブライ人すなわちディオスクロイでした。

それが現在まで続いている、ということです。


**ヨアブ（ダヴィデ、Heraklès=Zeus、一応ダヴィデの姉=ツェルヤの子、つまりダヴィデの甥、ダヴィデの軍師、サムエル記=旧約聖書）**

ヨアブはツェルヤの子です。ツェルヤは、ダヴィデの姉です。

このヨアブは極めて謎に満ちた人物です。

ヨアブを他国の神話と比較した時、その該当者が、他人の仕事も兼業していて、ヨアブを、1個人に比定できないからです。

例えば、イバナ=イスラエル最強の軍人をヨアブは殺します。

ギリシア神話で、ヘクトール=トロイ最強の英雄を仕留めるのは、アキレウス=ギリシア最速最強勇士です。

なら、ヨアブ=アキレウスだったのか？

でも、アキレウスは、アガメムノン大王と争っています。女子を巡って。でも、ヨアブには、おなごのことでダヴィデと争うというそんな側面はありません。

これは、トロイのパリス=アレクサンドロス王子（アポロ）の役のはずです。

つまり、アキレウスはヨアブとアブサロムの2役を兼ねているのです。

さらに、アブサロムを仕留めるのも、このヨアブです。つまり、ヨアブ（アキレウス＋アブサロム）は、最後、ヨアブ（アブサロム）を殺すのです。違ーだろ。

アブサロムの顚末は、以下のとおりです。

ダヴィデはエルサレムで即位し、イスラエルとユダの支配者となります。

そして、女子を巡って、王子アブサロムが反乱し、北イスラエルで即位しますが、ダヴィデに鎮圧されます。

アブサロムの死は、凄惨を極めます。

彼は木に引っかかってまだ生きていたのに、心臓をひと突きにされます。ヨアブによって。その後ヨアブの家来たちがアブサロムをなぶり殺しにします。

彼らは、彼を木から降ろし、森の中の大きな穴に投げ込んだ（『サムエル記下』18―14〜17）。

自分は思います。後の救世主イエス・キリストの元ネタは、これだと。

しかし、トロイ戦争で戦死したアキレウス（アブサロム）の遺体を守り、戦いながら自軍に運ぶのは、もう1人の豪勇アイアースです。

ここでは、ヨアブの役をしているのはアイアースです。

だから、たいへんややこしいことになっています。

整理してみましょう。

アキレウス＝ヨアブ＋アブサロム。アキレウス＋アイアース＝ヨアブ。

アキレウスはヨアブなのかアブサロムなのか？　ヨアブは、アキレウスなのかアイアースなのか？

どちらも1人に絞り込むことができません。

ヨアブの兄弟としては他に、アビシャイとアサエルというのがいます。だから、3人はダヴィデの甥です。

ヨアブ、アビシャイ、アサエル。彼らは何者なのか？　本当にいたのか？

自分は、これらが解決できず、長いこと悩んできました。そして、大きくなりました。

ヒントの1つになったのが、猿蟹合戦の臼・蜂・栗でした。

状況的に、これらは3匹ともダヴィデです。

さらに、浦島太郎の話でも自分は気が付きます。ヒラメ（亀）、鯛、乙姫について。

さらに、浦島話が、ギリシアのテーセウス神話のレプリカ（複製）だということにも。乙姫のモデルは、蛇髪の女怪メドゥーサ、つまり♀ダヴィデです。

アサエル、アビシャイ、ヨアブの3人＝ヒラメまたは亀＝臼、鯛＝蜂、乙姫＝栗（ヘラクレス）。そして、それらはすべて、ダヴィデだったのではなかろうか。

ダヴィデは最愛のアブサロムが死んだと知って号泣します。

ここで、あり得ないことが起こります。ヨアブがダヴィデをなじったのです。

そのいいぐさ。憎むべき敵アブサロムのために、当のダヴィデが涙を流しているから、家来たちは大恥をかいたというのです。ダヴィデおよび彼の一族を命懸けで救ったのに（『サムエル記下』19―6～）。

しかし、かりそめにも、ダヴィデはイスラエルとユダの大王です。それに対し、ヨアブはいくら強いとはいえ、一介の軍師に過ぎません。

秀吉や光秀や前田利家が信長のことをディスったりできたでしょうか？

この一件は、他国にもぱくられています。ゲルマンやインドの神話に。ありえないのに。

英雄ジークフリートは嘲笑します。最強のヴォータンを（ワーグナー楽劇《ジークフリート》第3幕）。

若造のシヴァ（殺戮神）が見下します。神々の王＝インドラ（帝釈天）を（『マハーバーラタ』）。

ヨアブが王位に就いたという記録もありません。

エジプトでは、ヨアブとおぼしきトトメス1世というのが即位しています。もし彼が、ダヴィデの軍師だったら、旧約聖書もそのように記録したと思います。

甥のヨアブが即位した、と。クーデターで。でもそうならなかった。

隠したのだとしたら、その理由も分かりません。

だから、ヨアブは架空の人で、ダヴィデのダミー＝分身でしかなかった。

アサエル、アビシャイ、ヨアブの3人＝臼・蜂・栗。または＝ヒラメ（亀）・鯛・乙姫。

彼ら3人はダヴィデの甥でなく、ダヴィデのダミー（身代わり）すなわちダヴィデ本人ではなかったでしょうか。

彼は、ダヴィデの威光を保つためだった。

それは、ヘラクレスがゼウスの代わりにえげつない仕事をしでかしたのと同じです。

おかげで、ゼウスは主神となり、神聖なパンテオン（万神殿）にヘラクレスは出禁になりました。

## レポレルロ（イシュ・ボシェト、Poseidon、モーツァルトのオペラ《ドン・ジョヴァンニ》の下僕、天照大神）

モーツァルトの有名なオペラ《ドン・ジョヴァンニ》は、猟食漢のドン・ジョヴァンニが女あさりをし過ぎて地獄に突き落とされる話です。

16世紀、スペインのセビーリャが舞台ですが、この話の大元は神話です。

台本のロレンツォ・ダ・ポンテ（1749～1838）はユダヤ系のイタリア人です。

伝説のプレイボーイ＝ドン・ファンの話を、旧約聖書のダヴィデ（ゼウス）の話に彼はアレンジしたようです。

だから、主人公ドン・ジョヴァンニの正体は、ダヴィデ王です。

問題は彼の召使い＝レポレルロです。自分はなかなか分かりませんでした。彼のことが。それというのも、ドン・ジョヴァンニがこき使う、惨めな僕（しもべ）が神には見えなかったからでした。

しかし、彼もまた神だったのです。しかも、レポレルロは日本の皇祖神＝天照大神です。

ダ・ポンテは引っ張ってきたと考えられます。登場人物の名前を、北欧＝ゲルマンの神話から。音声が似ています。

たとえば、ドン・ジョヴァンニに誘惑されて大騒ぎになるツェルリーナ、の正体はジークリンデ＝ゲルマン神話です。ここでの注意は、名前の響きです。旧約聖書では、彼女は、タマル姫（アルテミス）です。姫は長子アムノン（実は父ダヴィデ＝ゼウス）にレイプされます。

ドン・ジョヴァンニにボコられるマゼット（ツェルリーナの夫）の正体は、同じくジークムントです。彼は、アブサロム王子（アポロ、タマルの同腹の兄）です。

王子は妹のことで父ダヴィデに反逆して憤死に追い込まれます。

これが、後のイエス・キリストの話になったと考えられます。

そんなドン・ジョヴォンニを庇（かば）おうとするおなごがドンナ・エルヴィラです。彼女は昔、ドン・ジョヴァンニに3日でお払い箱にされた人です。

彼女の正体は、同じく運命の地母神エルダです。

地上に出てきた女神は、最高神ヴォータン（ダヴィデ）に警告します。

「神々のたそがれが迫っています。不吉な指環は捨てたほうがいーわょ」。

ツェルリーナとジークリンデ。マゼットとジークムント。エルヴィラとエルダ。

いずれも、響きが似ていませんか？

だから、問題のレポレルロの正体も、わかります。音声から、比較的容易に。

アルベリヒ。伝説のニーベルング族の大王です。

レポレルロと似てませんか？
召使いのレポレルロはドン・ジョヴァンニにボコられます。
アルベリヒも、主神ヴォータンに痛めつけられて指環を奪われます。
ここにはイシュ・ボシェがダヴィデに惨殺されたことが隠されているのです。

Ｃｒｏｎｏｓ（クロノス）＝サウル＝釈迦如来＝猿（猿蟹合戦）＝伊弉諾尊（いざなぎのみこと）
Ｈｅｃｔｏｒ（ヘクトール）＝アブネル＝犬神アヌビス＝因幡（いなば、地名）
Ｐｏｓｅｉｄｎ（ポセイドン）＝イシュ・ボシェト＝蟹（猿蟹合戦）＝天照大神（あまてらすおおみかみ）＝海幸彦
Ｚｅｕｓ（ゼウス）＝ダヴィデ＝沙悟浄＝阿弥陀如来＝蜂臼栗（猿蟹合戦）＝素戔嗚尊（すさのおのみこと）＝山幸彦＝手力雄神（たぢからおのみこと）
Ａｐｏｌｌｏ（アポロン）＝アブサロム＝三蔵法師＝文殊菩薩
Ａｒｅｓ（アレス）＝アドニヤ＝猪八戒
Ｈｅｒｍｅｓ（ヘルメス）＝ソロモン＝孫悟空＝大国主命＝浦島太郎
Ａｒｔｅｍｉｓ（アルテミス）＝タマル姫＝因幡の白うさぎ（八上比売、やがみひめ）＝かぐや姫
Ａｔｈｅｎａ（アテナ）＝バテ・シバ
Ａｐｈｒｏｄｉｔｅ（アフロディテ）＝アビシャグ＝須勢理毘売（すせりひめ）＝玉手箱

(横方向は同一人物)

[#インドの神々・マハーバーラタ=西遊記]　(&通説BC2050頃~)

[エジプト古王国]　[+スター・ウォーズ]　[&エジプト中王国]　[エジプト第17&18王朝]

(=北イスラエル王国)　[*旧約聖書・創世記]　(=南ユダ王国)　(=北イスラエル王国)

(通説BC2700年頃~)　(*通説BC2150頃~)　(通説BC1550頃~)

ナルメル?　#スーリヤ=釈迦如来　*イサク　+皇帝パルパティン　&メンチュホテプ2?　セケネンラー・タア2

(軍師)・ドゥルヨーダナ・ドローナ　*ラバン　+オビ=ワン・ケノービ　◎軍の長=イバナ

カセケム　・パーンドゥ=天帝　*ヤコブ　+アナキン　カーメス

セケムイブ　#アスラ=玉龍　*エサウ　+ジャバ・ザ・ハット　アハメス

ペルイブセン　#インドラ#帝釈天=牛魔王　*ヤコブ　+ダース・ヴェイダー　&アメネムハト1世

#ドゥルガー

サナクト・ネブカァ　#クリシュナ=三蔵　*ヨセフ　+ルーク　アメンホテプ1世

#♀ラクシュミー#吉祥天　+♀レイア　カーメスの♀娘

?　#シヴァ=沙悟浄　*イスラエル　+ヨーダ　トトメス1世

#ガネーシャ=猪八戒　+チューバッカ　トトメス2世

♂ジョセル　#ヴィシュヌ=孫悟空　*ベニヤミン　+ハン・ソロ　&センウセレト1世

♀ジョセル(階段ピラミッド、サッカラ)　♀ハトシェプスト

(↑神代)　(↓人代)

セケムケト(階段ピラミッド、サッカラ)?　トトメス3世

カーバー(崩壊遺跡、ザウィエトアルアリアン)?　アメンホテプ2世

フーニー(崩壊ピラミッド、メイドゥム)?　トトメス4世

スネフル(赤&屈折ピラミッド、ダハシュール)　&アメネムハト3世　アメンホテプ3世

◎ユヤ=♀妃ティイの父

(♀妃ヘテプヘレス=クフの母)　◎♀妃ティイ

クフ(大ピラミッド、ギザ)　&アメネムハト4世　アメンホテプ4世

ジェドエフラー(崩壊ピラミッド、アブ・ロアシュ)　No.55の謎のミイラ

◎♀ネフェルティティ(アクナトンの妃)

カフラー(第2ピラミッド、ギザ)　♀セベクネフェルウ?　セメンクカラー

◎ツタンカーメンの栄光の乳母=♀マヤ

メンカウラー(第3ピラミッド、ギザ)　ツタンカーメン

アイ

シェプセスカフ(マスタバ、サッカラ)　ホルエムヘブ

◎本書の成立にとって特に重要な考古学的痕跡

(イスラエル北王国の標準的な年表を基準に作成)

(エジプト新王国の年代はヴェリコフスキーによる改訂)

《北イスラエル王国列王年表》（横方向は同一人物）

| | | | | | |
|---|---|---|---|---|---|
| | [@エジプトの神々・猿蟹合戦] | | | (通説BC1500年頃) | |
| [ギリシアの神々] | ※[999ヘロドトスが伝えるエジプト王] | | | [$出エジプト記・ヨシュア記] | |
| [=日本の神々] | [*エヌマ・エリシュ・ギルガメシュ叙事詩] | | [>トロイ戦争] | | [北イスラエル王国] |
| BC1000年頃～ | (通説BC2370年頃～) | | (通説BC12世紀) | | (通説BC1040年頃～) |
| クロノス=伊弉諾尊 | @ゲブ・猿 | *ウトナピシュテム | >ラオメドン | $ヤハウェ | サウル |
| ヘクトール=因幡 | @アヌビス（犬、稲荷、狐） | | >ヘクトール | | 犬の長=アブネル |
| ゼウス=素戔嗚尊 | @セト・臼 | *エア*エンキ | >メネラオス | $モーセ | ダヴィデ |
| ポセイドン=天照大神 | @オシリス・蟹・牛糞 | *エンリル | >プリアモス | $アロン | イシュ・ボシェト |
| ハデス=ディオニュソス=素戔嗚尊 | @セト・蜂 | *♀イシュタル | >アガメムノン | $ホセア | ダヴィデ |
| ♀アテナ（♀パラス・アテナ） | | | | | ♀バト・シェバ |
| アポロン=大穴牟遅神 | @ホルス | *エンキドゥ | >パリス=アレクサンドロス | | アブサロム |
| ♀アルテミス=♀八上比売=♀かぐや姫 | | | >♀ヘレネー | | ♀タマル |
| ヘラクレス=月読尊=手力雄神 | @セト・栗 | *マルドゥク | >アキレウス=アイアース | $ヨシュア | ヨアブ |
| アレス=葦原醜男 | | | >小アイアース=アイネイアース | | アドニヤ |
| ヘルメス=大国主命=浦島太郎 | 331モイリス？ | *ギルガメシュ | >オデュッセウス | | ソロモン |
| ♀アフロディテ=♀須勢理毘売 | ？？？♀ニトクリス | | >♀カッサンドラ | | ♀アビシャグ |
| | （↑神代）（↓人代） | | | | |
| | 332セソストリス | | | | シシャク=ヤラブアム |
| | | | | | ナダブ（1年） |
| BC900年頃～ | 333フェロス | | | | バアシャ（ゼラ） |
| | | | | | エラ（1年） |
| | | | | | ジムリ（7日天下） ティブニ |
| | 334プロテウス | | | | オムリ |
| | 335ランプシニトス | | | | アハブ |
| | | | | | （エテバアル=♀イゼベルの父） |
| | | | | | （♀妃イゼベル） |
| | | | | | アハズヤ（1年） |
| | 336ケオプス | | | | ヨラム北=ヨラム（ユダ南王国） |
| | | | | | アハズヤ（ユダ南王国） |
| | | | | | ♀アタルヤ（ユダ南王国） |
| | 337ケフレン | | | | エヒウ |
| | | | | | （ヨアシュを救出した♀乳母） |
| | 338ミュケリノス | | | | ヨアシュ南1=エホアハズ北？ |
| | | | | | ヨアシュ南2=ヨアシュ北？=大祭司エホヤダ |
| | | | | | ヨアシュ南3=ヤラブアム2世 |
| | 339アシュキス | | | | |
| | 340アニュシス | | | | |
| | 341セトス | | | | |
| BC800年頃～ | | | | | |

※エジプトの神代について、ヘロドトスは沈黙している

（BC722年　サマリア陥落、イスラエル北王国消滅）

## 著者プロフィール

### 染谷 くじゃく（そめたに くじゃく）

1949年1月30日生まれ。

1972年、上智大学理工学部化学科卒業。

1990年、『クフ王の正体』（新人物往来社刊）、1991年、「クフ王は実在しなかった!?」（学研『ムー』5月号）、2003年、「《魔笛》夜の男王不在の謎」（『レコード芸術』6月号、読者投書箱）、2008年、「《ドン・ジョヴァンニ》の闇」（『レコード芸術』7月号、読者投書箱）、2009年、「《ラインの黄金》は神道系!?」（『レコード芸術』5月号、読者投書箱）。2016年、『3000年に１冊の書　ハムレットと浦島太郎は同じ人だった！（入門編）』（染谷朋蘭名義、文芸社）。

本書は2016年6月に小社より刊行した
『3000年に1冊の書　ハムレットと浦島太郎は同じ人だった!（入門編）』の内容に、増補と改訂を加えたものです。


# 十戒のモーセ
# 別名ヘラクレス=トトメスⅠ世

2022年８月15日　初版第１刷発行

著　者　染谷 くじゃく
発行者　瓜谷 綱延
発行所　株式会社文芸社
〒160-0022　東京都新宿区新宿1－10－1
電話　03-5369-3060（代表）
03-5369-2299（販売）

印　刷　株式会社文芸社
製本所　株式会社MOTOMURA




ISBN978-4-286-23829-6